U0667614

独一无二的领导者

九型人格在领导力开发中的应用

孙越／著

Unique Leader

Enneagram in Leadership
Development Applications

广西科学技术出版社

图书在版编目（CIP）数据

独一无二的领导者 九型人格在领导力开发中的应用 / 孙越著. —南宁：广西科学技术出版社, 2017.7

ISBN 978-7-5551-0782-8

Ⅰ. ①独⋯ Ⅱ. ①孙⋯ Ⅲ. ①企业领导学 – 研究 Ⅳ. ①F272.91

中国版本图书馆CIP数据核字（2017）第085137号

DUYI-WU'ER DE LINGDAOZHE　JIUXING RENGE ZAI LINGDAOLI
KAIFA ZHONG DE YINGYONG
独一无二的领导者 九型人格在领导力开发中的应用

作　　者：孙　越	封面设计：胡椒设计
责任编辑：陈恒达 冯 兰	策 划 人：董玲君
产品监制：陈恒达	版式设计：谢玉恩
责任审读：张桂宜	责任校对：曾高兴
责任印制：林 斌	

出 版 人：卢培钊	出版发行：广西科学技术出版社
社　　址：广西南宁市东葛路66号	邮政编码：530022
电　　话：010-53202557（北京）	0771-5845660（南宁）
传　　真：010-53202554（北京）	0771-5878485（南宁）
网　　址：http://www.ygxm.cn	在线阅读：http://www.ygxm.cn

经　　销：全国各地新华书店	
印　　刷：北京富达印务有限公司	
地　　址：北京市通州区潞城镇庙上村	邮政编码：101117
开　　本：710mm×960mm　 1/16	
字　　数：320千字	印　　张：19
版　　次：2017年7月第1版	印　　次：2017年7月第1次印刷
书　　号：ISBN 978-7-5551-0782-8	
定　　价：45.00元	

版权所有 侵权必究

质量服务承诺：如发现缺页、错页、倒装等印装质量问题，可直接向本社调换。

服务电话：010-53202557 团购电话：010-53202557

Tony Sun is our esteemed colleague and Enneagram-in-business practitioner. He is accredited in a number of Enneagram-in-business tools and applications and is able to translate complex Enneagram concepts into tangible and practical applications for business. Tony is committed to lifelong learning and continues to look for opportunities to share his knowledge and understanding of the world of the Enneagram and its role in effecting better business outcomes. His current book is a practical example of this and offers readers a path for becoming more effective leaders in their business.

— Gayle Hardie and Malcolm Lazenby, Co-founders of Global Leadership Foundation, Creators of Emotional Health Levels, B Corp Accredited – Using Business as a "Force for Good"

孙越先生是一位令人尊敬的同事和九型商业应用的实践者。他曾接受过大量九型商业应用的培训及认证，能够将复杂的九型人格从概念转化为有形、可实操的企业应用。孙越先生致力于终身学习，不断寻找机会分享他对九型人格的认知和理解，帮助企业更好地达成商业目标。本书不仅是孙越先生多年经验之集大成之作，也为读者指出一条明路，助力他们在自己的商业领域成为更加有效的领导者。

——盖尔·哈迪（Gayle Hardie）和马尔科姆·拉曾比（Malcolm Lazenby），
全球领导力基金会联合创始人、情绪健康层级理论的创造者与孙越老师相识多年，见证他在九型人格商业领域的不断努力与创新。今日得知孙老师第二本新书即将面世，既为他高兴，更为广大九型人格爱好者们高兴！九型人格拥有 4500 多年的悠久历史，经过岁月打磨与历练，沉淀了丰厚的理论基础。孙老师将他个人多年的企业管理经验，结合九型人格的深奥理论，深入浅出地为大家详细分享了九型人格在商业领域中的各项实践技巧，同时也更预见性地为大家指出领导力范畴中容易出现的问题，及解决方案。值得大家细细品读！我乐于为之荐！

——汪庭弘，心理学哲学博士、
国际九型人格学协会（IEA）注册导师及中国区认证委员会委员、
国际九型人格学学府（ERI）认证终身导师

领导力作为领导者的核心素质，它的内涵除了强调作为"领导"的权，更应该注重"力"，不但包括影响力、决策力、执行力、组织力、学习力等，还应该包含个人魅力和正念引导力。现在市面上关于领导力的书籍浩如烟海，不计其数，但是更多停留在理论层面，并且只是单纯地论述领导力。孙越老师不但从理论方面阐述了领导力，更辅之以十多年的九型人格理论研究、跨国大企业工作的实践经验，使得此书有血有肉，让我们通过九型人格这门智慧之学增强领导力，相信这个通道会对所有领导者大有裨益！

——王耀堂，国际中华应用心理学研究会常务理事兼九型人格分会理事长、
《决定一生健康的九型人格》作者

从管理的角度推动九型人格的商业应用，即便在管理的部分是略写，也能看出作者作为 6 号老师对架构体系的思考和实践。具体落地实操也是作者的强项，本书甚至提供了工具和表单，足见本书的实用性。

——沈有道，国际中华九型人格应用研究会副理事长、
中国九型人格学促进会副会长、
中国九型人格网执行董事

这本书注定要成为九型领导力开发领域全新的、具有突破性的经典之作！本书从管理的角度考虑九型商业应用，涵盖了自我修行和企业管理解决方案， 达到由内而外，道术结合的提升和改变。最棒的是书中呈献的大量针对性极强、深入浅出的工具和表单，既全面，又更加落地实用。孙越导师是将它献给亚洲的领导者们（本书的领导者指企业家和职业经理人，企业家包括企业拥有者和企业股东，职业经理人包括从经理到首席执行官等不同层级的所有管理人员），有缘助力领导者获得职场成功。作为一名教练和管理者，它已经转变了我观察和体验这个世界的角度，使我登上了一个全新的、更高的境界。不论你目前在怎样的个人成长的路上，只要照它去做，离美好的前景还会远吗？

——黄健，美国 Office Depot（China）公司人力资源总监、
亲密关系和职业成长教练

九型人格，是一种关于性格类型的革命性理论。学习九型人格能够帮助人们更加深层地洞悉他人和自己，然后在此基础上超越自己。而近年来，将九型人格的经典理念和职场能力提升相结合以探讨人性化的企业管理之道，以提高管理者的领导能力，作为一种全新的理论倍受人们关注，这就是九型领导力，简单来说，就是一套以人为本的领导力开发方案。

或许，还有很多人对九型领导力并不是很清楚，这也正是我写这本书的目的。我希望通过本书，能够帮助大家更为详细地了解九型领导力，认识九型领导力在企业管理中的重要作用。

那么谁会从本书的运用中受益呢？首先是企业家、职业经理人和其他对自身领导力开发有兴趣的个人；其次是九型导师，九型爱好者、教练、培训师、咨询师等。这些人都可以通过对九型领导力的掌握和研究而给个人职业的发展带来更为光明的道路。

本书内容比较丰富，读者可以选择自己渴望提高的能力重点阅读，或者先通读，再在运用中利用本书速查、精读。全书从多个角度出发，开篇"理念篇"充分诠释了九型领导力的基本含义，在这里你可以清楚地知道什么是九型领导力，以及九型领导力的几个主要组成部分。即便你毫无这方面的专业知识，也能从零开始学习九型领导力。

在接下来的"个人篇"中，本书分别从压力冲突管理、职业生涯管理以及时间管理三个角度，对九型领导力的个人能力提升和自我管理作更为详细的概述。《压力冲突管理》一章对九种人格的压力状态进行阐述，并提出九型的减压法，告诉读者应该如何管控、正视并战胜压力，如何在冲突发生前、发生后有效应对；《职业生涯管理》则从多个方面进行讲述，从生命周期到自我资源的认识，再到职业机会的分析，使读者对自身有一个全面而深刻的了解，然后再针对性地做出职业决策、制定行动计划；《时间管理》则从时间的角度充分论述了不同人格的人提高时间利用率的最佳方法。

在第三篇"企业篇"中，我们以企业为单位，从选人、用人，到战略规划等五个部分对九型领导力的企业解决方案进行了具体的讲解。从与身边人建立坦诚关系到后来的倾听，再到最后的影响他人，成为一名"完美沟通者"，针对不同型号的人才，给出了不同的沟通方式；培训辅导讲究因材施教，根据各自主型，选择匹配的优势课程，建立竞争优势；团队建设，则是先了解企业需要什么样的人，足够了解九种不同的智慧人才，然后针对各自优势组建不同的团队，以完成高效益的工作；卓越领导力，是根据不同型号的领导艺术，带来不同的领导优势，造就企业九种不同的命运；战略性思维，懂得筹划全盘，根据九种不同的人才制定不同的战略目标，以完成企业最终的成就。

本书由浅及深地对九型领导力做了一个详细而全面的论述和讲解，没有晦涩难懂的知识，介绍清晰明了，即使你对九型人格、九型领导力一无所知，也不必担心会看不懂。如果你想要对自己的九型领导力水平有一个初步的认识，可以在看完前言之后，就做一下附录二的《九型领导力水平测试》，开始第一次的自我探索。而答案，你可以在附录三《九型领导力水平测试答案及解读》中进行探寻。

　　各位亲爱的读者，在九型领导力提升的过程中，行动和坚持是最重要的。我们在为自己的潜意识重新设定程序，而潜意识只相信行动！学习本身就是一个积累的过程，而没有实践行动的阅读和思考只是一纸空谈，期待大家能够行动起来，拿起本书，和我一起踏上对九型领导力的探索征程！

目录

企业篇丨九型领导力的企业解决方案

理念篇

九型领导力：
以人为本的领导力开发方案

九型人格是一个历史悠久的性格系统，是一套深层洞悉他人内心的交际神器，是一种领导他人的实用商业战术……社会就是一个大圈子，生活在这个圈子中的每个人都必须学会与人相处，而"根据人物性格采取相应的方式对待他人"是亘古不变的交际法则。对于企业来讲也是一样，企业的生存和发展是建立在人们之间的合作共赢关系之上的，因此九型人格理论在管理界也有着举足轻重的作用。所谓九型领导力，就是一种以人为本的领导力开发方案。

第 **1** 章

九型领导力：成就伟大的领导者

九型人格是一门古老的学问，它不但是一种精妙的性格觉察、提升工具，还是一个有效的企业管理工具，能够帮助管理者深层次洞悉他人和自己，揭示其内在的价值观和注意力焦点，真正做到知己知彼，进而增强管理者的洞察力，使其做到扬长避短、知人善任。在此基础上有效提升管理效率和执行力，建立优胜团队，成为一个伟大的领导者。

总是听人说九型，九型到底是什么

九型是九型人格（Enneagram）的简称，"ennea"是希腊文"九"的意思，"gram"就是图形；"Enneagram"就是一个有九个方位的图形，即九柱图。这九个方位就代表九种人格，它概括了人的性格类型。（见图1-1）

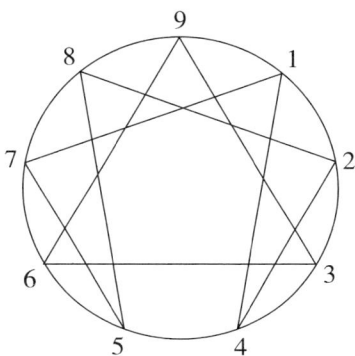

图 1-1　九型人格

据传，九型人格图形最早起源于中亚细亚地区，距今已有四千五百年历史。它也被称为性格形态学、九种性格，是一种深层次了解人的方法和学问。它按照人们的思维、情绪和行为，将人分为九种。九型人格不仅可以描述和预测人的特定行为，还指导着人们如何改变自己的行为。

九型的形成受到先天和后天两个因素的影响，从某种程度上来讲，九型不仅仅是一种简单的性格分析工具，还对人们个人修养与自我提升有着至关重要的作用。九型理论的提出可以有效帮助人们更好地认识自己和他人的个性，从而实现真正的知己知彼，并充分扬长避短，知人善任。

九型人格论中所提到的九种人格类型，并没有根本上的好坏之分，只是对于九种不同类型的人做出的根本差异描述，从而帮助人们更好地认识自己和他人，并懂得和不同的人进行友好交流。概括来讲，九型人格就是一张详尽描绘人类性格特征的大地图，是一把打开人与人之间交流枷锁的金钥匙。

下面我简单地阐释一下九种型号的基本特征。

1号

认真、执着地追求完美，关注每一个操作细节；原则性强，生下来就是黑白世界，能轻松分辨错误，提出改进办法；遵守道德、法律、制度及程序。

2号

很容易感知他人的需求，总是忍不住帮助别人，觉得自己的帮助对别人很重要；热心、友好、慷慨，努力与他人维持良好的人际关系；要求获得他人的好感和认同。

3号

目标感强，行动迅速，结果导向；价值感强，关注自身形象，通过自身的成功、成就来获得社会认同；直面竞争，有工作狂的倾向。

4号

总是活在自己虚幻的内心世界里；性格内向、忧伤、敏感，喜欢用美丽、浪漫、自我的方式表达感情，具有丰富的艺术气质；追求与众不同，情绪化，很难被常人理解。

5号

对知识渴求，善于分析问题；理智客观的旁观者，喜欢独处，需要独立的思考空间，从外围观察形势；物质要求不高，精神世界丰富，不感到孤单。

6号

怀疑论者，寻求安全，能够读懂别人的言外之意；周密的逻辑思维能力，计划性强；挑战权威，又依赖权威，不迷信任何人；在认可组织的情况下非常忠诚，有责任感和凝聚力，逆境商高。

7号

性格开朗，追求快乐，喜欢新鲜、有趣、刺激的事物；思维活跃，想法经常改变，喜欢将不相关的点子和人联系在一起；喜欢多重选择，害怕被限制、束缚。希望与权威平起平坐。

8号

天生的领导者，自信果断、敢作敢为；说话做事直来直去，欣赏有实力且性格直率的人；有正义感，愿意保护朋友、家庭和无辜者的利益；生气时无法控制自己的情绪，公开地发泄怒火。

9号

和事佬和老好人，希望天下太平。能够倾听和接纳不同的观点，善于帮助别人解决冲突和分歧；为人亲切随和，不会轻易发火，行动缓慢，追求舒适、和谐、惬意的生活；兴趣广泛，喜欢涉猎不同的领域，但会分不清轻重缓急，忘记应该完成的事情。

九型人格不但能够帮助人们对自己和他人进行详细的性格分析，更主要的是其揭示了人们深层的价值观和注意力焦点，是一款提高个人修养、加强与人交流合作的良好工具。近年来，九型人格开始作为热门课程，倍受美国斯坦福大学等国际著名大学和企业推崇。在市场竞争日益激烈的今天，面对国际化和变革管理，领导者在运用各种各样的管理工具去迎接挑战。波特五力分析模型、战略地图、目标管理法、职业锚、行动学习、定位、4C营销组合、业务流程重组、六西格玛、精益生产、5S管理、作业成本法、杠杆收购、ERP、CRM系统……各种各样的企业管理工具和培训课程常常使得领导者们迷失了自己："为什么我失去了创业的激情呢？为什么企业大了，我倒好像是在为员工打工，整天疲于奔命，没有快乐可言？现在除了钱我还有什么呢？到底什么是我真正要的呢？"

事实上，每个人来到这个世界都是有自己使命的，只是绝大多数人到去世的那一刻才会发现。潜意识决定着我们的行为习惯、性格模式，内在的信仰和价值观决定着我们人生的道路，只是大多数人没有意识到而已。领导者的局限在于自己的心智模式，组织的局限在于集体的心智模式，所以领导力开发和组织变革都需要向内检验自己的核心动机和价值观，这样才更容易在纷繁复杂的世界中走向成功，而且是有意义的成功！

人在追求觉醒的过程中，性格将成为开发自身潜力的引导者。人性发展有不同阶段，从最基本的性格特征，到不平常的潜能，如领导力、先知先觉的能力、爱的能力、慈悲心等，都可以开发出来。九型人格就像人生旅程的罗盘和地图，指引我们前进的方向，让我们按图索骥，规避漩涡和陷阱，螺旋上升，稳步向前。就像花鸟虫鱼一样，停止成长就意味着走向死亡，我们可以在九型人格的指引下不再轻易睡着。针对平衡链条上最薄弱的那一环进行改善，让整个链条更加强韧。

那么，通过九型人格系统，可以把领导者发展成为什么样的人呢？下面，我们就一起来看图1-2：

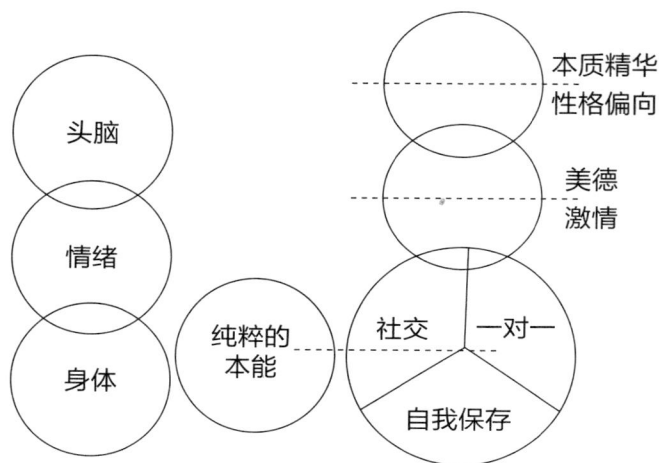

图1-2　九型人格提升的路径

每个人都是头脑、情绪和身体的整体，头脑的部分会产生性格偏向（Fixation），我们可以提升到本质精华（Higher Idea）；情绪的部分会产生激情（Passion），我们可以提升到美德（Virtue）；身体的部分不是垂直提升，而是要取得自我保存、社交、一对一三大副型的平衡，从而最终走向纯粹的本能（Pure Instinct）。这里的性格偏向和激情特指性格带来的头脑的失真和情绪的失真；本质精华和美德分别指头脑和情绪的高层境界。

看到这里，相信很多人会产生疑问：具体落实到九型人格中的九个型号又会给我们带来怎样的价值呢？奥斯卡·依察诺（Oscar Ichazo）的阐述为我们一一道明，下面我们就结合图1-3和图1-4来具体了解一下吧。

忘形 9
复仇 8   1 怨恨
计划 7   2 讨好
         3 虚荣
猜疑 6
吝啬 5   4 忧郁

爱 9
真相 8   1 完美
工作 7   2 自由
信任 6   3 希望
全知 5   4 本源

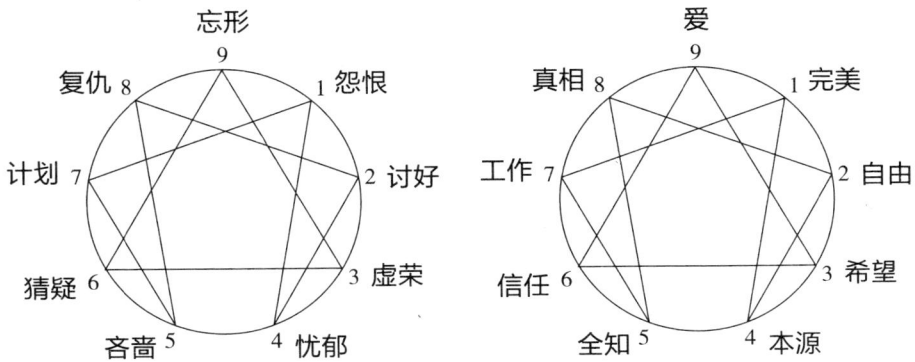

图 1-3　九型人格提升路径——脑区

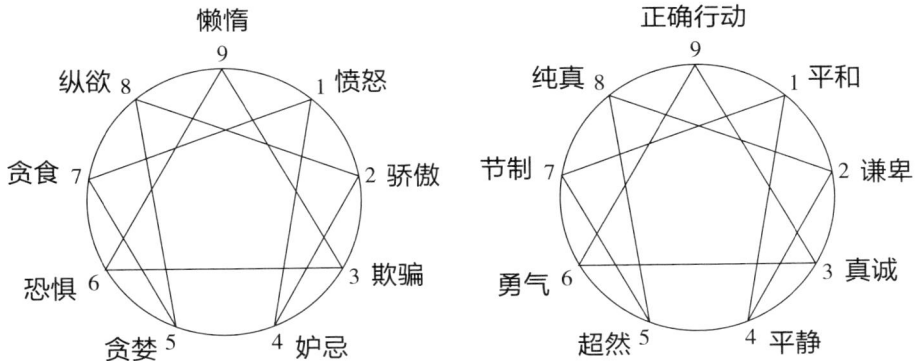

懒惰 9
纵欲 8   1 愤怒
贪食 7   2 骄傲
         3 欺骗
恐惧 6
贪婪 5   4 妒忌

正确行动 9
纯真 8   1 平和
节制 7   2 谦卑
勇气 6   3 真诚
超然 5   4 平静

图 1-4　九型人格提升路径——心区

　　上面两张图中，图 1-3 代表每个型号从性格偏向发展到本质精华的状态，而图 1-4 代表每个型号从激情发展到美德的状态，比如：6 号从一个总是猜疑、充满恐惧的人，变成一个可以信任别人、充满勇气的人。这是不是天翻地覆的本质性改变呢？

　　由于上面的术语与大家的日常理解有所差异，列出下表方便对比。

表 1-1 九型人格提升路径——脑区的含义（对应图 1-3）

型号	性格偏向（Fixation）		本质精华（Higher Idea）	
	名称	含义	名称	含义
1 号	怨恨	头脑中仅仅关注缺陷，看上去什么都不够好	完美	洞悉宇宙万物就应该如此，不完美的就是完美的
2 号	讨好	通过恭维或其他关注他人的方法来获得认可	自由	承认自己、承认自己的需求可以带来独立自主和自由
3 号	虚荣	头脑中希望塑造一个理想的成功形象。当形象和现实有差距时，只是为保持形象而活	希望	相信因为自己本身有价值、被别人欣赏，而不是因为所做的事和取得的成就
4 号	忧郁	头脑中总是认为有东西缺失了，伴随着失去连接和分离	本源	没有什么是缺失的，每个人和每件事都是深刻地连接着，因为我们来自同样的起源。
5 号	吝啬	匮乏感导致贪得无厌地要知道得更多，不愿意分享头脑中的知识、个人信息、时间、空间	全知	通过直接的个人经验和全面的参与才能通晓一切智慧
6 号	猜疑	头脑怀疑、担心，总是想到最不好的场景，破坏自己的安全感	信任	信任内心的"权威"，真正获得安全感，可以相信别人
7 号	计划	头脑高速运转，一个想法接着一个，从一个人、一件事到另一个人、另一件事	工作	有能力把自己的注意力集中到手头的工作上，并且可以控制、保持落地的状态
8 号	复仇	通过愤怒、指责、恐吓来重新平衡错误和不公平	真相	有能力寻求、整合不同观点来探索更高、更大的真相
9 号	忘形	分散自己的注意力，使自己忘掉对自己重要的事情，将自己与别人的冲突降到最小	爱	相信世界的和谐是建立在无条件的相互尊重和相互欣赏基础上的

表1-2 九型人格提升路径——心区的含义（对应图1-4）

型号	激情（Passion）		美德（Virtue）	
	名称	含义	名称	含义
1号	愤怒	心里长期不满意周围的事物	平和	心胸开阔，接纳所有发生的事情
2号	骄傲	因为别人需要自己的帮助，感觉自己对别人非常重要，从而带来膨胀的自尊和自负	谦卑	现实的自我评价、自我接纳、自我欣赏，不是要么自我膨胀，要么顺从别人的观点
3号	欺骗	感觉自己必须尽可能地表现得成功，隐藏不符合这一形象的特征，相信形象是真实的自己	真诚	通过承认自己的成功和失败获得了真正的自我接纳，意识到理想形象不是真实的自己
4号	妒忌	无论事情大小，心里总是不断把自己和别人比较，伴随着缺失感或优越感	平静	可以清晰、中正地体验感情，思维、情感和行动都发自内心，平衡运作
5号	贪婪	强烈希望保卫和自己相关的一切，信息、知识、隐私、精力、资源，并且自动与感情隔离	超然	接受事实，欣赏却不垂涎，可以和别人分享
6号	恐惧	焦虑、担心的情绪，担心最糟的情况会出现，担心其他人不可以被信任，担心自己不胜任挑战，不能展现自我	勇气	感觉可以通过有意识、平静的行动战胜恐惧，而不是要么没有行动，要么行动是为了证明自己没有恐惧
7号	贪食	贪得无厌，执着地渴望各种各样新鲜的刺激物，如人、事、观点、体验	节制	成为一个完整的人，整合痛苦、不舒服的体验和快乐、刺激的体验
8号	纵欲	不同形式的过度行为，如暴食暴饮、娱乐过度，以此来避免、否认自己的感情和脆弱	纯真	像孩子一样脆弱、纯真、开放，不再控制形势、保护自己或别人
9号	懒惰	对自己的情感和需求不敏感，妨碍了在自己最渴望事物方面的行动	正确行动	明白自己和他人都活在当下，因此知道必须采取的正确行动

看了以上介绍，相信大家对于九型已经有了一个大体的了解。总结来说，九型人格就是一门讲求实践效益的学科。其应用范围非常广泛，对于企业管理、个人成长，以及人际交流都有着非常重要的影响。同时作为一种有效的企业管理工具，九型还广泛应用在企事业单位的招聘、组建团队等各个方面。事实表明，九型在企业促进团队协作、提升销售业绩以及帮助团队成员之间进行有效沟通等方面都有着不可估量的作用。

现今，九型已经被大规模地应用在全球大部分先进国家的各种机构中。据了解，世界 500 强企业的管理层加强了在九型人格上的研究，并以此提高自身的领导力。无论是在企业的战略规划还是在教练辅导、企业培训等方面，九型人格都发挥了巨大的作用。

关于领导力，你不可不知的那些事儿

这是一个纷繁复杂、不断变化的世界！领导者不断面临着全球化、变革管理的挑战！企业在实施战略的时候很容易陷入各种各样的困境，事实上，我接触过的很多企业虽然在其所处行业领域占尽了先机，但是最终却只能望着远远未能达到的预期目标而不知所措。追根究底，这些企业都犯了一个致命的错误：高估自己的实力，企业执行力度太差！

虽然大部分公司都能够发现并且重视这些存在的问题，但是却很少有企业能够将战略实施过程中必不可少的领导能力作为战略起点，而正是这种疏忽直接导致了企业战略实施结果与预想中的大相径庭。

"人不能两次走进同一条河流"是古希腊哲学家赫拉克利特的一句名言。领导者唯一无法逃避的是变化，当前企业面临的趋势是：战略制订从五年一次变为三年一次，甚至现在更关心一年的运营计划和预算执行情况；组织结构从中央集权的垂直结构走向分权的水平结构；企业文化从稳定高效走向变革导向和解决问题导向；领导艺术从命令强制走向随需应变；市场营销从产品导向的硬广告，走向情感投入的软广告和服务体验；运营关注点从利润走向客户乃至用户；技术从机械化走向电子化、集成化；资源从资本导向走向信息、知识导向，其中劳动力市场从同质化走向技术、文化多样性；工作方式从个人独立操作走向团队协作；职业生涯规划从稳定、组织导向走向个人发展、自我导向……

从中我们不难发现，商业活动的本质回归到了"人"，组织开始被视为能动的生命体，不进则退，领导者的领导力提升也成为企业经营管理的重中之重。在生存和发展双重大山的压迫下，企业需要对自身进行重大的战略性变革，而在这个过程中，企业领导人的领导力对于企业变革的成败起着非常关键的作用。打造卓越的领导力，是新时代下，组织发展和社会进步的必然结果。

那么，领导力到底是什么？是天生的还是后天培养的？什么是领导力开发？……提到领导力，许多领导者的第一反应往往是"晕"，因为有太多的流派、太多的模型、太多的术语了，而且互相之间不太统一。所以，下面我先帮大家理清一些重要概念，统一一下认识。

1. 领导和管理的区别和联系是什么？

领导（Leadership）更多涉及人，是影响一群人达成共同目标的能力，关注引领团队走向某种方向，包含言传身教的意思，而非居高临下的动口指挥！领导面对的更多是变革管理，包括动荡、冲突、创新、变化等。

管理（Management）更多涉及事，用中国的拆字法来说，"管"是拿着竹子打人的官，"理"是裂土分田的王，所以管理都是有职位的人做的事情，使用正式等级的权威来要求组织成员服从。管理面对的更多是日常操作和效率，制订计划，设计组织架构，监督计划实施结果，来完成 PDCA（Plan、Do、Check、Action 的首字母组合，即计划、实施、检查、行动）的循环，来达到有序化和稳定性。

聚焦到某一位经理人身上，一定是领导与管理功能同时存在。美国领导力大师约翰·科特（John P. Kotter）曾经说过："取得成功的方法是 75% ~ 80% 靠领导，其余 20% ~ 25% 靠管理，而不能反过来。"

2. 领导力是天生的还是可以后天开发的？

通常情况下，一家企业如果认可领导力是天生的，会把精力放在招聘甄选上，选出最合适的领导，如盖洛普的优势理论；反之，则会集中精力在培训开发上，领导人梯队的人才库建设成了重点，以便让潜在的领导变得更加优秀。而我认为两者并不矛盾，"天生的性格模式决定了领导风格，而领导力可以后天开发，直至领导魅力由内而外地散发出来"。九型人格的主型，就决定了领导的天生优势，和潜能开发的重点了。

图 1-5 是我的三幅照片，可以帮助大家直观感受到，我从一个有些退缩的正 6，发展成为一个更有魅力、更加圆融、更有影响力的 6 号领导的过程。

2002 年　　　　　　　2005 年　　　　　　2010 年

图 1-5　笔者领导力发展进步对比照

3. 为什么领导力成了"变形金刚"？

关于如何看待领导力，似乎角度、方法都不太一样，究竟是为什么呢？我的答案是："不同人有不同的视角去看待领导力，其实都是盲人摸象。"大家的背景、经验、性格模式不同，自然角度不同，解决方案不同，都有价值，需要企业根据自己的实际情况和发展阶段去选择、应用。

4. 什么是领导力开发？

我的定义是："站在公司角度，就是帮助被开发者挑战自我、突破极限，成为基于公司价值观的卓越领导者。"

5. 领导力开发的对象是个人还是团队？

对此，我的答案是："个人！团队只是用来营造学习氛围，分享个人经验。"即使是行动学习、引导技术这样的团体技术，也只有领导者自己的领悟，才会让领导者有所突破。

6. 领导力开发需要运用素质模型（Competency model）吗？

我的回答是："当然需要！"

素质模型建立在公司价值观基础上，需要符合公司行业特点和人员素质水平。由于领导力开发的能力都是比较复杂的，如沟通能力、冲突管理能力等，素质模型可以深入下去，细化成具体的行为，让内容更容易被理解、掌握和评估。最后，素质模型也需要随着外界环境的变化与时俱进。

百事公司 CEO（Chief Executive Officer，首席执行官）卢英德（Indra K. Nooyi）在 2011 年对 CEO 的领导力定义是 5C：能力（Competency）、勇气和信心（Courage & Confidence）、沟通（Communication）和诚信（Compass）。2013 年她在清华大学演讲时，5C 变成了：好奇心（Curiosity）、创造力（Creativity）、公民责任（Citizenship）、勇气（Courage）、沟通（Communication）。虽然没有看到素质模型背后的素质词典，我们还是看到了更适应时代发展的"好奇心"和"创造力"，以及极具行业特性的"公民责任"。

值得一提的是，工业时代，企业通常会通过对优秀领导者的思想和行为特点加以复制的方法来提高企业管理效率；在知识经济时代，企业往往凭借合理的选拔机制从团队成员中挑选合适成员的方法来提升团队领导力；今天，在这个信息发达、竞争愈加激烈的互联网时代，领导力开发带来的弹性是毋庸置疑的。

然而，传统单纯依靠领导者个人能力，是不可能实现组织领导力的全面提升的。企业应该将整个组织、团队和优秀个人的领导能力提升作为战略的起点。伴随互联网时代的到来，企业将面临越来越多的机会和挑战，在这样的情况下，拥有具有超强领导力的高管人才已成为企业突出重围尤为重要的条件。

领导力开发的七大前沿方向

随着时代的变化以及经济的高速增长，越来越多的企业开始发现领导力的开发和发展对于企业战略实施的重要性。任何企业战略的成功实施都需要以超强的企业领导力作为根本保障。经验告诉我们，如果忽视这一点，很容易将之前所有的努力化为乌有。我所接触过的失败企业中，由于未重视企业领导力开发而造成令人失望的结果的不在少数。

企业领导力的开发，体现的是企业对于核心人才的一种重视。核心人才是企业的一笔宝贵财富和重要资产，需要企业用心去维护和培养。任何企业的高层管理者都应该拥有一种培养人才的热诚。虽然目前大多数企业的首席执行官都已经能够充分意识到领导力开发的重要性，但是在真正的实际应用中，却很少有人能够准确掌握好领导力开发的正确方向。市场上领导力开发的项目琳琅满目，很多企业领导人在追风逐浪中迷失了方向，盲目跟风使得领导力开发失去了其最为根本的影响力。

企业领导力开发对于企业来说是非常重要的项目，它对于企业战略的成功实施有着不可忽略的影响，但是，领导力开发也需要根据企业现实情况树立正确的目标和方法，不能盲目追随潮流，掌握好正确的方向才能实现企业领导力的有效开发。为了让大家对领导力开发有一个更为清晰的认识，下面，我就结合图 1-6 为大家分享一下全球领导力开发的七大前沿方向。

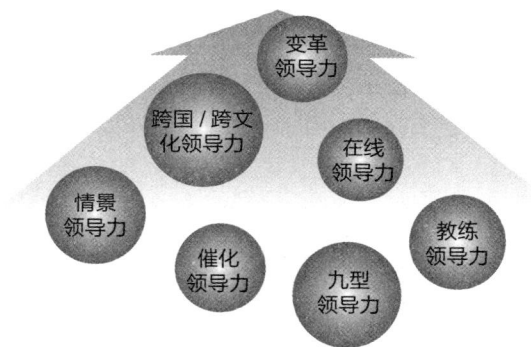

图 1-6　领导力开发的七大前沿方向

图 1-6 中，上面的三种领导力方向代表着企业面临的三种外部挑战，分别是：

1. 变革领导力

应对不断变化的世界，领导力遭遇的挑战。就像崔健唱的那样："不是我不明白，这世界变化快。"美国著名管理学家汤姆·彼得斯（Tom Peters）更是在《管理的革命》中警示我们："现在只有两条路——变革或灭亡。" 面对这样的挑战，我们应该如何应对呢？我建议有兴趣的朋友可以从英国管理专家伯纳德·伯恩斯（Bernard Burnes）的《变革管理》（第 4 版）中寻找答案。

2. 跨国 / 跨文化领导力

企业从本土走向世界，开展跨国经营时领导力遭遇的挑战。此时很多原有的领导方式都不再好用，跨出国门之后，领导就变得非常不容易了，因为会有多元文化冲突。

有个笑话是这样说的：如果组建天堂，应该是英国人做警察，法国人做厨师，德国人做机械师，意大利人做情侣，瑞士人做总管；如果组建地狱，应该让德国人做警察，英国人做厨师，法国人做机械师，瑞士人做情侣，意大利人做总管！

想知道解决之道吗？你可以看一下美国管理专家费雷德·卢桑斯（Fred Luthans）与乔纳森·多哈（Jonathan Doh）合著的《国际化管理：文化、战略和行为》（第 9 版）。

3. 在线领导力

这是应对信息化的浪潮时，领导力遇到的挑战。这是一个不成熟的研究领域，但是非常有价值。随着自由职业者和苜蓿状组织结构的流行，大家不在同一地点办公，通过 e-mail、传真、Facebook、Twitter、Linkedin、QQ、Skype、微博、微信等工具连接，你还能像以前那样领导他们吗？由于非言语信息缺失，领导必须学会从别人字里行间读懂情绪的能力。这给一部分领导带来挑战，也为一些非传统意义的领导走向幕前提供了机会。

图 1-6 中，下面的四种领导力方向代表着从人性角度提供的领导力解决方案，就像前面说的，随着时代变革，商业活动的本质回归到了"人"。它们分别是情景领导力、催化领导力、教练领导力和九型领导力。

4. 情景领导力

目前全球最流行的中层领导力课程，实际上是对领导风格理论（Leadership Grid）的细化和修正。它是关注下属的权变理论（Contingency Theory），强调领导的效果取决于下属的活动，领导的成功来自选择正确的领导风格，领导可以弥补下属能力和动机上的欠缺。渴望了解更多的朋友，可以去看美国领导专家保罗·赫塞（Paul Hersey）的《情境领导者》（第4版）。

5. 催化领导力

催化技术（Facilitative Skills）是团体动力学（Group Dynamics）的技术，团体领导者运用它集思广益，群策群力，使团队和组织绩效最大化。

6. 教练领导力

教练领导力把领导帮助下属成长，开发员工的潜能，当作绩效提升的关键，有助于改善心智模式，认清目标，提升工作效率。

7. 九型领导力

九型领导力是为了实践意识觉醒，完成脑、心、腹的整合，从而超越自我，达到巅峰状态。对领导者的主要帮助如下：

（1）对变革管理的帮助

接受过九型领导力训练的朋友，会更加有同理心，更加有弹性，更容易拥抱变化。

（2）对跨国经营的帮助

九型人格涉及人的动机和价值观，而这是跨越国籍、种族、文化、宗教的。与心理评测不同，它不受地域文化的影响。我在国外管理外籍经理人的经验，证明了九型领导力的跨文化有效性。

（3）对读懂文字中情绪的帮助

说起来真奇妙，在Twitter、微博、微信、QQ打字聊天的时候，你可以直接感知对方的情绪状态，如果你长期接受九型领导力训练，或者经历过安全状态整合就可以轻易做到。

（4）其他应用

九型领导力可以被视为情景领导力的延伸版，它以脑、心、腹的全面潜能开发为基础，以领导力的具体行为改变为核心，体现"以万变应万变"的原则，需要个人体验、工作经验做支撑。我会利用催化技术做团队研讨，运用现场教练帮助学员设定改进目标和实施步骤。

自从国内正式引入领导力一词之后，国内很多企业都加强了对领导力开发的研究和实践。事实也证明了领导力的开发是一家企业获取核心竞争力和可持续发展的必经之路。

从目前国内整体情况看，企业提升领导力的手段多种多样：能力反馈、中高层领导培训、导师制培养……但是，真正具有相对成熟的领导力开发意识和完整规划的企业在国内仍然凤毛麟角。因此，如何开发领导力就成了当前企业迫切需要解决的问题之一，也是企业管理过程中所面临的一个重大挑战，这是每一个企业领导者都必须引起重视的事情。

领导者的有效性模型：九型领导力应用

九型人格的历史虽然悠久，但是真正引起经营管理者的重视，被应用到商业上来也只是近三十年的事情。特别是对于国内领导者来说，九型领导力并不是一个非常熟悉的概念，很少有人对其有非常明确的认知。关于九型人格，有相关的四个概念经常被混淆，给企业和培训机构选择合适的培训师，或者个人客户选择合适的公开课造成了一定的影响。这四个概念分别是：九型人格、九型应用、九型商业应用和九型领导力。

正确的理解才能带来正确的应用，在说九型领导力方法论和具体应用之前，我们必须先理清这四个历来混淆不清的概念（见图1–7）。

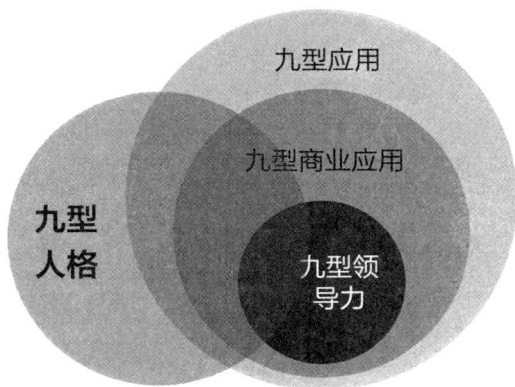

图 1-7　九型人格、九型应用、九型商业应用和九型领导力关系

上图包含四层含义，而九型人格、九型应用、九型商业应用和九型领导力这四个概念的定义我们可以从这四个方面进行区分。

1. 内涵范围不同

九型人格，或者说纯九型是人性的地图，是灵修和心理学的桥梁，是九型应用、九型商业应用和九型领导力的共同基础，而后三者已经是九型人格与某种应用领域的结合了。

具体来说，九型领导力范围最小，只是九型人格用来超越自己、提升领导力的范畴；九型商业应用包括九型领导力和九型管理的内容；九型应用还包含九型商业应用以外的所有应用，比如和教育、心理学、法律、艺术等各种形式的结合。

九型领导力在意自身的改善、提高，更多基于素质模型，去表述需要提升的专项素质能力，如战略性思维能力、决策能力、沟通能力、减压能力、冲突管理能力等等；九型管理更多基于职位资格要求，根据对方性格采取不同的策略，取得更好的绩效，而不涉及更多的个人改变和提升，如经理人的管理能力、销售经理的销售能力、HR（Human Resources，人力资源）的招用去留能力、培训师的课程设计能力、客户服务的投诉处理能力等等。为了与大家理解的领导力涵义一致，本书的"九型领导力"都是指"九型商业应用"这个泛指的定义。

2. 适用对象不同

九型人格，或者说纯九型的适用对象是，追求灵性成长或者个人成长的人；九型应用的适用对象是，希望运用某种九型应用提升、改善、超越自己的人。

3. 培训目标不同

九型人格，及其相关应用是一个相对复杂的系统过程，光凭借看书、做测试题、看视频是远远不够的，必须通过相应的专业培训才能学会。九型人格是没有具体培训目标的，重点在于"九型人格是什么"，因为讲述的都是九型人格的体系，是否悟到是学员自己的事；九型应用不同，重点在于"九型人格怎么用，用在什么方面"，无论哪种应用，在课程结束后，都必须在专项应用上有所改善。

由于培训目标的差异，九型导师会努力改善自己措辞的精确性，让学员更容易理解，细化九型人格本身的486种变化；九型应用导师会更在意应用落地、培训转化，通过各种培训形式的应用，把具体的九型应用从知识转化成技能。正是因为这样，九型导师没有那么在意帮助学员找到自身的型号，因为灵性成长是一辈子的事情，花几年时间探索自己型号也正常；九型应用导师就没有那么好运了，学员希望更快地研判自己的型号，判断别人的型号，以便更好地在工作和生活中运用九型人格。

4.培训形式不同

九型人格和九型应用（非商业应用）的课程，往往采取公开课的形式，可以比较充分地展示整个体系，课时较长，6～10天的不在少数；九型商业应用的课程，内训比公开课更加多见，往往受组织时间、预算资源的限制，课时较短，通常是1～4天。所以需要螺蛳壳里做道场，还需要专项设计，针对性地解决企业的实际问题，或者提升某种能力。

本书中所讲述的"九型领导力体系"是建立在以下模型（图1-8）之上的，内核是人类最早的潜能开发体系——九型人格系统，外延是素质能力提升体系——九型人格的商业应用系统。与其他的专业领导力开发体系一致，九型领导力也遵循着自我觉察、觉知他人和人际互动的三部曲，这样才能保证由内而外、道术结合的提升、改变。

图 1-8　九型领导力体系模型

总之，九型人格系统由领导者的成熟度模型加以细化（见图1-9），保障自我觉察、觉知他人。这是一个拥有4500年历史的人类潜能开发系统，最深刻地接近人性。

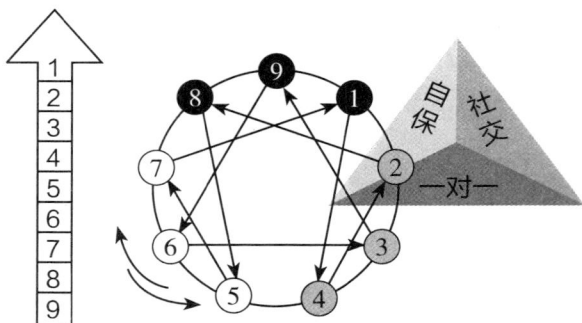

图 1-9　领导者的成熟度模型

其中白色、灰色和黑色三种颜色代表三个中心，从 1 到 9 在圆球里的九个数字代表九个主型，6 号指向 5 号和 7 号的弧形箭头代表侧翼，直线箭头方向代表十八个箭头，一对一副型、社交副型、自我保存副型与九个主型一起代表二十七个副型，左边从 1 到 9 的大箭头与九个数字一起代表八十一个发展层级（详见本书第二章）。

有了九型人格这面镜子，我们可以还原一个相对真实的世界，此时人际互动的有效性和效率大增，九型人格的商业应用系统由九型领导力应用示意图加以细化（见图 1-10）。

图 1-10　九型领导力的应用

九型领导力提升的应用包括基础篇（个人提升）和企业篇（团队提升和组织提升）两部分。基础篇包括压力冲突管理、职业生涯管理、时间管理三种能力；企业篇包括完美沟通、培训辅导、团队建设、卓越领导力、战略性思维五种能力。能力的提升就像爬山，越往上越难，但也越有机会领略不一样风景。

如果九型领导力开发仅限于人性本身的动机和价值观，觉察自己和洞察他人是不够的，因为此时会面临三大挑战。

挑战之一：无法很快达到高阶状态，又不知道何时能够达到，可能会让学习者失去信心、半途而废、入宝山而空回。更有甚者，会出现为了片面追求灵性的倾向，脱离工作和生活，最后反而为自己和他人带来更多的困扰。

挑战之二：由于没有涉及，或者粗略地涉及职场和生活应用，让人不容易感受到快速改善、提升带来的价值，也就不会坚持走下去。

挑战之三：由于学习内容的限制，往往学员之间讨论的内容局限于不同型号的区别、名人型号和原因研判、九型人格系统的某些分支等等。此时，评判和贴标签反而会增多，会偏离脑、心、腹走向整合的初衷。名人型号研判往往会带来不必要的争执和冲突，因为这涉及自身的修为和应用水平。有些朋友会为了维护自己的自尊，断章取义地从九型体系中选取一些片段，再加上自己观察到的行为，证明自己的判断正确。其实，先有判断，再放下它，看到不同的世界，才是"三的定律"的体现。名人型号不过是帮助我们理解性格特质的工具和桥梁而已，无需浪费太多精力在它上面。

综上所述，从九型人格系统走向九型领导力应用，从知识、感悟走向技能，从知道走向做到，是必然的选择。千里之行，始于足下，你开始接受九型领导力开发的训练了吗？

九型领导力开发的六大误区

简单来说，领导力开发就是通过一定手段帮助被开发者提高自我能力，突破极限，迅速成长为一个基于公司价值观的卓越领导者。也就是说，领导力开发必须使被开发者看待世界的方式以及其自身的行为方式都发生一定的改变，完成领导者的重塑，使之成为一名合格的企业领导者。那么，九型人格在这其中又发挥了怎样的作用？它又有什么特别之处呢？

1. 九型人格是这个星球上最古老的人类开发体系

九型人格历史悠久。就像中药，是验方，是否有效毋庸置疑。

2. 九型人格遵循先自我认知，再人际互动的规律，被称为帮助人们增进EQ 的最强有力工具

通用电气、微软、惠普、诺基亚、苹果电脑、花旗银行、迪斯尼、可口可乐、麦当劳等跨国公司纷纷利用九型人格进行领导力开发；美国中央情报局和俄罗斯安全部更是通过九型人格了解各国元首的行为特质，预判各国元首在重大问题上的政治倾向。

3. 九型人格是一种帮助我们从外在行为入手，从动机层面探索核心性格规律的学问

它从外在行为入手，所以简单易学，实用有效；另一方面，它从动机层面探索，涉及压力—安全状态、18 种侧翼、27 种副型、81 个发展层级，又是一个复杂的动态体系。

4. 九型人格特别适合在全球市场竞争中的企业

因为九型人格是跨文化的，有助于打造全球化的领导骨干。九型人格让 Z 理论（由威廉·大内提出的管理理论，其研究的内容为人与作业、人与工作的关系）从理论走向应用，除了领导力开发，还可以提升工作满意度，提高工作效率，降低非期望的人员流失率。

总之，九型人格对于领导力的提升方面有着非常重要的作用。但是由于九型人格是一个开放的系统，本身涵盖了人本主义心理学、超心理学等多个领域的最新成果，而其与领导力开发的结合又吸收了教育学、系统学、行为科学和管理学理论，因此，九型人格与领导力的开发体系是比较复杂的。

虽然自引进中国以后，九型领导力便引发了众多企业管理者的高度重视，但是对中国的领导者来说，这毕竟还是个新生事物。为了帮助大家了解九型领导力，让领导者们少走弯路，下面我将九型领导力开发的六大误区一一罗列，

以供参考。

1. 错请了九型导师，而不是九型商业应用导师

这是中国企业最大的挑战，因为对九型人格的商业应用领域不够了解，另一方面，1996年九型人格就进入国内，所以很多朋友，明明要解决企业问题，提升企业能力，却请了仅仅熟悉性格体系的九型导师。

2. 九型领导力开发是项目，不是培训

与其他领导力开发体系一样，九型领导力开发是一个持续的开发过程，非一日之功，都是以月为计算单位的，不可能通过一次培训就简单搞定。令人扼腕叹息的是，往往一个组织只有一次一到两天的培训，学员们很感兴趣，觉察开启了，开始向内探索自己的型号，试着运用所学的技巧，就没有然后了……

正确的方式是通过前期调研，从解决问题、提升能力的角度，设计出系列、分层级的企业解决方案，然后有计划地分步实施，综合运用培训、教练、引导等方式，帮助学员逐步深入地解答、解决面临的问题，才能真正落地。除了时间和项目设计，人数也是一个挑战，做九型领导力开发的话，20人以下是比较合适的，因为这样比较适合运用九型领导力做一对一的现场教练和团体教练。

3. 培训需求不够明确、聚焦

在培训需求调查中，我会遇到这种哭笑不得的事情。

"两天课程要有提升领导力的内容，还要打造团队、改善沟通、解决冲突、激励下属的，最好还有婚恋，学员爱听！"

从专业角度，从九型人格到九型商业应用是必然的课程设计，纯九型就占了一天，另外一天6个应用，平均1小时1个应用。老师就是满堂灌也无法深入，更别说让学员现场讨论、分享、操练，对学员现场教练了。这样学员怎么会用呢？还是说运用并不重要，听大鼓书，大家开心就行了？领导力开发的内容，无论是领导力本身，还是沟通、团队、冲突处理，都是非常复杂的技能，通过一次培训，在某种技能上有所收获、有所应用其实就不容易了。

4. 缺乏企业家和管理层的参与

仅仅有 HR 经理和九型商业应用导师的介入是不够的，企业家和中高层经理才是帮助培训转化的主力军，他们的参与和对下属应用的激励，可以使培训内容更加容易地转化为生产力。

领导力开发的 721 原则告诉我们：一位领导者的发展和提升 70% 来自自己的工作；20% 来自上级对待他的行为；10% 来自学习本身。培训设计需要通过接近实际工作的练习提高培训转化率，在学员上级的帮助下，让它们逐步成为日常工作的一部分。

5. 企业文化的冲突

信任、开放、尊重、好奇、有弹性的企业文化更适合九型领导力的项目。如果你希望做文化变革，走向开放、创新，九型领导力也是渐进性变革的良选，只是需要明确立项，需要比一般领导力开发花费更多的时间和金钱。

6. 型号研判的误解

在课堂上，经常有学员问我："Tony，你说我几号啊？"然后根据导师的答案和自己的答案是否一致，来考察、评估导师的专业度。其实，九型人格是自我觉察的系统，找型号是学员自己的事，不是导师的事，导师只是传道授业解惑者和陪伴者、教练而已。

九型领导力开发是一个持续的过程，其内容涉猎广泛，遵循的是自我觉察、觉知他人、人际互动的三部曲，并且应该以项目形式开展，而不仅仅局限于培训。

在领导力开发倍受重视的今天，很多公司请了专业的咨询公司进行咨询诊断，建立了领导力素质模型，培训前后分别作了心理评测，课后还持续跟踪培训运用。然而劳时耗力，高投入似乎却没有高产出，以至于领导力开发变成了一潭很深的水。这很大一部分原因来自其对九型领导力认识得不够深刻，以至于走入开发误区而不知。因此，正确认识了解九型领导力开发的六大误区对于企业领导者也是非常重要的功课。

第 2 章

九型领导力的六大经典术语

从某种程度上来讲，九型人格就是把性格相关的潜意识，通过脑、心、腹的觉察训练，上升到意识层面，从而可以自我管理、自我运用的学问。领导者的成熟度模型中的三个中心、九个主型、十八个侧翼、十八个箭头、二十七个副型和八十一个发展层级，给我们提供了自我探索、觉知他人的线索。

智慧中心：指明领导力开发的方向

事实上，我们每个人都同时拥有三个智慧中心，但是由于我们的性格偏向，我们常常仅仅习惯于应用其中的一个智慧中心来应对外界的变化。也就是说，我们还有很大一部分潜能值得开发，那么首先我们要了解这三个智慧中心。

三个智慧中心，或者叫三个三元组（Triad），是由希腊—亚美尼亚精神导师乔治·伊万诺维奇·葛吉夫（George Ivanovich Gurdjieff）最早提出的。它被细分为脑中心、心中心和腹中心，或者叫思维三元组、情感三元组、本能三元组，分别对应领导者的成熟度模型上的白色部分的 5 号、6 号和 7 号，灰色部分的 2 号、3 号、4 号，及其黑色部分的 8 号、9 号、1 号。（见图 2-1）

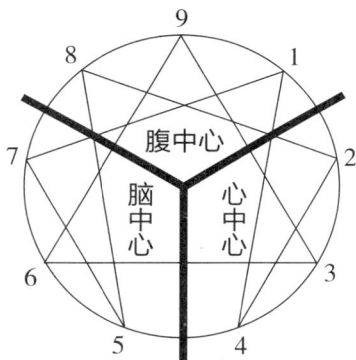

图 2-1 九型领导力的三个智慧中心

为了让大家更好地了解三个智慧中心，下面我以表格的方式为大家做一个详细的对比说明（见表 2-1）。

表 2-1 九型领导力的三个智慧对比

智慧中心	偏爱	心理特征	挑战
脑中心（5、6、7号）	IQ、道理、想法、战略、计划、分析、归纳、语言、逻辑	焦虑、怀疑、不安、害怕、不安全感、期待、生活在将来	用思考判断情感问题便容易造成人际关系淡薄，行动力出现问题

表2-1（续）

智慧中心	偏爱	心理特征	挑战
心中心 （2、3、4号）	EQ、情绪、感觉、感情、故事、激励、同理心	认同、敌视、自我形象、调整自己去适应别人、生活在过去	用情感判断危机、问题容易优柔寡断，容易在情感方面出问题
腹中心 （8、9、1号）	直觉反应、本能习惯、行动、实实在在看得见摸得着的东西	边界、紧张、麻木、防御、分离、压抑、激怒、攻击性，抗拒活在当下	用直觉判断深刻问题容易鲁莽，容易在与人、环境互动中出问题

也就是说，5号、6号、7号更擅长使用脑中心；2号、3号、4号更擅长使用心中心；8号、9号、1号更擅长使用腹中心。这就指出了领导力开发的方向，脑中心的5号、6号、7号要开发心中心和腹中心的能量；心中心的2号、3号、4号要开发脑中心和腹中心的能量；腹中心的8号、9号、1号要开发脑中心和心中心的能量，最后走向三者的合一。换句话说，每个人都有三分之二的潜能有待开发。

与后文要分享的情绪健康层级相对应，第一、第二、第三层级的人三个智慧中心开始合一，走向开悟；第四、第五、第六层级的人会同时使用两个智慧中心，正常地工作和生活，但更多依赖自己主型所在的智慧中心，如5号更多地使用脑中心；第七、第八、第九层级的人被自己的性格牢牢控制，只会使用自己主型所在的智慧中心，走向自杀和杀人。

除此以外，九型领导力的提升过程也遵循着脑—心—腹的顺序，从刚开始的头脑理解，到结合自身经历、经验，心的连接、感悟，到行动中带来更多的理解，然后开始新的循环。

九型人格是一门深度解剖人格的学问，它按照人们性格的不同将人分为九种，它们之间尽管有着很多不同，但又有着诸多共同点。就如同大树一般，树干虽然大体相似，但是枝叶因为生长环境和光照不同，所衍生出的形态便各不相同。

主型：领导力之树的内在基因

通过对三个智慧中心的了解，我们已经大体明白自己所属脑、心、腹的哪个区域。然而，九型对人格的划分不仅仅局限于此。对于九型人格，我将它们之间的相互关系、各自类型进行了整体划分和描述。下面，我们就来具体了解一下它们之间的相互关系。

三个智慧中心涉及的九个型号，就被称为主型，它决定、区分了我们的性格模式，乃至无限延展的行为模式，如沟通模式、冲突模式、领导模式、管理模式、教练模式、引导模式、培训模式、婚恋模式、亲子模式。

潘红是我的一位学生，她曾经说过这样一段话，非常形象地说明了主型与其他八型变化的区别："我们每个人就像一棵树一样，有主干，有枝叶。主干就是我们的主型，这个是一辈子不变的；枝叶，就是在生长过程中，遇到不同情况进而发展出的不同行为表象。表面上看起来和别的树差不多，但是心理动机是不一样的。遇到好的年份，长得快些，遇到不好的年份，就有疤，有结。在树干的年轮上，都清楚地显示记录着一切。等哪天树被砍倒了，外人才看到这个年轮。"

这段话非常明确地揭示了主型的重要作用，因此，对于学习者来说，对于主型有一个更为清楚的认识也是一门必修的功课。为了让大家更好地掌握主型，下面我将主要介绍九个主型的名称和心理防御体系。

提到九个主型的名称，也许有人会奇怪，为什么你用1号、2号、3号，而不用完美主义者、给予者、实干者呢？这样不是更好记忆吗？其实使用阿拉伯数字可以回归到毕达哥拉斯的占数术，是九型人格的本源之一，也是国际通用的做法，表示九型学习需要中立公允、不加判断的专业精神，每个主型的内涵可以无限延展；中文和英文名字是后人加的，仅代表了型号的某些核心特征，但无法代表这个型号本身，所以切不可望文生义。

为了帮助大家理解，特将九个主型名称做个总结汇总，让大家体验性格钻石的若干个熠熠生辉的切割面。详细内容请见表2-2、2-3、2-4、2-5、2-6、2-7、2-8、2-9、2-10所示。

表 2-2 1 号主型名称汇总

1 号	涵义
完美主义者	1 号会认真执着地追求完美，直到 101 分
教师	1 号往往把自己看成成熟、负责任的训导主任
激进主义者	站在游行示威队伍最前面，坚持团队宗旨是正确的往往是 1 号
改革者	1 号发现错误后，会立刻按照自己认为正确的方式进行修正
伦理家	伦理道德是 1 号的核心价值，但是每位 1 号的道德观都不同
组织者	1 号只有把万事万物组织、整理得井井有条、有条不紊才舒心
立法	1 号发现混乱就必须要制订规章制度流程，使这一切不再发生

表 2-3 2 号主型名称汇总

2 号	涵义
给予者 / 帮手 / 利他主义者	2 号愿意帮助别人，并从中得到快乐，做幕后帮手，而不是走向台前
亲密爱人 / 浪漫的人 / 特别的朋友	2 号希望别人把自己当作最好的朋友、亲密爱人，可以有事情向自己寻求建议，可以与自己分享特别的秘密和隐私
守护者	2 号愿意爱护你、照顾你，无微不至地关心你
讨好者	为了搞好与大家的关系，2 号愿意压抑自己、讨好别人
促成者	2 号擅长激励他人，挖掘别人的潜力，通过关系促成事情
外交官	2 号在人际关系方面游刃有余，就像老练的外交官一样

表 2-4 3 号主型名称汇总

3 号	涵义
实干者	3 号做事认真、肯干，可以为了目标达成坚持到底
追求成功 / 地位者	成功和地位是 3 号内心最大的渴望
激励者	3 号天生善于自我激励和激励别人
巨星 / 典范	3 号要的就是万人瞩目，成为别人仰视，甚至膜拜的对象

表 2-4（续）

政客	西方政客的典范，直接沟通，充满激情，正面积极
沟通者	在社交场合游刃有余，但是深入沟通、交心的不多
实用主义者	实际，甚至势利，在意自身价值和事情本身可以带来的价值

表 2-5 4 号主型名称汇总

4 号	涵义
悲情浪漫者	缺失的爱是 4 号一生的追求，缺失感带来了一丝悲伤的情调
忧郁者	4 号非常容易陷入自己悲伤的情绪当中
个人主义者	4 号比较自我，不太考虑别人的感受
艺术家 / 艺人	艺术是 4 号彰显自我，与他人不一样的手段
唯美主义者	4 号一生都在追求唯美，而这个使 4 号更加情绪化
特别的人	4 号总是显得那么特别，与周围的人不一样
评论家 / 剧作家	4 号批评别人比较犀利，写出来的作品比较戏剧化

表 2-6 5 号主型名称汇总

5 号	涵义
观察者	5 号喜欢不参与，旁观事态的进展
研究者	5 号喜欢在某个领域深入研究，直到掌握了整个体系
思想家	5 号是深邃的思想家，特别在别人未必感兴趣的不实用的领域
教授	5 号是否让你想到了心不在焉的教授呢？自理能力差，但学识渊博
专家	在某几个方面成为专家，对 5 号来说是再正常不过的事
奇才	由于 5 号擅长看到事物的本质，所以往往被人们称作奇才
档案保管员	5 号不愿意与人打交道，管理档案，在故纸堆里过日子也是一种选择

表 2-7 6号主型名称汇总

6号	涵义
怀疑论者	怀疑是6号的天性，6号是很难比较快就相信一个人的
解决问题者	6号会很快地发现问题，本能地去解决它
忠实信徒	6号会挑战权威，如果权威能够经得起挑战，会转变为忠实信徒
效忠者	6号会向认可的权威效忠
传统主义者	6号坚守传统，拒绝变化，不愿意调整自己已经习惯的一切
家庭守护者	家庭、家人对6号有特殊的意义，6号会把解决婚姻中的问题当做自己的责任，保护自己的家庭不受侵害
好战者	主要是反6，喜欢和别人辩论、打嘴仗，甚至动手打架

值得一提的是，6号是个非常特殊的型号，在恐惧动机的影响下，会表现出两种完全相反的行为状态，分别被称为正6（Phobic 6）和反6（Counter-phobic 6）。正6面对恐惧，后发制人，想好再做，具有退缩并保护自己免受威胁的倾向，渴望得到保护和关怀；反6面对恐惧，先发制人，害怕后发会受制于人，所以不去多想，先挑战、制服它，将危险消灭在萌芽之中，表现出很强的进攻性。

表 2-8 7号主型名称汇总

7号	涵义
享乐主义者	新鲜、有趣、刺激的吃喝玩乐对7号非常重要
狂热者 / 活力四射的人	7号正面积极、精力充沛、非常活跃
通才 / 多面手 / 半瓶醋	7号的焦点不断变化，很难在某个领域深入下去，但是多才多艺
神童	7号会快速了解大量知识，从小有神童之称
鉴赏家	7号的经验、体验很多，对品质拥有鉴赏力
梦想家	把自己的梦想分享给朋友是7号最开心的事之一

表 2-9　8 号主型名称汇总

8 号	涵义
老板/领袖/保护者	8 号是天生的领袖，总是罩着自己的下属
挑战者/持不同意见者	8 号的沟通模式就是 "No"，挑战领导，持不同意见司空见惯
养家者	对 8 号来说，养家糊口是自己应尽的义务
企业家	8 号喜欢白手起家，开始创业，将一切掌握在自己手里
石头一样硬的人	8 号坚定果敢、坚持自己的立场不后退，就像石头一样硬

表 2-10　9 号主型名称汇总

9 号	涵义
调停者	遇到无法逃避的冲突时，9 号会去调停、解决问题
合作者	9 号是寻求合作、与人为善的
寻求舒适者	舒适安逸，不被人打搅的生活是 9 号的追求
空想家	9 号会表面上倾听你的谈话，其实已经云游天外了
神秘主义者	9 号喜欢神秘的东西，比如易经、八字、塔罗、能量
治疗师	非常温和，善于倾听，没有评判，所以容易取得别人的信任
觉得没人特别	在人际关系中，9 号与所有人的心理距离都是大致相等的

　　通过上面的对比，相信大家对于九种主型的不同称谓已经有了一定的了解。为了进一步加深大家对于主型的了解，我们一起来向内探索更加深刻的心理防御机制（Psychological Defense Mechanism）。

　　心理防御机制是指个体面临挫折或冲突的紧张情境时，在其内部心理活动中具有的自觉或不自觉地解脱烦恼，减轻内心不安，以恢复心理平衡与稳定的一种适应性倾向。心理防御机制是人类共有、通用的，无所谓好坏，但是它让我们把自己关于现实的观点和感受当作了现实本身。不知不觉，我们成了性格的奴隶，成了自己心理防御机制的"代理人"，生活在自己假想的世界里，所以我们需要醒来。站在领导力开发的角度，9 种主型的能量最终都是可以被利用的，所以即使刚开始型号没有找到也没有关系，就从自己疑似的型号开始做功课好了。

九型人格的洞见是把心理防御体系与九种主型对应起来，因为每种型号都更加容易受到某一种心理防御体系的影响，比如6号的投射和4号的内向投射。所以如果我们找到了自己的型号，然后在这种心理防御体系上多做功课，就会帮助自己更快地提升。心理防御体系由三个部分构成，即理想模式、逃避模式和心理防御机制。（见图2-2）

理想模式

心理防御机制

逃避模式

图2-2 心理防御体系的三个组成部分

理想模式指我们认为如果要有价值，我们应该成为的状态，如3号追求的成功；逃避模式指我们特别想避免的感情和体验，如4号逃避的平凡；心理防御机制就像胶水，将理想模式和避免模式黏合起来，在性格结构受到威胁时会自动、无意识地跳出来，平常也习惯性地影响我们的日常生活。避免模式与理想模式相反但相互加强。我们不是说3号追求成功，或者4号逃避平凡不好，只是他们妨碍我们成为真正的自己，并会造成很大的人际冲突和挫败感。

为了让大家对于这三种模式有更为清晰而全面的了解，下面我们结合表2-11一起来看一下更多的细节分型号展示。

表2-11 心理防御体系三个组成部分细节展示

型号	理想模式	逃避模式	心理防御机制及解释
1号	我是正确的	犯错	反向形成: 抑制或反抗冲动、欲望和愿望等"不良"行为。它能够抵消愤怒和内疚

表 2-11（续）

型号	理想模式	逃避模式	心理防御机制及解释
2 号	我是助人的	自身需求	自我压抑：忘记自我意识、个人需要、欲望和感受。它有助于向外与别人建立连接
3 号	我是成功的	失败	自居等同：呈现出渴望成为的成功形象的特质，并积极努力地变成那样
4 号	我是真实的	平凡	内向投射：把理想化的人或物摄入个人的内心世界，避免失落和别离之苦，这样来保持连接
5 号	我是博学的	空虚	情感隔离：抽离出来观察，以隔离过多的情感，及对他人的脆弱情绪
6 号	我是忠诚的	拒绝	投射：把内在的忧虑、敌意、想象的危险和恐惧外归因于他人或外界环境，让自己躲避或挑战
7 号	我是 OK 的	痛苦	合理化：把负面、痛苦的经历重新组织，给予正面的意义，从而逃离限制和责任
8 号	我是强大的	脆弱	否定：无视、不体验危险、恐惧或脆弱，对这些明显的外在因素视而不见
9 号	我是和谐的	冲突	自我麻醉：通过将能量分散到安逸的环境替代物上，使自己麻痹并忘记自我

经常有朋友在接受过一段时间九型领导力的训练后，问我："Tony，你看我现在不像 X 号了吧？"甚至有人说自己是 0 号或 10 号，意思是说自己修炼得很好，已经不受性格束缚了。其实这是不可能的，无论你是谁，大家一辈子都会受主型的影响，只是随着领导力提升，心理防御体系对我们的影响越来越小。即使周围的人不容易观察到你被性格控制的行为，你的自我觉察也一定会告诉你真相。

这种骄傲会让我们停下自我探索、自我提升的脚步，进入更低的发展层级。请把这个线索，当作需要在自己身上做更多功课的开始吧。希望大家都能够通过内在观察者训练，更多地觉知自己的心理防御体系，活在当下，打断自己的性格樊笼，及时调整相关的行为，早日走向主型的高层境界。

侧翼：决定领导者的性格差异

侧翼就像鸟的翅膀一样，是主型及其旁边两个类型之一的独特混合体，在领导者的成熟度模型中用 6 号指向 5 号和 7 号的弧形箭头表示，类型具体为：1W9、1W2、2W1、2W3、3W2、3W4，直到 9W8、9W1，共计十八个侧翼（见图 2-3）。主型有时难以找到，因为脑、心、腹背后的动机和价值观位于冰山的下面，需要时间才能探索明白。另外还有一个原因，经典型号的人是非常少的，也就是说没有侧翼的人基本是不存在的。

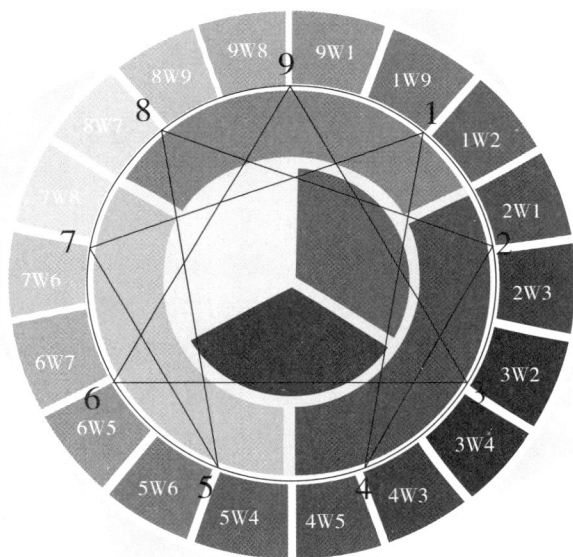

图 2-3　九型领导力的十八个侧翼

其中，1W9 和 1W2 是有行为差异的，但是共享 1 号主型带来的相同动机——追求完美。无论是 1W9 的 9 号的行为，还是 1W2 的 2 号的行为方式，都是为了去满足 1 号主型追求完美的动机。

更为有趣的是，学习过型号研判的朋友会发现，拥有侧翼的朋友长相常常同时展示两个型号的外在特征，如 1W2 既有 1 号的坚毅，也有 2 号的热情。主型代表了核心动机，侧翼是外在行为的呈现。根据我的实践经验，长期应用侧翼应对环境挑战，不活在自己主型上的职场人内心冲突较大，没有幸福感。

大多数人拥有一个侧翼，也有些人拥有两个侧翼，还有些人在不同时期拥有的侧翼不同。把两个侧翼都开发出来，并且比较平衡，是我们领导力开发的要点。

再往下说，即使主型和侧翼一样，也不可能有完全一样的两个人，因为侧翼与主型的比例千变万化，可以任意切分，而每个人就是分布在九型图圆周上的一个个点。比如：一位 1W9，1 号与 9 号的比例是 51% 对 49%，此时就很难辨别他的主型，需要通过后面讲的压力状态逆推；而另一位 1W9，1 号与 9 号的比例是 81% 对 19%，1 号主型就很容易觉察了。

说到这里，大家应该可以深刻感受到侧翼决定性格差异了！感知自己的侧翼，再把侧翼的行为在合适的时候发挥出来，我们就拥有了更多的选择！

箭头：九型人格的动态变化

本节我们讲述的是九型人格的动态变化——箭头方向，具体被称为安全—压力状态（In Security and In Stress），或者整合—非整合方向（Direction of Integration and Disintegration）。无论箭头方向如何，因为我们偏离了主型，行为举止都会与平常迥异，并且会持续一段时间。所以组织变革时，比如组织结构调整、战略性裁员、新渠道开拓、ERP 项目引入，一定要关注人员状态的变化，采取针对性的措施，否则变革管理会遇到重大阻力，甚至功败垂成。你想，在大多数人行为都与平常不同时，你用以前成功的方式去领导，会出现什么样的结果？

压力状态在九型图上是主型指向的方向，如 6 的压力状态是 3，1 的压力状态是 4，7 的压力状态是 1，以此类推，就形成了 6—3—9，1—4—2—8—5—7 的循环（见图 2-4）。此时人有压力和不确定性，处于警惕状态，具有自我防卫的倾向，开始产生受害者的感受。整个过程都是不由自主、强迫发生的，但仅仅发生了行为层面的改变，主型的动机、价值观不变，如 6 进入 3 的压力状态，不再顾及别人的感受而犹豫，行动会变得迅速，可能会指责别人，但是此时他还是 6 号，因为焦虑和恐惧的动机不变。只是在别人的眼中，他的行为举止像 3 号。

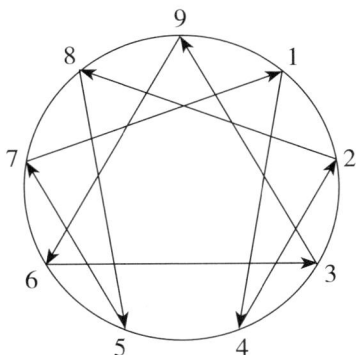

图 2-4 九型压力状态

压力状态是有价值的（如 6 到 3 的行动迅速），压力点也是资源点，但是缺乏深度，不能呆得太久，以 6 个月以内为宜。我们可以带着觉察主动进入压力状态，运用压力状态的正面特质，同时注意规避相应的负面特质，而不是不自觉地被压力压过去。与侧翼类似，长期应用压力状态应对环境挑战，不活在自己主型上的职场人也会内心冲突较大，没有幸福感。

安全状态与压力状态相反，在九型图上是指向主型的方向（参见图 2-4），如 6 的安全状态是 9，1 的安全状态是 7，7 的安全状态是 5，以此类推。如果把安全状态的箭头单独画出来，就形成了 6—9—3，1—7—5—8—2—4 的循环（见图 2-5）。

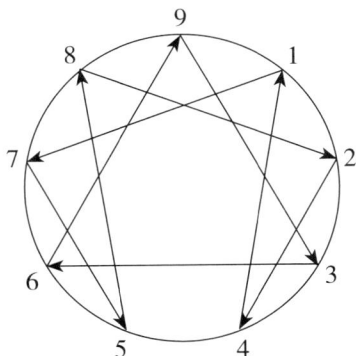

图 2-5 九型安全状态

关于安全状态有很多误解，在此一一澄清。

1. 安全状态就是舒适的状态吗？

错！

安全状态有两种：一种是处在放松、安全、自我认同的状态，另一种是在遭受打击、筋疲力尽的状态。两种状态截然相反。

2. 安全状态比压力状态拥有更多的资源吗？

对！

安全状态整合，具有人格提升的倾向，会让我们的性格模式松动，表现出与平常大相径庭的行为，经历过就容易向上进入第三层级或者更高层级。我们经常说安全状态整合，因为核心问题得到了解决，开始走向真实，增加了原来没有的能力，脑、心、腹的合一开始，领导魅力剧增。比如：6 号经过 9 号安全状态的整合，会发现自己恐惧消失了，比以前平和淡定得多，可以信任别人，人际关系好了太多，这些都是 9 号带来的价值点。

3. 安全状态带来的都是好处吗？

错！

安全状态与压力状态一样，并没有发展层级的改变，所以型号的优势和挑战都会随之而来。还是拿 6 号经历 9 号安全状态的整合为例，此时的 6 号会健忘但不像以前那样担心，比以前更加能吃能睡，这些 9 号的特征也来了。当然，安全状态获取的资源，远远大于获得的挑战。

4. 模仿安全状态那个型号的行为就会让安全状态到来吗？

错！

有意识的选择和行动当然是有益的，但是高层境界不受头脑的支配，我们无法预测安全状态出现的时间，它总是自然而然地发生。作为一个 6 号，我们不可能说话慢、行动慢、多吃、多睡就让 9 号安全状态的整合发生。带着自我觉察体验安全状态，才是更有意义的选择。我就有学员在恋爱时进入安全状态，但是当时没有觉察，回想起来自身没有太大改变的例子。

5. 安全状态整合就是人格提升的顶点吗?

错!

通过动态变化,均衡发展九型图上的九种潜能,并走到高阶状态才是顶点,这个需要一辈子的时间,安全状态整合仅仅是开始而已。下面给出安全状态整合路径(见图2-6),供参考。

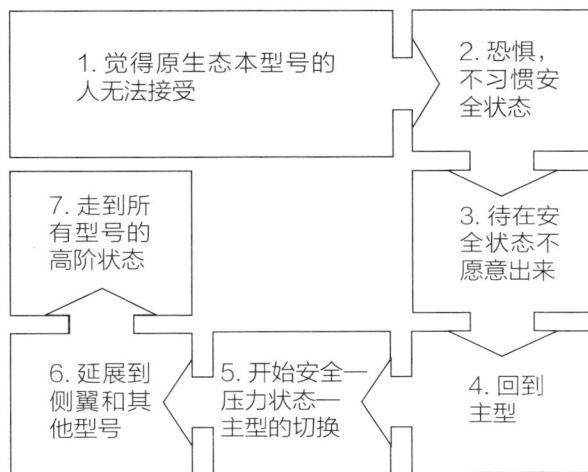

图 2-6 安全状态整合路径

综上所述,压力状态和安全状态都是资源点,等你能够觉察到,主动、适当地运用而不是被性格模式控制,你的领导力水平会高很多!

副型:九型领导力体系的免疫系统

在领导者的成熟度模型(参见图1-9,第32页)的右边是二十七个副型,每个主型都拥有一对一副型、社交副型、自我保存副型三种副型,这三种副型的能量从强到弱。我很喜欢学员崔晓勇的比方——"主型就像我们的基因,决定了我们的内在,副型则像我们的免疫系统,掌管我们每一天的身体状况!"

副型是人类基本求生存的本能及情绪反应倾向,每天都在运作。与侧翼不同,副型是一种独立的变量,是灵性与生物学交汇的地方,影响我们生活的方方面面，而主型在工作、生活经验可以搞定的时候不会出现。副型经常被家庭和文化期待无意识塑造，比主型更难觉察，又和主型一起作用在关系上。等你发现，往往就是关系破坏之时，而苦果早已埋下。

现在我们看看三种副型之间的差异。一对一副型关心的是"你"，在意亢奋的体验和亲密关系，喜欢与人深入交流，外形上有魅力，在意意义和方向。社交副型关心的是"你们"，关注团体行为、社会活动、周围的人、社会结构中的地位。自我保存副型关心的是"我"，关注保障个人生存及威胁自身安危的事情，特别在意安全感和身体健康，还有舒适、体力、家、家人、专业、能力、学习。

副型相同的人相处自然会很和谐，因为有共同的语言和关注的焦点，上下级、朋友、伴侣、父母、孩子之间都是如此。但是这也会强化双方的盲点和情绪问题，比如：两位自我保存副型者可能饮食、购物习惯类似，但是会忽视一对一的亲密感，也缺少朋友。副型不同的人很快可以发现风格、注意力焦点和个人需求方面的冲突。比如：一对一副型的妻子经常抱怨自我保存副型的丈夫忽略她了，两人在一起的时间没有质量，没有面对面的相处、深入的沟通。丈夫知道妻子感觉被遗弃了，非常震惊，因为他在为购买新房而加班加点地工作，他是在用这个来表达自己对家庭的爱和承诺。在关系方面，副型比主型更重要，影响更大。举个例子，一个自我保存副型 6 和一个自我保存副型 3，会比一个自我保存副型 7 和一个社交副型 7 关系更好。

每个人身上三个副型同时存在，控制自己最强的被称为第一副型，控制自己第二强的被称为第二副型，第三副型基本处于沉睡状态，需要通过训练激活。第一副型对我们的影响远远大于第二副型，所以需要重点关注，做更多的功课。当然，我们要掌握副型，还要走得更远，还需要对其有一个更为深刻的认识，下面我们就一起来看"副型的学习路径"（见图 2-7）。

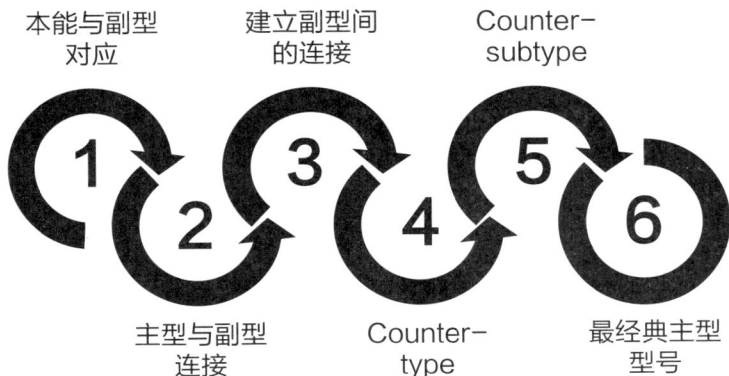

图 2-7　副型的学习路径

本能与副型对应是指一对一、社交、自我保存三大本能，与三大副型的一一对应。我们要关注主型与副型连接，是因为单独一个副型是一个意思，与主型结合起来又是另外一个意思。建立副型间的连接是指同一副型甚至比同一主型的人关系更好，要理解和接纳别人与自己的差异，否则容易与其他副型的朋友冲突。Counter-type 是指与主型相反的副型行为，比如一对一的 6 号追求力量和美丽，与我们通常理解的退缩的 6 号不太一样。Counter-subtype 是指与副型相反的行为，比如自我保存副型的人，会毁掉最想保有的部分，成为安全和健康的破坏者，甚至寝食难安，无法照料自己，走向自我毁灭。在"副型与关系改善"的探讨和学习过程中，我们一定会发现基础课程中讲的经典型号，其实是某一主型的其中一个副型，比如社交 3 就是我们通常认为的经典 3 号。这也是为何研判经常出错的另外一个主要原因。这些都需要大家经过培训，在实践中逐渐消化、掌握。

在副型方面做领导力提升，核心有三点：

1. 有意识地做与第一副型相反的行为，这个可以通过日常实践完成，比如一对一的朋友就有意在谈话中关注所有的人，而不是聚焦在自己特别在意的人身上。

2. 走向三个副型的平衡，这需要较长时间的训练，建议从易到难，先训练第二副型，最后才是最具挑战的第三副型。

3. 在三个副型基本平衡的基础上走向纯粹的本能。

发展层级：界定领导力水平的关键指标

发展层级是 1977 年由国际九型人格研究会创始人唐·理查德·里索（Don Richard Riso）和拉斯·赫德森（Russ Hudson）提出的。我这里引用了澳大利亚全球领导力基金会（Global Leadership Foundation）改编的情绪健康层级（Emotional Health Levels）来界定领导力的高度（见图 2-8）。

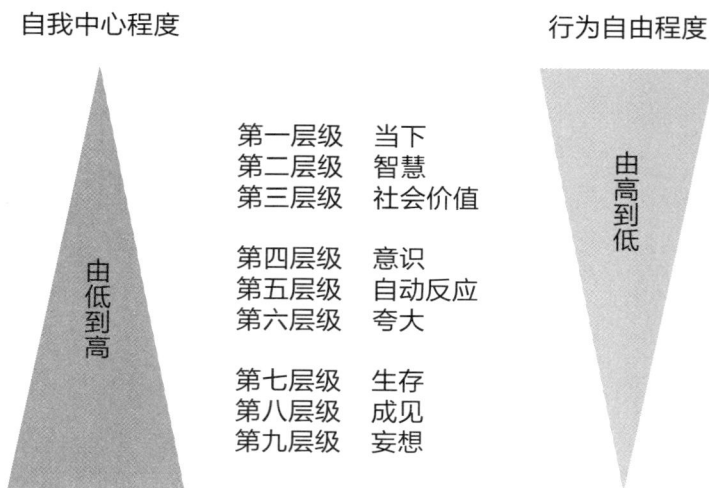

自我中心程度　　　　　　　　　　　　行为自由程度

第一层级	当下
第二层级	智慧
第三层级	社会价值
第四层级	意识
第五层级	自动反应
第六层级	夸大
第七层级	生存
第八层级	成见
第九层级	妄想

由低到高　　　　　　　　　　　　　　由高到低

图 2-8　情绪健康层级决定了领导力的高度

首先我们看一下两个相关的核心词：自我中心程度和行为自由程度。自我中心程度指受自己性格约束的部分，别人引发我们的自动反应（也就是前面说过的心理防御机制引发的下意识行为）越多，自我中心程度越高。行为自由程度是指我们自由、谨慎选择自己行为的能力。我们是否经常做事不加思考，或者认为这就是最合适的行动呢？正如上图所示，自我中心程度与行为自由程度成反比，即情绪健康层级越高，自我中心程度越低，行为自由程度越高。

没有经历过相应学习和训练的人，基本上处于第五层级，性格的自动反应较多，不由自主地受制于心理防御机制。随着情绪健康层级的提升，我们开始明白自己内在世界的假设，可以确定自己需要做功课的地方，有意识地规划，加快自己的提升。

领导力都是用来提升有效性和效率的，这对行为自由程度要求很高。高阶领导需要走向高阶平衡，既慈悲、关怀，又坚强、果断，而这些都是情绪健康层级从第一到第三层级的特征。情绪健康层级高的领导，在工作场合总是能够保持正面的情绪，通过共同愿景激发共鸣，鼓舞他人，教练下属，让魅力由内而外地产生，从而推动组织实现共同愿景。他可以意识到自己的自动反应，以及对他人的影响，有意识地选择、采取领导力开发行动，直至自己达到第一层级的当下。如果情况恰恰相反，下属比你拥有更高的情绪健康层级，你就很难留住他们了，因为他们比你更清楚组织会走向何方。

表2-12可以帮助我们更好地理解九个情绪健康层级的定义。

表 2-12 情绪健康层级定义

层级	名称	解释
第一层级	当下	头脑平静，与当下充分连接，快乐，拥有完全的行为自由，我们做所有事情时都能活在当下
第二层级	智慧	很多时间可以活在当下，但存在心理防御机制和应对策略的错误知觉。我们会保持清醒、加以控制，但是错误知觉确实存在
第三层级	社会价值	我们开始关注他人和更广的社会利益，同时开始增加活在当下的机会，理解如何利用内在观察者进一步提高自己的觉察力
第四层级	意识	我们开始意识到可以选择自己的行为，开始有规律地观察它们。我们开始感受到片刻的当下，还是很容易被心理防御机制控制
第五层级	自动反应	我们被周围发生的一系列自动反应控制了，这些反应大多数是防御性的，控制了我们的环境和环境中的人。
第六层级	夸大	我们的防御更加外露了，行为夸大，因为过度补偿、呼应了内在的冲突和焦虑。大多数的反应都自动发生，未经思考，或者扭曲失真
第七层级	生存	我们的内在情感变得无法忍受了，因为我们开始意识到心理防御机制不起作用了。我们开始对做出合理的选择彻底失控，固着在自己选择的生存策略上
第八层级	成见	我们开始与事实失去联系，我们所有的思维、情感、判断、行为都严重失真。我们失控了，进入了完全的病理状态

表 2-12（续）

层级	名称	解释
第九层级	妄想	我们妄想，与事实失去联系，想要摧毁别人和自己，包括极度精神错乱的状态，完全不可控制、非理性，心魔完全操控了我们的生活

　　九个情绪健康层级是每个型号都共同拥有的，再与九个主型结合，就形成了决定我们领导力高度的八十一个发展层级。找到自己主型的朋友，可以根据下面九个表做自我评估。

表 2-13　1 号主型的九个情绪健康层级

层级	名称（1号）	解释（1号）
第一层级	接纳、智慧	对人生充满希望，接受自己及别人，不再批判，高度自我完善，深信自己是有诚信及善良的
第二层级	理性评估	自我形象理性、客观、中庸；允许自身的"超我"作为生命中的引导，不费力就能秩序井然
第三层级	有原则、有责任感	自律，目标感强，信念强，忠于自我，言行一致，跟随良知及理性去生活
第四层级	有义务努力	害怕别人不认同自己的原则而认真地去说服他们，经常会与人辩驳及指出问题所在
第五层级	自控有序	忧虑他人指责自己不追求理想而将生活组织得秩序井然，做事有条理，特别守时，容易发脾气及紧张
第六层级	评论批评	害怕别人破坏自己辛苦建立的秩序及平衡，因别人不认真地看待自己的理想而感到愤恨，非常自以为是
第七层级	自以为是、不灵活	恐惧自己的理想是错的；为了挽救自我形象会坚持己见，完全不妥协
第八层级	强迫性矛盾	极力抑压不理性的欲念，结果失控，一方面做出不应该做的事情，另一方面仍然大义凛然地批判此等行为
第九层级	定罪、惩罚	意识到自己已经失控，正在做一些平时自己最鄙视的事情；为了让自己回到正轨，会不惜一切代价（包括自杀、谋杀等）将导致自己行为产生偏差的因素除去

表2-14 2号主型的九个情绪健康层级

层级	名称（2号）	解释（2号）
第一层级	自我滋养、无条件付出爱	不再否定个人的需求及感受，无条件付出，人生充满欢乐，活得有品位，做人谦逊
第二层级	善解人意、关怀他人	用爱心去关注别人的感受，是一个有爱心、没有私心的人
第三层级	肯支援和付出	慷慨地付出时间与精力，对别人表示欣赏及支持，肯表达感受，与人分享自身的才华
第四层级	善意地取悦别人	害怕自己因为付出得不够多而不被人所喜爱，会用取悦、奉承及支援等技巧去培育关系
第五层级	占有欲、干预性强	害怕所爱的人爱别人多过自己，而加强所爱之人对自己的依赖，把他人需求放在自己需求之前，时时刻刻监察对方的一举一动
第六层级	妄自尊大的傲慢	觉得被占便宜，但不能表达愤怒，转而诉说自身的健康问题；希望别人称赞自己的善举；提醒别人亏欠自己；压抑的感受开始影响身体健康
第七层级	自我辩护的操控	觉得别人会做出背叛自己的行为而先发制人；将别人描绘为自私自利；就算得不到爱，也希望别人可怜自己及依赖自己
第八层级	威逼利诱	对爱的渴望使自己不顾一切地去追求；认为自己所受的苦难使自己有资格去索求，因而会不顾颜面地大胆表现
第九层级	扮演受害者	不能面对自己的自私行为，不愿承认曾经伤害自己而彻底崩溃，需要别人的援手才能再次站起来

表2-15 3号主型的九个情绪健康层级

层级	名称（3号）	解释（3号）
第一层级	自我引导的真实	不再将自我形象建立在别人的评价之上，找到真正的认同，能够自我接受、自我坦诚
第二层级	适应力强、受人仰慕	了解他人的价值并调整自我，以提升在他人心目中的价值及地位；自我形象能干、出众、善于调整
第三层级	目标导向的自我改善	通过自我提升来改善自我形象，能干及坚持，表现出色，沟通技巧卓越，成为别人的模范，对人有启发的作用

表2-15（续）

层级	名称（3号）	解释（3号）
第四层级	成功导向的执行	恐惧被人超越而前功尽弃，因此加倍努力，不断鞭策自己，使自己得以突出
第五层级	形象敏感的权宜之计	担心得不到别人的重视而努力营造最佳形象；有野心，但又自我怀疑；希望被人仰慕；不能处理亲密关系
第六层级	自我推销、夸夸其谈	认为除非自己有极大的成就，否则不会被认同，所以常夸大自身的成就；喜欢与人竞争；以趾高气扬来掩饰自己的不足
第七层级	缺乏原则、欺世瞒人	失败使他害怕成为别人心目中的骗子，为了自我挽救，不惜自欺欺人；大话连篇，而内心感觉既空虚又沮丧
第八层级	两面派、机会主义	不想让别人知道自己糟糕的情况而想尽方法掩饰，为了得到别人的注意而编织谎言
第九层级	无情的偏执狂	认为自己无法赢取重要人物的认同，不再尝试掌控自己的愤怒；会向心目中的折磨者复仇，同归于尽

表2-16 4号主型的九个情绪健康层级

层级	名称（4号）	解释（4号）
第一层级	拥抱生命	不再觉得自己较别人多瑕疵，停止一切以自我为中心的行为，找到真我，不断更新生命，得到新的启示
第二层级	内省、敏感	尊重自身的感受及选择，自我认同；自我形象：先知先觉、敏感、与众不同
第三层级	自我披露、有创意	通过创意来表达个人的特质，能够含蓄而流畅地探讨个人感受并与人分享
第四层级	浪漫、个人主义	利用幻想及个人风格强调独特之处，期望得到拯救，通过想象力加强自身的感受
第五层级	自我为中心、情绪化	以脆弱的形象去吸引"拯救者"，害怕自己的独特得不到认同，而表现得若即若离
第六层级	自我放纵的颓废者	恐惧生命的诸多要求会令自己放弃梦想，恐惧不能活出精彩而决定不依条规行事，变得虚假及不事生产
第七层级	充满仇恨和疏远	恐惧自己浪费生命，为了自救会排斥一切不支援自己感情需求的人和事 经常觉得沮丧、疲惫、提不起劲
第八层级	自我排挤、重度抑郁	极力想成为幻想中的自我，将一切与幻想不符合者拒之门外

表 2-16（续）

层级	名称（4号）	解释（4号）
第九层级	彻底失望、放弃生命	觉得追求没有价值的幻觉浪费了生命；可能用自杀的行为去吸引"拯救者"，或干脆了此残生

表 2-17 5号主型的九个情绪健康层级

层级	名称（5号）	解释（5号）
第一层级	参与生命、有远见	不再抽离，不再做生命的旁观者，通过参与证明自身的才干；思维清晰，有深度，有爱心
第二层级	强劲的观察力、觉察力	将焦点放在外在环境，有信心应付，能发展技能使自己更能干；自我形象聪明、好奇、独立
第三层级	聚焦、有创意	通过成为某方面的专家来提升自我形象，不喜欢与人比较或竞争，选择探索新理念，创造有深度的理念或艺术品
第四层级	概念化准备	认为所具备的知识不能在社会立足而缺乏自信，勤奋学习，搜集知识/资源/技能以弥补不足
第五层级	抽离、若有所思	担心别人的需求会分散自己的注意力而长时间独处，专注于思考和探寻解决问题的不同方法
第六层级	极端挑衅	害怕自己创造的小空间被人侵占而主动将人赶走；对别人的自信不以为意，想尽办法去打击别人的信念；自己的理念较为含糊，但又看不起不明白自己的人
第七层级	虚无主义的怪人	恐惧打造不了一片属于自己的空间，为安全起见，除最基本的需求外，进一步自我独立
第八层级	可怕的精神错乱	自觉无助无望，消极看待人和事，拒绝援手，经常做噩梦及被失眠所困，不能停止或放缓高速的思维活动
第九层级	寻找遗忘和自我毁灭	不再能够抵御痛苦而逃避现实；有时会患上精神分裂症，甚至自杀

表 2-18 6号主型的九个情绪健康层级

层级	名称（6号）	解释（6号）
第一层级	自给自足、充满勇气	不再依赖别人，因为找到了内在的指引；品尝到真正的安全感
第二层级	迷人、值得信赖	寻找支援，关注危机感，对人友善，值得信任，善于建立人际网络，给人稳重的感觉，自我形象坚如磐石、关心人、可信度高

表 2-18（续）

层级	名称（6号）	解释（6号）
第三层级	有承诺、善于合作	创造双赢局面，与人结盟，勤奋工作，节俭，留意细节，自律性高，能够预见问题
第四层级	尽职本分、忠心耿耿	恐惧丧失独立性，希望自己有更多支援；将本身的资源投资于所属机构，期望得到相应的支援；缺乏安全感，要求工作上有清晰的步骤及指引
第五层级	模棱两可、防卫性强	感觉无法协调生命中各方面的承诺，变得悲观、被动及多疑，使自己更加优柔寡断及过度谨慎
第六层级	独裁地指责他人	害怕失去盟友的支持，对自己没有信心，有强烈的失败感，感觉被背叛，指责别人，与人争权
第七层级	惊弓之鸟、不可信赖	过度的反应制造了不必要的危机，因而更加不信任自己；容易担惊受怕、沮丧、无助，希望有人将他们救出苦难
第八层级	妄想的攻击	过度缺乏安全感，认为自己将无容身之地；对世界完全失去信任，无故攻击真实及幻想的对手
第九层级	自我贬低、自我毁灭	憎恨自己做了错事，内疚感导致自我惩罚，使自己蒙羞及彻底破坏一切成就，用自杀作为求救信号

表 2-19 7号主型的九个情绪健康层级

层级	名称（7号）	解释（7号）
第一层级	充满欢乐、知足常乐	不再认为需要某些物件或经验才能感觉人生无憾，因此更能真正欣赏生命，达到深层的满足
第二层级	期望、热情	因为生命充满了可能性而感觉兴奋，自我形象快乐、即兴、外向
第三层级	现实、多产	乐观、大胆、实际及多产，集中精力去做有成果的事情以自我提升
第四层级	贪婪的消费	认为自己错失了最有价值的人生经验，因此到处找寻机会拓展人生的可能性；经常同时做多项工作，尝试追上潮流
第五层级	注意力分散	担心因沉闷或失败而痛苦，因此不断增加活动量，尽最大努力使生命刺激；不停地说话、谈笑、追寻新玩意，实质上却不能享受生命
第六层级	过度以自我为中心	不论追求什么，都会害怕没有足够的供应；变得不耐烦，要求即时的满足；过度浪费，否定任何内疚

表 2-19（续）

层级	名称（7 号）	解释（7 号）
第七层级	贪得无厌地逃避	害怕自己的所作所为会带来痛苦，在惊慌失措中不顾一切地找寻解除痛苦的方法，即使是暂时性的措施
第八层级	躁郁抑郁，不顾后果	为逃避痛苦失控地追寻活动，在一番歇斯底里的活动之后经常是更严重的沮丧和极度不稳定的情绪，继而又不顾后果地设法减轻痛苦
第九层级	不知所措、瘫痪	感觉自己的所作所为彻底地破坏了自己的健康甚至生命，从此可能不再享受欢乐，感觉被困，甚至财政也会出现严重问题

表 2-20 8 号主型的九个情绪健康层级

层级	名称（8 号）	解释（8 号）
第一层级	自我臣服的英雄	不再执着于百分之百地掌控环境，放下过度的防卫，大方慷慨，肯原谅人，有勇气，做别人心目中的英雄
第二层级	自力更生的强大	用自己的精力及意志力来变得独立，掌控自己的生活，有丰富的资源，自我形象：自我肯定、直接
第三层级	自信的领导	接受挑战，利用行动、成就、保护及照顾别人来证明自己的能力，有建设性，有策略，有决断
第四层级	实用主义、有魄力	恐惧没有足够的资源去完成目标而精打细算，竞争意识提高，不轻易流露感受
第五层级	自我炫耀、专横	害怕得不到别人的尊重，无时无刻不想让人觉得他们重要，以夸大承诺、吹牛去说服人，一定要"自己做主"
第六层级	对抗、威吓	用威胁及压迫使别人跟随自己的意愿，支持自己；脾气坏；抗拒性强；极力压榨别人
第七层级	残忍的暴君	恐惧被背叛而尽力捍卫自己的一切，认为法律不能制裁自己，复仇心强，残暴，弱肉强食
第八层级	自大狂的恐怖统治	害怕被伤害的情绪令自己主动攻击可能的对手，因此树敌无数，加速自我灭亡
第九层级	反社会性的破坏者	幻觉制造了可以击败自己的敌人，在走投无路之际，实行两败俱伤的"焦土政策"（包括杀人放火），使别人无法驾驭自己

表 2-21 9 号主型的九个情绪健康层级

层级	名称（9号）	解释（9号）
第一层级	有自制力、不屈不挠	不再相信世界不需要他们的参与，自我实现使自己获得真正的内在平和，发挥潜能
第二层级	不自觉的平静	宏观环境及人际关系保持和谐稳定，自我形象稳定、平易近人、仁慈
第三层级	无私的宽慰	用耐心及理性去化解人际纷争，使人对生命有积极的看法，自我形象因此提升
第四层级	自我埋没、令人愉快	恐惧生命中的纷争会破坏自己内心的宁静，因此成为"Yes Man"；由于经常无事可做，因此会跟朋友一起做一些自己根本不想做的事情
第五层级	不参与的自我满足	担忧转变破坏安宁，因此尽量将生活规律化，跟随固定的程序、习惯行事
第六层级	听天由命的让步	希望大事化小，小事化了；不愿面对问题；压抑愤怒感；害怕别人要求自己而采取应对措施
第七层级	压抑的忽视	恐惧现实逼迫自己面对问题而佯装事事安顺，极力抗拒任何转变，失落、低沉、坐立不安
第八层级	抽离、没有方向	为了保存仅有的安宁，选择彻底的抽离；外表麻木；无助；有时有失忆的情况
第九层级	自我放弃、"失踪"	不能面对现实，躲在自己的世界里，对外界事物一概不理不睬；进行自我分解，使自己彻底消失

情绪健康层级告诉我们性格其实是个上下浮动的连续体，在重大事件发生时（顿悟、失恋、失业等）会上下移动，既可能向上发展，也可能向下掉落几个层级。最后，衷心祝愿各位读者都能够通过学习和训练，拾级而上，向着第一层级进军！

基础篇

九型领导力的
自我管理

所谓自我管理，不仅仅是自我约束，更多的是鼓励自己，激励自己。它是通过对自己日常生活的安排、职业规划、时间规划、自我控制，最终实现自我奋斗目标的一个过程。九型领导力可以帮助我们利用个人内在力量，改变自身行动，走向更佳的自我。

第 3 章

压力冲突管理：
用九型理论，打造属于自己的优质弹簧

压力和冲突是两个相关的变量，当领导者感觉到在组织或者生活中存在无法解决的问题，影响目标达成时便会产生压力。冲突是人际互动的一种，当领导者感觉和别人存在无法解决的问题时，如竞争、目标前的阻力、缺乏预期的支持、自己的领域受到侵犯等，都会爆发冲突。

过度的压力容易导致冲突，冲突也会带来更多的压力。而面对压力和冲突，不同性格的人往往也会有不同的心态，因此对于不同型号的人我们也应该采取不同的应对方法。九型理论，帮助领导者打造属于自己的优质弹簧！

压力管理与压力状态

实际生活中，我们会发现不同类型的人对压力和冲突的感知能力往往是不同的，在同样的压力下，有的人绩效提升了，有的人却被压力压垮了。另一方面，不管你是否意识到压力源，压力都是客观存在的。不同型号面对压力的表现也是不一样的。

1号或者会非常愤怒，或者冷静下来思考对策；

2号会直接发怒或心里发怒，或者静下来去思考解决之道；

3号压力小的时候动力更大，压力很大的时候就放弃，或者通过发泄性购物或者与人对抗的方式去面对；

4号会加大个人的私人空间，远离人群，情绪上会变得吹毛求疵；

5号会走两个极端，要么通过社交来掩盖内心的压力与恐惧，要么独处思考；

6号会恐惧、失眠、抑郁，通过思考去寻求平衡点；

7号会通过行为逃避或者思想逃避来应对压力；

8号会通过愤怒、疯狂采购、彻夜狂欢来释放压力；

9号会用各种方式麻醉自己或者睡觉来逃避。

在性格潜意识带来的应对之策无法解决问题时，就会被动地进入压力状态，下面我就将不同型号人的具体表现以表格的形式为大家作一个详细的说明（见表3-1）。

表3-1 九型人格压力状态

主型	压力状态的行为	具体行为表现
1号	进入4号压力状态	自省、情绪化、有创意； 忧郁沮丧充满无助感，对别人不抱希望
2号	进入8号压力状态	蛮横无理，具有进攻性； 直接命令表达个人权威，甚至报复对方

表 3-1（续）

主型	压力状态的行为	具体行为表现
3号	进入9号压力状态	丧失行动力，迷失在不重要的细节里；心神恍惚、无主见、充满无用感
4号	进入2号压力状态	关注别人意图，赞同、宽容别人，人际关系更好；占有欲强
5号	进入7号压力状态	眼花缭乱的想法往外冒；高谈阔论、口若悬河，成为众人焦点；言过其实，不肯做出承诺
6号	进入3号压力状态	目标驱动；以他人期待的方式行动；过度控制的工作狂
7号	进入1号压力状态	关注细节，做事周密精细；专横独裁，坚持唯一正确的做法；努力工作约束自己
8号	进入5号压力状态	远离人群，自我反省，收集信息，深思熟虑，觉得事实不足以决策；以自己的理论逼人就范
9号	进入6号压力状态	忧虑不安，没有安全感，怀疑别人企图；产生行动，表达观察和关注到的事情

2012年以后，商业环境发生了巨变，组织变革加剧，很多人进入了压力状态。此时大家的表现与平时迥异，如果不注意应对，会带来意想不到的挑战，有时甚至会酿造悲剧。这里为大家分享一个非常令人痛心的案例。

小李是一家公司的财务主管，平时工作非常认真仔细，人也相当开朗乐观，追求快乐，喜欢新鲜、有趣、刺激的事物，爱好很多，有一大群志同道合的朋友。和领导的关系也非常好，工作能力受到大家的一致肯定。在一场大病中，她请了半年病假，当重新回到公司后，由于公司人事变动，她的老上司被调到别的地区，而公司为了改革也下达了一系列的新政策，这些使刚刚回到公司的小李有些不适应。再加上新任上司不善言谈，要求又严，常常会对小李进行批评教育。

大病初愈的小李对工作有一种力不从心的感觉，工作的种种不顺压得她透不过气来，慢慢地她不爱笑了，不爱说了，甚至不爱和人交往了，但是这并没能引起她自己的足够重视。在小李再次因为一点工作上的小失误被上司批评之后，矛盾终于全面爆发了，这个时候的小李觉得自己糟糕透了，工作和身体的双重压力使她找不到存活的意义，她从公司的高楼上一跃而下，结束了年轻的生命。

小李的事情使公司上下都感到非常意外，她的新上司表示自己其实对于小李的工作能力是非常认可的，只是希望她能够有进一步的提高而已。

从这个案例中我们可以看出，其实小李的压力是日渐累积的结果，如果一开始小李便意识到自己的状态不佳，及时调整，也就不会有后来的悲剧了。

因此，我们一定要对压力状态有一定的了解，这样，一旦压力真正发生，就能够积极地面对，并结合自己的实际情况想出合理的解决方案，及时将自己从紧张的精神压力中解救出来，时刻以饱满的精神迎接每一个挑战。

冲突管理与激怒—爆发冲突模型

没有冲突的公司不是好公司！冲突是有积极作用的，它可以帮助我们认清问题，达成共识；可以帮助我们防止偏见，改变做事方法；可以帮助我们带来创新和变革；在冲突解决的情况下，可以帮助我们凝聚员工，增强归属感。冲突的消极作用同时存在，它会导致情绪、心理压力；它会妨碍沟通和信任；它会消耗时间和金钱，降低组织绩效。

深入了解冲突产生的原因，就向冲突解决更进一步，而杰克·舍伍德（Jack Sherwood）和约翰·格莱德维尔（John Glidewell）的激怒—爆发冲突模型（见图3-1）可以很好地阐释这一点。

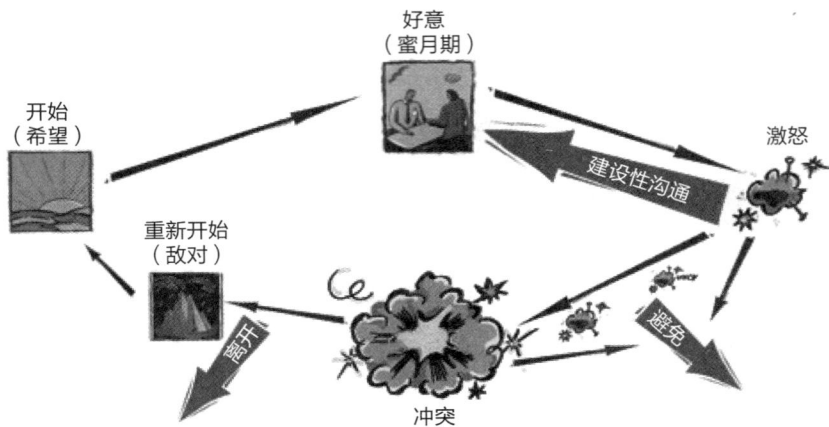

好意
（蜜月期）

开始
（希望）

激怒

建设性沟通

重新开始
（敌对）

离开

避免

冲突

（来源：杰克·舍伍德和约翰·格莱德维尔的《计划性再次磋商：规范制定的 OD 干预》，1973）

图 3-1　激怒—爆发冲突模型

　　在现实生活中，人和人之间的相处通常会经历这样一个过程：人们刚在一起开始工作，往往都会充满希望，带着好意经历一个宽限期，或者说蜜月期。然后，一个人或者一群人违反了别人的期望，激怒了对方。此时如果有建设性沟通，大家的关系还是会回到蜜月期。不幸的是，为了避免冲突，通常人们不会在此时抱怨，不会与对方讨论自己期望什么样的行为，因为希望对方的行为只是一次无意识的冒犯，或者觉得说出来只会让自己和对方不开心，会把情况搞得更糟，或者伤害对方，或者喜欢平静的生活。所以触犯者不可能认识到自己的问题所在，下次会再犯。于是，心中的不快开始积累，最后演变成冲突，工作关系受到重大干扰，问题必须要解决了。冲突的结果有可能是有人选择离开。此时双方非常敌对，关系往往需要重新开始，再开始新的循环。

　　为了帮助大家更好地处理冲突，下面我们就根据上面的模型，来分型号展开探讨，看看各个型号什么时候会被激怒，被激怒后会有什么表现，冲突发生时该如何接近。这样我们可以通过观察对方，主动减少相关的行为，来避免激怒对方。或者当一次事后诸葛亮，下一次注意。如果冲突发生了，我们应该清楚如何接近对方，解决问题。

1. 针对 1 号的冲突解决方案

什么时候会被激怒	被激怒后会有什么表现	冲突时如何接近 1 号
对方不能坚持到底时； 对方单方面改变计划时； 别人犯了错误，但又拒不承认错误； 自己犯错误，感到受到批评时； 自己身边的人犯错误，而自己又无力去纠正时； 感到自己被骗时； 事情无法按自己的标准去实施时	简短、快速的言论； 针对别的事情进行谴责； 一些非言语行为暗示他在生气； 什么也不说	采取解决问题的态度； 给他时间梳理情绪； 谈话内容有事前规划； 首先让他说出自己的想法； 不使用批判式的语言

2. 针对 2 号的冲突解决方案

什么时候会被激怒	被激怒后会有什么表现	冲突时如何接近 2 号
感受不到别人对自己的爱时； 自己不被人需要、不被欣赏时； 自己的讲话没有被认真聆听时； 帮助了别人，对方却认为理所当然，不知道感谢时； 别人误会自己的好心，反而认为自己多事时； 长期压抑自己的需求和感受，得不到满足时	长时间地压抑自己的感受； 决定说什么的时候往往情绪激动； 事先思考要讲的内容，包括自己的感受、自己为什么有这种感受、对方有哪些地方做得不对	让他尽情诉说； 询问一些需澄清的问题； 和他分享自己的观点； 注意要确认他的观点； 讨论感受和想法

3. 针对 3 号的冲突解决方案

什么时候会被激怒	被激怒后会有什么表现	冲突时如何接近 3 号
出现不速之客，并且反客为主时； 被安排在一个可能失败的位置上； 无法达成目标，没有获得自己想要的成就时； 身边出现妨碍他达成目标的人和事时； 无所事事，缺乏明确的目标时； 觉得别人/自己不够专业时； 自己的工作得不到别人的认可与赞赏时； 因为别人的拙劣表现被人批评，不被人接受时	询问一些简单的问题； 不愿意告诉别人自己的烦恼； 身体语言不会泄露自己的内心感受； 随着时间流逝，声音会变得尖锐； 随着时间流逝，言语越发简短	友善清楚地表达； 确定不要有过多的工作压力； 语气不要带有强烈的情绪色彩； 使用理性的，能够解决问题的办法

4. 针对 4 号的冲突解决方案

什么时候会被激怒	被激怒后会有什么表现	冲突时如何接近 4 号
被别人误解时； 被别人忽视、怠慢时； 感到自己被欺骗时； 出现让人妒忌的事情时； 亲密关系出现问题时； 被人拒绝、无法全然地去爱时； 花了大量时间社交，缺乏和自己感觉在一起的时间时； 被要求做一些违背自己价值标准的事情时	说话生硬，火冒三丈； 变得极其安静； 多种强烈的感受交织在一起； 过度分析形势以支持自己的理解； 长时间坚持自己的感受	坦诚地邀请他表达自己的感受； 认真聆听直到他说完为止； 复述他的感受和想法； 不要暗示他过于敏感； 不要出现指责或批评的态度

5. 针对 5 号的冲突解决方案

什么时候会被激怒	被激怒后会有什么表现	冲突时如何接近 5 号
无知或自己认为无知时； 个人生活空间受到侵犯时； 社交活动多，无法阅读及独处时； 工作任务过重时； 感受到局势不受控制时； 感到惊讶，感到对方不诚实时	讲话很少； 退避，但可能并不表现出来； 把情绪藏在心里； 怒气积压太多或爆发时会表现出自己的愤怒	事前告诉他想和他交流； 让他自由选择交流的时间和地点，有充裕的物理空间； 为第一次交谈设定清晰的、双方认可的期限； 首先让他表达自己的想法和感受； 面对问题保持理性态度，注意情感不要表现得过于强烈，以防他有压迫感

6. 针对 6 号的冲突解决方案

什么时候会被激怒	被激怒后会有什么表现	冲突时如何接近 6 号
环境混乱无序，无法预知未来，有压力时； 环境中存在不安全因素，没有考虑周全时； 决定之前的求证与思考时； 被别人催促，不得已要行动时； 对方没有道理还强迫自己做事时； 对方言行不一致，不兑现承诺时； 感到对方欺骗自己时； 感受不到关心和真诚时； 当自己的预期值和现实相差悬殊时； 发现对方滥用权力时	可能采取退避的态度； 进行透彻的分析； 反应强烈； 内心不断地进行猜测	在他退避时给他空间； 让他表达自己的感受、观点和推理过程； 认可他的看法； 热心、真诚、直率； 重建信任

7. 针对 7 号的冲突解决方案

什么时候会被激怒	被激怒后会有什么表现	冲突时如何接近 7 号
被限制约束时，或周围环境太沉闷时； 无法自由活动，不得已面对沉闷乏味、太过平常的任务时； 别人不理睬自己，或者不严肃对待自己时； 面对别人不公平的批评时； 不得已面对恐惧与痛苦时	通过想象一下美好的事物来逃避痛苦； 为自己的行为自圆其说； 批评或谴责别人	不要在冲突结束后马上找他交流； 真诚、直率、不要采取批评的态度； 问一些非评判性的、自由回答的问题； 让他充分表达自己的感受，对此表示认同； 和他分享自己对他感受的理解； 引导他讲出自己做事的理由

8. 针对 8 号的冲突解决方案

什么时候会被激怒	被激怒后会有什么表现	冲突时如何接近 8 号
对方不直接处理问题，在那里绕圈子时； 对方不对自己的行为负责时； 别人不真实，缺乏事实和依据，或者自己这么认为时； 自己被别人控制时； 自己无法完全做主，场面失控时； 自己没有防备就被伤害时； 自己身边的人受到侵犯或不公正待遇时； 自己面临巨大的困难时	熊熊怒火驱使他采取行动； 快速分拣、整理相关信息和感受； 如果可能，尽量避免脆弱、失控的情绪； 可能会全面退避，保持冷淡的沉默； 从自己信任和尊敬的人那里获取建议； 不理会自己不尊敬的人	直率，诚实； 倾听他强烈的个人感受； 不要表现出软弱或者不确定； 不要使用他会误认为是批评的语言

9. 针对 9 号的冲突解决方案

什么时候会被激怒	被激怒后会有什么表现	冲突时如何接近 9 号
自己所属的群体有人争议时； 看到别人争吵，自己又无力劝阻时； 自己平静和谐的生活被打断时； 手头事务太多，理不出头绪时； 别人态度粗鲁，大声命令、指挥、训斥自己时； 被人忽视，被人欺骗，或者有没人支持的感觉时； 被迫表明自己立场时； 别人与自己公然对抗时	什么也不说，或者声音尖锐； 紧张的面容泄露出愤怒的情绪； 可能自己都没有意识到心中的愤怒； 将怒火发泄到不相关的人身上； 愤怒会在心中停留很长时间	亲切、简单地询问他为什么生气； 询问时采取含蓄、轻松的方式； 全面认真地倾听； 肯定他直接表达愤怒的行为； 在认同他感受的基础上，分享自己的不同观点

工作就是一个和人打交道的过程，在人和人的日常相处过程中，难免会由于理念、态度等各个方面的不合而发生一些摩擦。在冲突发生时，不要气恼，不要急躁，了解了以上九种主型的性格特点，我们就可以采取不同的方法和态度对待不同性格的冲突对象，以保障这些不愉快的问题得以圆满解决。

管理压力的曲线

压力如同弹簧一般，作用于我们每一个人。如果可以掌握好这个弹簧的力度，那么向下的压力，终会变为你上升的动力；相反，如果掌控不好，则很有可能会伤到自己，伤害旁人。本小节内容，主要针对如何更好地管理压力曲线，以便你更好地掌握这个弹簧的力度。那么什么是"压力曲线"呢？

压力—绩效曲线图如图 3-2 所示。压力与绩效之间存在倒 U 曲线的关系，先后会经历三个阶段：第一阶段绩效随着压力增加而提高，疲倦程度逐渐增加，此时职场人运用自己的主型去应对外界的压力；第二阶段就是压力状态，当压力达到某个临界值时，压力增加将导致绩效降低。但在临界值时，如果你有很强的意愿，带着使命去工作，你的绩效会继续上升，到了一个新的高点再缓慢下降；第三阶段是压力过大走向安全状态，压力再继续增加到某一点时，绩效会快速下降。所以一般而言，大多数人进入安全状态的第一反应是逃离，而不是带着觉察待在这里，并从中获益。

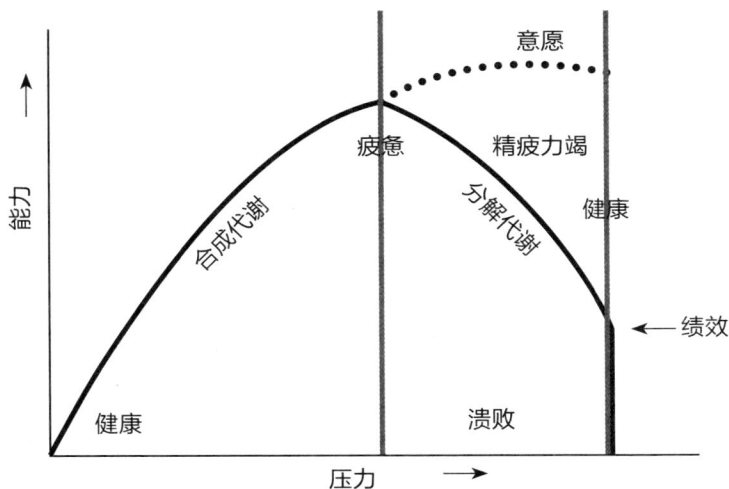

图 3-2 压力—绩效曲线图

为了帮助大家增加感性认识，分享一位 6 号朋友经历 9 号的安全状态整合的经历，先后分为刚开始进入这个状态和习惯后的感受两个部分。

"你会发现自己前进不得，后退不能，就像被绑在刑椅上等待处决的囚犯那样，心中充溢着巨大的恐惧。你最引以为豪的头脑似乎停止了运转，脑袋空空，没有了逻辑思维，无法做出决定；你的行动力也蒸发了，似乎自己陷入了沼泽地，什么都不想做，什么都做不了，惶惶不可终日……你开始学会与自己的情绪做朋友，忠实地与它在一起，随情绪来，情绪去，让情绪自然流淌。经过凤凰涅槃，一个崭新的你诞生了！你不再是原来的 6，也不是 9 或 3，而是经过 9 号整合的 6 号！你非常独立，又与别人非常亲近，因为你已经不再是一只刺猬，动不动就把刺对向别人。你情绪稳定、平和、开朗、风趣、乐观、善良，拥有同理心、慈悲心和接纳心。你不仅拥有了安全感，还拥有了信任别人的能力，你真实、自由地活在了这个世界上。难道这一切不是很美妙吗？"

对于压力曲线的了解，相信大家也都会明白，压力对于工作效率，以及工作所带来的收益是有着直接关系的。人所承受的压力与行动力之间有着必然的联系，如果想要提升工作效率、员工的行动力，那么管理压力曲线对于公司或员工而言，是势在必行的。

每个人都有着属于自己独一无二的"压力曲线"，而当压力达到某个临界点的时候，势必会对员工的健康以及工作效益有所影响。而公司可以通过各种测试，如任务目标、奖惩机制等，来了解员工们所处的压力范围。作为公司管理者，应该清楚了解自己团队每一位成员的压力曲线，从而进行针对性的管理。

通常情况下，人们都会不断更改自己的工作环境，主要是为了到达自己想要的舒适区，以便应对更大的压力。当然，管理者可以通过培训等手段不断激发员工的潜力，使其更快、更高地发展自己，以便承受更大的压力。

在工作中，尽量不要使工作压力一下子就超过临界点，或是所能承受的范围，但是要不断借助潜能的开发，使其不断突破临界点，从而建立新的临界点，使自己变得更加坚强，以实现自我能力的提升。而不至于像之前一样"弱不禁风"，随随便便就被压垮。

实用九型减压法

压力对于我们，可以说是如影随形，既然无法躲避，那我们就要有勇气去面对它。对于压力，如果我们没有合适的减压方式，那么最终所造成的结果，不仅仅会伤害自己，也有可能会对身边人造成一定的负面影响。

事实上，日常生活中很多手段都可以帮助我们排解压力，使我们产生更多的绩效，比如情绪放松训练法、自我认知减压法、芳香精油减压法、中医养生睡眠法、冥想放松减压法、色彩能量减压法、肢体运动减压法、自然排毒减压法、瑜伽技术减压法、笔迹书法缓压法、师法动物减压法、深层肌肉放松法、呼吸放松减压法、借宇宙之力舒压法、音乐治疗减压法、营养调理减压法、保健按摩减压法、心理障碍运动法、自我催眠减压法、足部药浴减压法……我们可以根据自己的喜好，选择最适合的方法进行运用，有效将自身压力降到最低。

至于要如何寻找最有效、最适合自己的，大家可以根据前文所述，先了解自己属于哪种人格，然后寻找相应的方法，通常都会比较有效。下面，我列举其中的几个减压方法进行说明。

1. 情绪放松训练法

当你感到闷闷不乐或是备感压力的时候，不要任由其发展下去，首先要让自己保持冷静，然后寻找情绪不佳的原因，找到发生问题的关键点：究竟是自己做错了事，还是别人误会了自己。最后根据问题的关键点，去寻找解决方案。如果找不出原因，则可能是处于情绪周期的"低潮期"或是"危险期"，也可能是一些外在不可控因素，例如天气等环境影响，那么就不要在意它。

直接寻找自己感兴趣的事情做（例如睡个好觉、洗个淋浴、听听音乐或是出去散散心），放松一下身体；或是和最好的朋友诉说心里的烦恼，忘记不开心的事情，想想开心的事情；又或者干脆直接找个僻静的地方，尽情地放声大哭。

这种减压方法对1、2、4、6、9号五种类型的人都有很好的疗效，这五种类型的人在备感压力时，通常更喜欢选择独自一人承受，当压力过大时，甚至会有自暴自弃的想法，因此在压力开始之初便通过情绪放松法将自己的坏情绪扼杀是一个非常不错的选择。

2. 呼吸放松减压法

当自己处于过分紧张、恐惧的时候，往往肌肉和神经都会处于紧绷的状态。这时，我们可以试着深呼吸，从而使肌肉得以放松，同时不断暗示自己"放松、放松"，来缓解心理紧张，随后将注意力放在其他感兴趣或是有趣的事情上。可以通过不断的深呼吸，使精神、肌肉得以放松，来缓解一些不良情绪。这种方法十分简单，但效果通常也很明显。

这种减压方法更适合1、3、6、7、8号，因为这五种类型人有一个共同点，就是当他们对某些事或人没有足够把握时，通常很容易显得过于紧张，进而给自己制造过大的压力，对于这五种性格的人，呼吸放松减压法无疑是一个非常好的选择。

3. 自我认知减压法

要有一定的自我认知，学会让步，学会自我批评。不要总是推卸责任。也要学会拓宽胸襟，使自己有良好的修养和宽广的胸怀。对于琐事，没必要去花费太多的时间纠缠，更没有必要事事争强好胜。要认同每个人，吸收他们身上的优点，了解他们的缺点。个人的才智是有限的，要通过不断的学习，才能使自己更加强大。否则，只会使自己陷入自大、愤怒和自责等不良情绪中。

1号和6号都是相对矛盾的性格，他们通常会在压力爆发之后采取自责的方式反省，然而有时，情绪发泄出去了，对旁人的伤害却难以挽回。因此，在压力产生时，就应该对自己有一个及时的认知，懂得适当地控制情绪，自我排解压力。对于5、7、9号，他们通常显得相对理智，会因为外界因素而打乱自己原本的计划，进而产生压力，因此推荐其采用自我认知减压法。

4.芳香精油减压法

这是一种在欧洲和日本极为风行的解压疗法。有空多闻闻芳香精油，对于一些职场女性来说特别有效，很多职场女性都比较喜欢，甚至醉心于这些由芳草或其他植物提炼出的芳香之中。原来，这种芳香精油能够通过嗅觉神经，刺激或平复人类大脑边缘的神经细胞，对舒缓神经紧张、心理压力很有效果。

九种不同类型的人，都会受环境和浮躁的心情影响，因此，拥有一个良好的环境以及自我爱好，通常都可以减缓压力，因此建议采用以下两种减压方式。

5.色彩能量减压法

颜色，这是一门特殊的学问。我们的世界是由五彩斑斓的颜色组成的，然而正是这样的一个个颜色，却蕴藏着不同的能量。不同的颜色，带给我们的感觉和感受是不同的，有些颜色会让我们感到压抑，而有些颜色会让我们联想到浪漫，还有些颜色，则会让我们感到轻松。小小的颜色，竟会在不知不觉间带给我们如此大的影响，通常，我们称其为"色彩能量"。色彩能量的作用有很多，这里我们主要针对减压方面，列举几个例子。

色彩是一个重要的视觉传达信息的因素，因为它随处可见，也更直观地对我们情绪、精神以及行动反应带来影响。如果色彩搭配合理，不仅仅会为我们的生活环境增添美感，更会让我们对工作环境感到轻松、舒适，可以有效缓解肌肉疲劳和心理压力。例如粉红色，提起粉红色，很多人第一反应会联想到女人，其实这并不奇怪，因为粉红色本就是象征温柔、浪漫、甜美，它可以软化攻击、安抚浮躁，减缓压力。又例如绿色，绿色象征着和平、新鲜，因此往往会给人带来清新、活力、快乐的感受，同样，绿色也会给人带来无限的安全感，很适合心灵的沉淀，因此，当我们心情浮躁的时候，往远处看看，翠绿的景色，往往会给我们带来舒适的感觉。每个颜色所带来的感受都不相同，有机会大家可以专门去了解一下，这里就不一一介绍了。

6. 笔迹书法缓压法

书法是一门学问，是一门艺术，也是一种养生之道。都说书法可以陶冶情操，丰富内在，修身养性，就如同阅读会使人丰富内涵，增加学识一般。

中国字与书体，虽经历数千年的演变，衍生出多种不同形态、字体，但无论哪种字体，其形态构造，无不体现出艺术的美感与精神情感的寄托。唐朝名士虞世南在《书髓》中说："（书法）禀阴阳而动静，体万物而成形。"如此美的感受，仿佛赋予生命积极向上的活力。言为心声，书为心画，练习书法无疑能陶冶人的情操。

《黄帝内经》中《素问·阴阳应象大论》记载：

"人有五脏化五气，以生喜怒悲忧恐。"

七情太过可使脏气失调。书法可调整心态，使情绪稳定。狂喜之时，练习书法能凝神静气，精神集中；暴怒之时，能抑郁肝火，心平气和；忧悲之时，能散胸中之郁，精神愉悦；过思之时，能转移情绪，抒发情感；惊恐之时，能神态安稳，宁神定志。

可见，书法能调节情绪，促进人的身心健康。可以说书法是防治身心疾病的非药物疗法。

随着社会的不断发展，人们的生活节奏也在不断加快，而压力和冲突是每个人在社会交往过程中都不可避免的。对于这些不安和恐惧，处理的方法有很多，可视个人而定，总之，真正适合的、有效的才是最好的。九型理论，能够帮助我们更好地了解自身的性格特点的同时，为我们指引正确的方法去面对和缓解压力。当压力来了，不要躲避，正确的做法是勇敢地接纳它，并根据自身情况设法疏导解除。

第 **4** 章

职业生涯管理：你的船，你的海

人生是海，职业是船。每个人从进入社会开始工作的那一刻起，就驾驶着自己的船在人生的大海中寻找方向。在到达终点的过程中，不同性格、不同时期的人们往往有着不同的需求，因此做好职业生涯的规划工作就显得尤为重要。这是现代企业人力资源管理非常重要的一环，九型人格能够帮助我们更好地认识自身的优势和挑战，从而针对性地制定发展目标和行动计划，以确保职业发展目标的早日实现。

全生命周期的职业生涯管理模型

生命周期，犹如人的生老病死一样，是一种循环状态，其涵义可以理解为"从摇篮到墓地"的一个过程。每一个行业、职业，都有属于它自己的生命周期。

在全生命周期中，每个人对自己的职业生涯管理不同，往往诞生的结果就会不同。让我们从一个故事开始。

有三个男人同时被关进监狱，都是被判刑三年，其中一个是美国人，一个是法国人，一个是犹太人。仁慈的典狱长答应满足他们每人一个要求。美国人爱抽雪茄，于是要了足够三年抽的哈瓦那雪茄；法国人生性浪漫，要一个美丽的女子做伴；犹太人要了一部可以与外界沟通的电话…… 一晃三年过去了，第一个冲出来的是美国人，嘴里鼻孔里塞满了雪茄，大声喊："给我火，给我火！"原来他忘了要打火机。接着出来的是法国人，他左手抱着一个孩子，右手牵着一个孩子，旁边美丽女子的肚子里还怀着第三个孩子。最后出来的是犹太人，他紧紧握住典狱长的手说："这三年来我每天与外界联系，生意非但没有受影响，反而增长了200%，为了表示感谢，我送你一辆劳斯莱斯！"

从中我们不难感悟到：选择决定生活品质。所以我们要接触最新的职业信息，了解最新的职业趋势，从而更好地创造、把握自己的未来。

要做到这一点，让我们先了解一下全生命周期的职业生涯管理系统模型（见图4-1）。

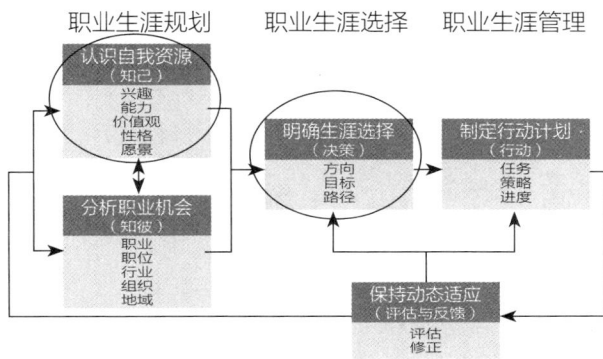

图 4-1　职业生涯管理系统模型

我们先来明确一个概念：全生命周期，是指职业定位时要综合考虑的三个周期，即工作—职业生命周期、生物—社会生命周期和婚姻—家庭生命周期。工作—职业生命周期是指职业准备阶段（0～18岁）、职业探索阶段（18～25岁）、立业发展阶段（25～40岁）、职业中期阶段（40～55岁）和职业后期阶段（55岁以后）。

根据对自我能力的确定，从而选择未来职业生涯的方向、目标以及路径，最终制定行进计划，以完成自己的职业生涯周期管理。对于自身职业生涯的管理，不在于你如今处境如何，只在于你对未来职业有着怎样的规划，在此，与大家分享一则曾经是美国第二大钢铁公司的伯利恒钢铁公司创始人——查尔斯·施瓦布的故事，看他如何从一名马夫成长为在二十世纪与卡内基和J.P.摩根齐名的钢铁大王。

施瓦布出生在美国乡村，家中一贫如洗的他，只受过短暂的学校教育，于十五岁那年，便到了一个山村做了马夫。然而，雄心勃勃的他，无时无刻不在寻找发展机遇。终于在三年后，成功来到钢铁大王——安德鲁·卡内基经营的埃德加·汤姆森钢铁厂打工。在踏进建筑工地的同时，他便下定了决心——要成为像卡内基一样的人！

因此，他无时无刻不在学习。当身边其他人在抱怨工作辛苦、薪水低而怠慢工作的同时，他不断累积着工作经验，并自学建筑知识。平日里，他善于与同事和谐相处，工作关系处理得十分融洽。同时，他努力学习的态度，终于得到公司高层的关注与肯定，使他迅速晋升——19岁已是厂长助理，25岁，就已经负责管理该厂。后来施瓦布更是很好地平息了霍姆斯特德工厂的流血罢工事件，恢复正常生产。在他的努力下，劳资关系得到很好解决，并且通过技术革新，提高了生产效率。35岁，他便成功坐到了卡内基钢铁公司总经理的位置。后又通过一系列事件，最终在1904年的时候，他成功合并两个企业，创建了自己的钢铁帝国——伯利恒钢铁公司。

对于自己未来的职业生涯，确定好方向和目标，制定相应计划，无论你今日处于何等地位，只要做出合理选择，并通过努力，都可以在全生命周期中，完成自己的职业生涯管理。

生物—社会生命周期是指生物人和社会人两个部分。生物人是指随着时间推移，身体发生一系列生理变化，比如身高、疾病和情绪变化；社会人是指社会文化预期产生的影响，它既与年龄有关，比如儿童是贪玩好动的，年轻人精力旺盛、好冲动，同时受到法律的约束，比如禁止招童工。婚姻—家庭生命周期，按照是否结婚生子，开始自己独立的家庭，分为原生家庭和新生家庭两种。

整个职业生涯管理模型包括三个阶段，分别是职业生涯规划、职业生涯选择和职业生涯管理，职业生涯规划又包括认识自我资源、分析职业机会，职业生涯管理又包括制定行动计划和保持动态适应两个部分，而职业生涯规划和职业生涯选择与九型人格有着非常密切的关系。因此，我们在进行职业生涯规划和职业生涯选择时应该和九型人格进行有效的结合。

认识自我资源

人贵在自知，只有对自我有了足够的了解、认识，才会更加了解自己的需求方向，从而更好地进行职业选择，这样，才不会显得过于盲目。职业生涯规划也是如此，只有先得到自我认知，才能对自己有更深层次的解剖，了解自我能力，明确自己的优势与劣势。充分发挥自己的优势，避开劣势，往往会更容易成功。

对比自己以往的从业经验，可以分析出自我能力的缺失，从而进行未来工作的选择，彻底解决"我想干什么"和"我能干什么"的问题。确认了职业方向，可以通过了解行业的特性、所需能力、就业渠道、工作内容、发展前景以及薪资待遇等外部环境，更加理性地分析出自己的能力，针对自身劣势，进行学习和培训，才能更加胜任自己的工作，提升未来发展前景。这是对于自己人生规划和未来工作得以成功的基本依据，正所谓"知己知彼，百战不殆"。

"知己"是职业生涯管理的起点，因为只有深刻了解自己才能选准"椅子"。九型人格是最为深刻的识人工具，可以全方位地了解自己的职业兴趣、价值观、动机，及其外在的行为方式。只是有一点必须注意，与主型相关的"能力"，是指使你事半功倍的天生"潜能"，而不是经过后天培训形成的实际能力。

2号的其中一个优势是善于和人打交道，但是由于自己的性格模式，他们往往会委屈自己，接受家人的安排，大学读了工程机械、信息技术等理工类高校。高校毕业，由于自己专业的原因，天天面对的是工作环境里的图纸、机械设备、电脑，而不是人。噩梦就这样开始了。2号很努力，由于工作时间久了，也可以把工作做得很好，但就是工作没有动力，而且总是不开心。这些朋友上课了解自己是2号，知道自己的工作应该和人相关以后，就陷入了职业困境。从职业能力来说，工程机械或者信息技术是最拿得出手的，但是潜力和发展有限；社交能力，是非常强的潜在能力，以前被压抑了，现在该怎么办呢？

经过一对一的教练辅导，他们都找到了适合自己的职业道路——去做工程机械销售或者信息技术培训。他们在培训方面，继续接受九型商业应用的培训，去突破自己，同时参加销售培训和TTT的培训师培训，拿到相关的资格证书；在求职方面，通过企业内部换岗或者跳槽的方式，走上了新的岗位。从此，笑容在他们脸上绽放……

《孙子·谋攻》写道："知己知彼，百战不殆。"孟氏注："审知彼己强弱利害之势，虽百战实无危殆也。"如此看来，自我认知，也是一门学问。自我认知是做好职业规划的前提，我们只有足够了解自己，才能为自己的未来做好规划。通过对九型人格的学习，了解自己的性格，指引我们未来的职业方向，选择自己想要追寻的人生理想。通过对自我人格的肯定，可以明白自己的兴趣、性格、价值观以及自我能力。有了定位，那么针对自我性格类型进行进一步了解，可以找到自己的长处和短处，并充分利用。

只有对自我充分认知，才可以为自己未来的职业发展目标正确定位，才能确定适合自己未来发展的方向和职业道路。为自己的职业生涯目标做出最佳的选择，正确认知自我，至少应该通过以下五个方面：

1. 了解九种人格的主型，找到真实的自己；
2. 根据自己的主型，了解人格提升途径；
3. 肯定自己的智慧中心，并加以利用；
4. 了解自己的主型，明确发展方向；
5. 根据自己性格差异、动态变化等，不断提升自己。

通俗点说，可以理解为：我喜欢干什么、能够干什么、适合干什么、最看重什么以及能够胜任什么。确定了自己的工作价值观，以及追求的工作目标之后，才可以努力追求更好的生活，充实人生。从事符合自己性格的工作，通常都可以提高我们的工作兴趣，并发挥所长，做事效率往往会事半功倍。更加胜任工作，并不断肯定自己，才会获得更大的快乐和成就感。

日本讲谈社经营综合研究所所长伊藤友八郎指出："适职 = 能力 × 性格，性格比能力重要。如果性格与工作不合，再好的能力也无法发挥。"

总之，不同类型的人有着各自的优势和挑战，而在职业生涯管理模型中，对自身有一个明确的认识是非常重要的，它是进行职业生涯管理的基础。

分析职业机会

对自己有了足够的认识，也就了解了自己未来的发展方向和职业选择，那么接下来便是职业生涯管理的第二步："知彼"。

《孙子·谋攻》中说道：

"不知彼而知己，一胜一负；不知彼，不知己，每战必殆。"

原意是："不了解敌人而只了解自己，那么胜算只有一半；如果既不了解敌人，也不了解自己，那么每战必输。"可见对敌人的了解与对自己的了解同样重要。这番道理用在职场中也是一样的。如果只是对自我有了一定认知，但是对工作却没有足够的准备，那么即便再有本事，恐怕也难以发挥。若得以发挥最好，只怕用错了地方，酿成笑话不说，对自己或是公司造成损失，就得不偿失了。

那么，我们应该从哪方面开始入手呢？首先需要通过对外部环境和组织环境的分析，来确定"池塘里有鱼"吗？公司是如何评价自己的技能和知识的？进入新公司后，自己需要怎样调整才可以适应公司的晋升计划？

具体来说，外部环境包括社会环境、政治环境、经济环境、科技发展四个变量。社会环境非常重要，比如当地劳动力市场的供求关系，就决定了自己的职业在未来的社会需求中，数量是增加还是减少了。政治环境对准备在海外工作的朋友非常重要，因为国际政治的风云变化，直接影响了在当地工作的安全性、持久性和工作方式。

经济环境是另外一个重要变量，因为当地的经济增长率、市场竞争程度等决定了个人职业机会的多少和难易程度。科技发展推动了社会进步，同时也为求职带来了挑战，在自动化技术和信息技术的冲击下，打字员等职业退出历史舞台，网店运营等新兴职业应运而生，秘书等通用职业增加了新的工作内容。

组织环境更加有必要深入了解，它包括组织特色、人力资源管理水平、职位分析三个方面。组织特色可以通过组织结构、企业文化来了解。组织结构是人际硬关系，代表了汇报关系，以及自己在组织结构图中的位置；企业文化代表了人际软关系，比如主张员工参与的企业会比独裁的企业提供更多的员工发展机会，渴望发展、追求挑战的员工很难在论资排辈的企业里受到重用。

人力资源管理水平包括组织的人力资源规划、职业生涯规划、员工发展政策、薪酬福利政策、升迁政策、绩效管理制度、招聘方式等等。职位分析是对自己感兴趣岗位的了解，比如：具体有什么工作职责？需要什么样的知识和能力？绩效评估的 KPIs（Key performance indicators，关键绩效指标）是什么？

足够了解自己的能力，选择职业方向，进入公司后，对于自己的劣势要做出相应的调整。对于自己来说，一个新公司，新职位，很多东西都是陌生的。首先要快速适应自己的身份、职业转换，逐步提炼自己职业的含金量和竞争优势。当然，对于刚进入这个行业"新手"的你，首先要明白"新手"应具备的谦虚和素质，只有这样，才能保证你在这个公司、行业的顺利发展。

我的一个朋友是典型的 5 号性格，她善于分析问题，对知识有着强烈的渴求。但这样的人也有一个绝对的劣势，那就是喜欢独处，喜欢独立思考，这样的性格最初给她的职业生涯带来了很大的阻碍。刚刚进入现在的公司时，作为一名新员工，她在工作上常常会面临着很多从未处理过的问题，虽然有着超强的求知欲，但是她更喜欢自己埋头探讨，这样的进步无疑是缓慢的，四处碰壁是常事。更为糟糕的是，由于不喜欢向人请教，她给同事们留下了一个清高、不易接触的印象，没有人愿意主动和她交往。

在被工作和同事关系搞得焦头烂额之后，她开始对自己进行了认真的分析，意识到自己的短处之后，便听取我的建议四处讨教。遇到不懂的问题再也不自己盲目摸索，她学会了向周围同事请教，常常以一个听话的小徒弟形象示人，向同事前辈们表示自己的无知，每次同事讲解时都非常认真地倾听。就这样，她不但很快适应了新工作，对工作的每个流程都了如指掌，还凭借谦虚的态度使同事对她的印象得以大大改观。

拜师学艺，谦虚多学。作为行业"新手"的你，首先要找到一位好"师傅"，不要以为所有同事都很难接触，不要害怕碰壁。相信谦虚的态度，会让你更好地被接纳。多看看别人是如何工作的，尽可能地在工作方面多请教，博采众长。累积经验，然后结合自身能力，不断创新，相信只要努力，自然会引起他人的关注。

当然，还要结识几个志同道合的同事，建立友谊，打造属于自己的社交圈。通过彼此的学习，会加速自己的成长。在工作的时候，要分清轻重缓急，每个人的能力和精力是有限的，不可能同时解决多种问题，所以要对工作进行区分，分清轻重缓急是最合理的解决之道。学会任劳任怨，不要害怕吃亏。所谓多劳多得，也算是自己的一个锻炼过程。要懂得享受工作的过程，提升自己的度量，不要害怕吃亏，更不能损人利己，要相信胸怀宽广之人定会取得巨大成就。

总之，我们对职业生涯机会的评估，主要是为了了解职业发展前景，而各种环境因素则对其产生了主要影响。每一个生活圈子，都处在一定的环境之中，离开这个环境，便很难生存与生长，就像一盆植物，离开阳光与土壤，都无法生存。环境为我们提供了活动、发展的空间，为成功制造机遇，特别是在现在这样一个科技飞速发展、社会快速进步的年代，市场的竞争逐渐加剧，我们更是要借助工作环境，为自己创造一个良好的发展前景。

一个良好的工作环境，往往会有利于我们的个人发展，否则四面楚歌，寸步难行。同时，我们也要做好充足的准备，随时去迎接各种各样的事件与机遇。经济快速发展的时代，为我们提供了太多提升机会，网络技术的发展，为我们提供更多信息。相较过去，我们学习的机会多了，提升自己能力的机会也多了，择业的多样性，也给了我们更多的机遇。机遇就在面前，至于如何把握，就要看个人能力了。

所以说，在管理我们的职业生涯之时，一定要结合多方面因素，分析发展前景与能力。了解自己，选择职业方向；了解就业环境、前景，才可以更好地把握机遇。一定要有充足的准备，透彻的分析，充分了解环境条件的特点、变化情况，以及自己的适应能力、处事能力。了解环境对自己可能带来的有利条件与不利因素等等，只有对这些环境因素有了充分的了解，才有可能在复杂的环境中避害趋利，使你未来的职业生涯规划更具有实际意义，未来的职业道路，也会更加平坦。

进行有针对性的职业决策

选择职业就是选择人生，因为入错行的天才犹如尘埃下的宝石，别人看不到他的价值，日久天长他也会忘记自己是可以发光的。在"知己"和"知彼"的基础上，"决策"可以变得非常有针对性。当你同时遇到几个机会时，可以通过下表（见表4-1），得出最适合自己的职业决定。

表4-1 职业决策评分

	职业选择一 评分	职业选择二 评分	职业选择三 评分
通用决策问题 （8个）	1 2 3 4 5	1 2 3 4 5	1 2 3 4 5
个性化决策问题 （7个）	1 2 3 4 5	1 2 3 4 5	1 2 3 4 5
合计			

（来源：《九型人格与职业生涯规划》，裴宇晶、邹家峰，2013）

根据裴宇晶和邹家峰导师合著的《九型人格与职业生涯规划》所述，当你遇到人生三个职业选择时，你可以先问自己8个通用决策问题，这8个问题对任何人都是一样的，不存在型号差异。此时，你对自己的评估，最符合的是5分，最不符合的是1分，以此类推。然后根据自身主型，再问自己7个个性化决策问题，此时自我评估，依然是最符合5分，最不符合1分，以此类推。最后将两者的分数相加，就会得出三个机会的不同分值，分值最高的就是你的最佳选择。如果两个分值相同，可以再深入研究通用决策要素和个性化决策，哪些是你当下最在意的，最后得出二选一的最佳决策。

通用职业决策的8个问题

（1）我的能力是否胜任这份工作的要求？

（2）我对这份工作提供的报酬是否满意？

（3）这份工作的晋升和发展机会是否清晰？

（4）这份工作能给我提供足够的休息时间吗？

（5）这份工作提供的安全保障如何？

（6）我对这份工作的内容是否感兴趣？

（7）我是否认可这份工作的团队文化？

（8）我是否喜欢这份工作的工作方式？

1号个性化职业决策的7个问题

（1）这份工作能否实现我坚持的理想？

（2）这份工作的环境是否整洁有序？

（3）这份工作的领导是否能充分支持并听取我提出的改进意见？

（4）这份工作是否倡导精益求精、刻苦努力的精神？

（5）这份工作的计划、规章、职责、标准是否清晰、明确？

（6）这份工作是否足够重视任务的环节与流程，而非只强调结果？

（7）这份工作是否重视与道德相关的表现，如纪律、礼貌、形象、尊重？

2号个性化职业决策的7个问题

（1）这份工作是否能让我有能力满足组织和领导的需要？

（2）这份工作能否让我接触人并提供服务，特别是重要而有价值的人？

（3）这份工作能否让我在别人心中拥有特别的地位？

（4）这份工作是否倡导爱心和利他精神？

（5）这份工作能否让我的付出得到承认和及时感谢？

（6）这份工作是否有一个足够喜欢我的领导？

（7）这份工作是否强调对员工情感和生活方面的关心？

3号个性化职业决策的7个问题

（1）这份工作是否有足够的机遇和挑战？

（2）这份工作是否注重效率，充实忙碌？

（3）这份工作是否能给我的形象加分，让我觉得体面、自豪，扩大我的知名度？

（4）这份工作是否有足够的发展机会和潜在回报？

（5）这份工作是否提供平台让我发挥所长，脱颖而出？

（6）这份工作是否业绩导向，鼓励竞争，多劳多得？

（7）这份工作是否能让我接触更多优秀人士，乃至名人、牛人？

4 号个性化职业决策的 7 个问题

（1）这份工作的领导能否充分理解并欣赏我的个性和风格？

（2）这份工作的环境和氛围是否符合我的品位？

（3）这份工作是否重视真实的人际沟通？

（4）这份工作能否尊重和发挥我的创意？

（5）这份工作能否允许我跟随感觉的节拍？

（6）这份工作能否提供足够多的独处时间？

（7）这份工作多大程度能够反映我追寻的意义？

5 号个性化职业决策的 7 个问题

（1）这份工作能否提供足够多的独处时间？

（2）这份工作能让我在思考上有多大的独立性？

（3）这份工作的环境是否足够清静？

（4）这份工作的领导能否充分尊重和发挥我的专业知识？

（5）这份工作是否是我感兴趣的领域？

（6）这份工作能否充分尊重我的私人空间？

（7）这份工作的人际关系是否足够简单？

6 号个性化职业决策的 7 个问题

（1）这份工作是否能提供足够经济和安全保障？

（2）这份工作的领导和同事能否与我建立真诚可靠的互信关系？

（3）这份工作是否符合我的理想，让我忠诚于它？

（4）这份工作的岗位职责和规章制度是否明确清晰？

（5）这份工作是否有先例可循？

（6）这份工作是否能让我有团队归属感和责任感？

（7）这份工作是否有民主平等的工作氛围？

7 号个性化职业决策的 7 个问题

（1）这份工作能否持续激发我的兴奋感和激情？

（2）这份工作的氛围是否轻松、平等？

（3）这份工作能否提供足够的自由时间？

（4）这份工作是否拥有足够丰富的变化？

（5）这份工作是否允许我创造出多种可能性？

（6）这份工作的方式是否有足够的弹性？

（7）这份工作是否能让我在社交网络中如鱼得水？

8 号个性化职业决策的 7 个问题

（1）这份工作能让我获得多大程度的独立性？

（2）这份工作是否充分授权，让我能在职权范围内说了算？

（3）这份工作能否提供广阔的发展平台和空间？

（4）这份工作是否具有足够的挑战和强劲的对手？

（5）这份工作的领导能否足够尊重我，并接纳我直接的风格和火爆脾气？

（6）这份工作是否有一块任我调兵遣将的自留地？

（7）这份工作是否有让我服气的领导？

9 号个性化职业决策的 7 个问题

（1）这份工作的管理是否人性化？

（2）这份工作的环境是否舒适、安逸？

（3）这份工作的节奏是否比较从容？

（4）这份工作是否比较有规律，能让我按部就班地工作？

（5）这份工作的团队是否和谐、无冲突？

（6）这份工作是否能让我获得积极的支持和承认？

（7）这份工作是否有章可循，自主决策的比例较少？

针对自己的个性，相信各位读者也对自己的职业选择方向有了一定的了解。当多种工作机会摆在眼前的时候，不要一味地考虑眼前利益，更要认真思索未来的发展前景。或许一份看似很体面待遇优厚的工作，等到你真正工作起来的时候，便会发现，工作以及未来发展方向不适合自己，自己的能力也完全没有得到足够的发挥，工作的氛围并不是自己想要的，慢慢地，你会感到厌倦而又无可奈何。

与其这样痛苦，不如选择一份更加适合自己个性，自己热爱的工作。因为只有这样，你才会很好地融入工作之中，"肆意"发挥自己的所长，体会到工作的乐趣，也才能增加自己未来发展的机会。快乐是一天，不快乐也是一天，那么，为什么不让自己快乐地度过每一天呢？"决策"很重要，这会直接影响我们的未来，因此，请一定要认真对待。

制定行动计划

"决策"进入心仪组织后，就需要采取"行动"，制定职业生涯发展行动计划了。我们需要设计为达到职业生涯目标，应采取的方案和措施，比如：在这个组织的职业目标是什么？选择职业生涯发展路线，是技术路线，还是管理路线，还是两者在不同时间点的结合？需要参加什么培训、研讨吗？还需要什么样的职业信息吗？组织内有空缺职位申请，或者轮岗机会吗？我们可以参照表4-2制作自己的职业生涯发展行动计划。

表 4-2 职业生涯发展行动计划

时间	需要掌握的知识 （营销知识等）	需要开发的能力 （人际交往能力等）	需要的支持 （公司培训预算等）
一年计划			
两年计划			
三年计划			

最后，有了计划，自然就会有行动，也会有"评估和反馈"。我们需要不断确认自己的职业方向。在人生的发展阶段，社会环境的巨大变化，以及各种不确定因素的存在，会使原来的职业生涯目标和规划出现偏差，需要再次进行评估，做出适当的调整，以更好地符合自身发展和社会发展的需要。它是个人

对自己和社会的不断认识的过程。这样，就开启了职业生涯管理的循环。

只要选对职业和方向，工作其实是一件很快乐的事。然而却经常可以听到有人说："我不要工作，我厌恶工作！"更甚者，会说："人生只有一次，应该用来享受，而不是工作！"是啊，或许很多人都会这么想，然而，在现实面前，我们又无法实现这样的目标，那么，与其愤愤不平，不如坦然接受。真正适应了工作的人，会发现，工作其实也是一种享受，在工作中体现了自己的价值，享受了人生。

有一位医生，在工作了几十年后，终于存下了一笔积蓄，在他接近五十岁的时候，选择了提前退休，带着一家人移民美国，每天都从事他曾经幻想了多年的最喜爱的两样休闲活动：打高尔夫球和钓鱼。

一年后，出人意料的事情发生了。他又回到了原来的地方继续做医生。朋友们都很奇怪，便来询问他，这位医生无奈地说："打高尔夫球与钓鱼持续没多久就厌烦了，没有工作如同坐牢一般，后来我在美国和许多移民一样，成了'三等人'。"

"何为'三等人'？"朋友都好奇地问道。这位医生苦笑着说："等吃、等玩、等死，每天吃完就等着去玩，玩完又等着去吃，最后就是等死了。这样的生活实在是让人受不了，只好回来再做医生了。"

可以说，人的一生当中，除了一开始的学习适应阶段，剩下的大多数时间，都是在为工作、职业生涯而奋斗。可以说，对自己职业生涯的负责，就是对自己的负责，更是对自己人生的负责。因此，我们的选择，更是要格外慎重。

通过对九型人格的学习，可以让你更加了解自己，认知自己。在"知己"之后，你便明白了未来要发展的方向以及适合自己性格的职业。然后要去"知彼"，对工作环境以及职业规划有了足够的了解之后，工作起来，便会得心应手，游刃有余。体会到工作带给自己的乐趣，并在工作中不断学习，强化自己。

对于职业选择的"决策"可以说是会影响一生的决定，最担心的就是看不到自己未来的方向，而通过决策，肯定了未来的方向和目标之后，就要努力，坚持不懈地走下去，争取走得更远更长。用自己的实际行动来证明自己的价值，不断提升自己，丰富自己，为更好的未来努力。九型领导力，将会让你距离成功更近。

第 **5** 章

时间管理：不同的人格，一样的时间

大多数人总是在感叹时间的飞速流逝，却没有意识到：真正掌握时间的人往往是我们自己。人生没有重来的机会，那么如何掌控好自己的时间，不让其白白浪费呢？时间管理是每一个人都需要面对的问题，不同的人格，一样的时间！九型领导力将教会大家如何掌控好自己的时间，不至于白白浪费。本章内容将主要讲述不同人格的人如何管理好自己的时间。

时间利用率低的原因及解决途径

不同的人格，经常导致在面对同样的事情时，解决方法和最终结果截然不同。但是，有一种东西却是所有人格共同拥有的，那就是时间。

虽然相互之间人格不同、梦想不同，但是我们却享用着同样的时间。区别只是，有的人时间利用率更高效，而大多数人的时间利用率相对较低。

虽然每天都有二十四个小时，但是真正有效利用到工作、学习中的时间却很少，按照一天八个小时的工作时间，恐怕多数人的时间利用率不足50%。又或者说，只用四个小时就可以完成的工作或是学习，往往经过一天的努力，都还没有完成。造成这种情况的原因，多数情况下，都是自身的惰性和外界因素影响。那么，在时间利用率上，不同人格又会有着怎样的表现呢？又有哪些途径可以帮助不同人格解决自己的时间管理问题呢？

1号

1号可以说是完美主义者，自身的正确会让他们拥有成就感、荣耀感；而错误则会使他们产生恐惧、抵触的心理。他们的世界观仿佛就是说"我才是真理的化身"。在时间利用方面，通常也会有此类表现。

总是目光远大的他们，有着诸多优点，例如做事严谨、认真、有纪律性，然而这样一丝不苟的精神，有时反而会在工作上，显得过于较真，苛求完美。因此他们往往会在某项工作上，花费大量的时间，而影响整体进度。虽然如此，他们却不以为然，反而觉得自己这么做是正确的，是对工作的认真负责。

对于1号的这种状态，不要急于去批判，这样往往会适得其反，引起他们的抵触情绪，造成恶性循环。不如先肯定他们的工作态度，如果在规定时间内可以完成自己的任务，自然最好，若他们严重影响了项目的整体进度，就需要对其做出及时调整。安排对他们影响大的人，对其给予经常性的响应，在肯定的同时，间接帮助他们将别人的批判转化为一种建议，并及时帮助他们抒发心中的不满，事情往往会有所改善。

2号

2号是无私的奉献者，他们心中充满爱，并愿意为之付出，仿佛他们的座右铭就是："爱，只要付出，就会有所回报。"同样，如果他们一旦觉得自己不被需要，就会感到极大的失落。

正是因为他们友善亲切、无私奉献的精神，很容易被人利用；而有时，他们也会表现出担心被忽视，而去迎合他人的举动。在工作中，乐于助人自然是美德，但是因为帮助了他人而影响自己工作的进度，又或者因为觉得他人需要，而"越帮越忙"，就会影响自己的工作效率，从而造成时间的浪费。

2号的这种状态，相对来说还是比较好解决的。提醒他们偶尔"袖手旁观"，是给他人磨炼成长的机会。鼓励他们，先做好自己的工作，不要将别人的问题扛在自己的肩上，付出太多，并不一定是他人的需求。

3号

"世上无难事，只怕有心人"，便是3号的工作态度了，渴望成功，害怕失败的心理，使得他们格外努力。"工作狂"，是他们最真实的写照。

工作效率以及时间利用率，在他们身上，往往很难有表现低的情况发生，他们时常因为工作过度，而在身体健康方面出现问题。人终究不是机器，过重的工作负担，身体难免会有吃不消的时候。固执的他们，总是不肯面对自己的错误，即便犯错，也会马上开启新的工作，进行逃避。

对于3号快速行动的工作态度，要给予足够的肯定和认同，但也要让他们明白，适当放缓脚步，也是提高工作效率的一种表现。好强的3号，虽然有时会表现得以自我为中心，但是在有威望或是能力出众的人面前，他们还是会很尊重对方的，并会很愿意听从对方的建议。引导他们合理利用竞争精神，做个真实可信之人。

4号

优雅而别致，是4号给人留下的整体印象。厌恶一成不变，喜好与众不同的他们，总会是"个性的代表"。然而，有时显得肆无忌惮的表现，往往也会令人震惊。工作中敏锐、大胆、具有美感的表现，是值得肯定的，然而，居高自傲、妒忌、自大却也是不被人认同的。

枯燥的工作，很难提起他们的兴趣。即便是一份相对新鲜的工作，他们也只会有三分钟热度，在工作开始的时候，干劲十足，接近尾声的时候，反而会放慢速度。很容易因为别人的反应而影响自己，从而耽误工作的正常进度。

面对如此表现，不要对4号充满太高期望，将焦点放在最终结果上就好了。

而且要给他们制定工作时间表，以及相应的惩罚制度。同时，认真聆听他们的感受，教会他们分清人和事，不要一味地批判。

5 号

5 号向往知识的海洋，有着强烈的求知欲，因此不屑与那些"无知"者为伍。坚信"知识就是力量"，为人沉着冷静，注重内在，因此穿衣简单、随和。但也常常会被人误解为木讷、呆板，很难接触。

善于思考的个性，却很容易将它与行动相混淆，经常习惯性地以为，思考就等于做了。不善言表，也很容易引起他人误解。工作之中，常常会给人留有一种不可一世的感觉，因此同事关系处理得不是很融洽，留有过多的思考和个人时间，而显得工作处理不是很及时。

不要试图揣测 5 号的思想，也不要过于涉及他的空间和时间，在工作前，不妨给他们留有一定的思考空间，这样，工作起来便会显得更加得心应手，效率自然就会有所提升。适当赞赏他们的学识及分析能力，如果可以，可以试着帮助他们缓解紧张的同事关系。

6 号

6 号总是显得十分谨慎，会给自己假设诸多可能发生的"危险"，因此，十分渴望安全感。"人无远虑，必有近忧"便是他们的思考方式。其实，6 号还算比较有情趣的人，只是谨慎的性格，增加了他们猜忌的心理，而且有一定攻击性。

喜好挑战权威的他们，难免会站在"仲裁者"的立场，对工作持有怀疑态度，因此影响了正常工作，即便开始行动，也会在完成前有所拖延。对时间没有明确的概念，行进的步伐自然会显得有些迟缓。

对此，不妨花些时间，倾听一下他们内心的声音，了解问题后，帮助他们解决内心的困惑，并制定工作计划，让他们意识到时间概念，并给予一些压力，使他们的精力聚集在最终目标上，自然会有所改善。

7 号

笑脸迎人的 7 号，动感十足，追求快乐的他们，害怕被束缚。向往"快乐生活"的他们，总是乐观的。机智、狂热是他们的常态，擅长创新，却很难有长久的专注力。

敏锐的观察力和思考力，总是会让他们想到许多新点子，但有时难免会显得有些要小聪明，很难将精力完全放在工作上，因此总是想着各种方法去应付，特别是那些自己不喜好的工作，因此，时间会荒废很多，又不愿意认错，自认为错误是学习的机会。

要容许 7 号的创新思想，但要协助他们正确认识工作任务的重要性，将目光集中在目标上，不要浪费时间。不要站在上层领导的视角，进行长篇大论的说教，试着保持平起平坐的态度，协助他们改变陋习。

8号

气宇不凡，拥有大将之风的 8 号，习惯成为一名掌控者，而不受制于他人。秉承"不在沉默中爆发，就在沉默中灭亡"的处事态度，显得十分强势。但颇有责任感的他们，总是精力十足的实践者。但也难免会给人留下蛮横、粗鲁的印象。

特立独行的态度，使他们很难完成团队任务，特别是在压力之下，目光难免变得狭隘。更甚者，荒废了时间不说，还影响了团队任务的完成。

祸从口出，便是对他们最好的提醒，帮助他们树立正确的价值观，要以大局为重，切莫因小失大。使他们明白，团队力量永远大于个人，也要给他们留有足够的时间，去融合众人。

9号

通常都是一副和事佬的面孔，喜好和善，厌恶冲突。和谐处世的他们，始终坚信"忍一时风平浪静，退一步海阔天空"。谦卑的态度，很容易与人产生共鸣，但做起事来，难免会显得有些优柔寡断，抗拒改变。

担心与他人产生矛盾，往往喜好独自完成工作任务，然而做事随性而谦和的态度，时常意识不到时间的概念。有时候也会让人觉得他十分顽固且被动，期盼和谐友好的氛围，使得解决问题时显得没有那么果断、直接。

试着帮助 9 号拟定工作、时间计划，将他们的"大理想"化成几个小部分，逐一消化。加强他们的人际沟通，往往会更容易加强他们的时间概念。让他们意识到身边人的需求，则更容易投入工作。

要想提高绩效，做一个卓越的领导者，我们就应该学会合理利用时间，杜绝浪费每一分每一秒。要知道，时间是一种特殊的资源，它无法储存、无法取代，且毫无弹性，也正因如此，它才显得格外宝贵。苹果公司联合创始人之一，凭借一己之力改变世界的乔布斯在斯坦福大学的毕业演讲中这样说过：

"你们的时间很悠闲，所以不要将它们浪费在重复其他人的生活上，'记住你即将死去'是我一生中遇到的最重要箴言。它帮我指明了生命中重要的选择。"

这段话，更是很好地印证了时间的特殊性。我们如此反复强调时间的重要性，因此，提高时间使用率，增加工作效益，势在必行。

九型人格可以让你更好地认清自己，了解自己。并且通过不断的学习，让自己变得更加优秀。要提高自己的时间利用率，则需要做好自己的时间管理计划。

有效管理时间

我们可以将时间比作食物，通常情况下，我们在食物匮乏的时候，会将食物进行划分，并对划分出来的每部分进行设定，例如，哪些是早上吃的，哪些是中午吃的，又有哪些是晚上吃的。又或者是，周一到周五吃什么，周末吃什么，做礼拜的时候又吃什么。这样不仅可以解决饥饿的问题，也会让食物分配变得更合理，不至于浪费或是过早吃完。那么，我们为什么不将一整天的时间也如此划分呢？这样就可以更加清楚每段时间应该做什么，不该做什么。这也是更科学合理的方法。

针对九种不同人格，我们要如何划分时间，才会更加适合呢？

1号

1号追求的是完美个性和对与错的严格划分，要想在时间管理上做好计划，提高工作效率，首先就是要适当放松自己，不再给自己施加压抑的感受。接受是非之间的过渡阶段，而不是一味地评判他人。工作上，更应该是以完成任务目标为中心，注重高效，而非对错。适当增加工作乐趣，才会使自己拥有足够的精力、时间，来做自己本该做的工作。

对于1号而言，应当做好时间划分，了解工作进度。必要时，可以将手中更多的任务委托他人，才可以制定更合理的时间管理计划，充分完成工作任务。

2号

2号总是摆出一副救世主的姿态，渴望帮助他人。在时间方面，没有合理利用，影响了自己的工作，也未必真正帮到了他人。要想在时间管理上做好计划，完成自己任务的同时，也要适当对他人说"不"。应让他们充分理解帕累托原则，以便做出合理的时间管理计划。

帕累托原则，也就是我们常说的二八法则，是指：20%的人掌握了80%的财富，又或者说20%的人拥有80%的智慧。通常一个企业，其80%的利润均来自它20%的项目。所以也就诞生了两种人，第一种占了80%，仅仅拥有20%的财富，第二种则正好相反，只占了20%，却掌握着80%的财富。

时间也是如此，2号应当了解自己做事时的精力分配，做出合理的时间管理计划。在最合理有效的时间和精力分配中完成自己的工作计划，然后再去给他人提供帮助，免得弄巧成拙而越帮越忙。

3号

3号热衷于工作，这自然是好事。不过如果不能合理安排好自己的时间计划，超负荷工作，不仅仅会使自己感到疲惫，也会影响工作的质量。为了避免好强的竞争意识带来的负面影响，不妨强迫自己去做某些事，从而获得合理的时间管理计划。

强迫自己去做某些事，可以是自己感兴趣的一些事，也可以是自己必须去做的某些事。3号要提升的是自己的自控能力：既可以随时开展工作，又可以随时结束工作。充分掌控自己的时间和工作计划，也是3号人格需要提升的一项技能。

推特执行长依凡·威廉斯（Evan Williams）原本都在早上去健身，但他发现自己早上效率最高，之后逐渐下滑；于是他把时间规划切成两半，早上专心工作，中午去运动，或者傍晚运动前要完成今日任务，结果每个时段他都能保持精力充沛、高效工作。

制定好工作计划和日程安排，然后根据自己的实际情况，去调整完善它。这样可以更好地完成自己的工作，也会避免过度劳累。

4号

4号追求个性的表现，对待一成不变或是长久的工作，很容易产生枯燥的感觉，从而产生怠工、抵触心态，浪费大量时间。对于他们，最好的时间管理计划就是列出清单，通过记录，可以了解自己每日的时间安排，对将来进行规划，可以为自己安排未来几天的日程。

对于4号来说，不妨根据清单，将其中重要的几件事情圈出来，然后按照安排好的时间，去一一解决。每日不用安排太多，一至三件事就好，这样，一方面可以使自己合理安排每日行程，另一方面，可以有足够的时间去做好它们，不会因某天有很多事要去解决而感到焦虑。4号人格只需要专注每天安排好的最重要的事情就好，这样即便有突发情况或临时安排，也可以有足够的时间去应对。

5号

5号人格擅长思考，却有时很难分辨事物的对错，因此常常将一些东西混淆。例如：以为想了就是做了，又或者分不清隐私和秘密，因此事事保持节制。不妨给他们讲讲麦肯锡的故事，了解30秒电梯理论，增加实践能力，或许会对他们的时间管理计划有所帮助。

麦肯锡公司曾为一家公司提供咨询服务，咨询结束的时候，该项目负责人在电梯里遇到了对方的董事长，董事长便随口询问麦肯锡的项目负责人："你能不能说一下现在的结果呢？"由于该项目负责人事前没有准备，因此在电梯中的这30秒，他没有说清楚结果，因而引起对方董事长的不满。正是因为这个小小的事件，最终导致麦肯锡失去了这一重要客户，从此麦肯锡要求公司员工凡事要在最短的时间内把结果表达清楚，凡事要直奔主题、直奔结果。

一般情况下，人们最多记得住一二三，记不住四五六，所以凡事要归纳在三条以内。这就是如今在商界流传甚广的"30秒钟电梯理论"或称"电梯演讲"。这一理论对于 5 号人格的帮助在于：充分利用实践代替思考，对时间做出合理划分计划，往往会事半功倍。

6 号

6 号人格性格谨慎，又总是持有怀疑的态度，但思虑还算周全，因而往往会有拖延的现象发生。在日常生活中，培养出一些生活习惯，形成规律，便是他们对时间管理最好的计划。

每日开工的时候，多数情况都没有及时进入工作的状态，处于一种神游状态，因此浪费了一个美好的早晨，这往往是拖延症在作祟。其实，不妨试着养成一种良好的工作习惯，让自己形成规律，自动进入工作状态。例如，当打开一段悠扬的乐曲，便会使自己静下心来，醉心于工作之中；又或者冲上一杯咖啡，闻着咖啡的香气，便会提起精神，干劲百倍，再不会分神去想其他。

7 号

7 号人格拥有快乐的生活态度和敏锐的洞察力，然而"聪明反被聪明误"的现象时有发生。例如，利用小聪明，迅速完成任务，便开始"享受"多余时间，从而造成一种浪费。对于他们来说，最好的时间管理计划莫过于记录时间：了解每天都在做什么，也就会明白，哪些时间是被浪费的，本可以加以利用的。

想更合理地利用时间，首先就要将它记录下来，了解它，了解自己把时间都用在哪些地方。保持真实性、准确性，是对自己的负责。如果可以，最好随时记录，而不是补记，这样会减少很多纰漏。

其次，每隔一段时间，对自己的记录进行检查、统计。了解自己时间的消耗，区分其中的必要和非必要，进而进行过滤、筛选。对未来的时间做出初步规划、安排，然后在下一次进行检查的时候进行对比、辨别，就可以知道，自己是否有所偏离，又或者是否在一些无关紧要的事情上浪费了时间。检查不用太频繁，保持每个月一至两次为好。如此反复练习，相信必会有所成效。

8号

8号拥有大将之风，然而特立独行的性格，往往很难与他人很好地融合，也会因为过分在意个人表现，而疏忽了团队合作。应当让其充分认识到团队合作的力量，和大家相互合作，合理分工，才会节省下更多的时间，提高效益。

9号

谦虚而和善的性格，使9号人格很少与他人产生冲突。然而不好"麻烦"他人的个性，以及对未来"大理想"的渴望，往往使其在工作中遇到各种各样的问题，容易迷茫而影响工作进度。在找不到出路和方法的情况下，徘徊不定，从而荒废大量时间，因此合理的时间管理计划，不仅仅可以使他们提高工作效率，更有助于实现他们心中的"大理想"。理想固然重要，然而理想如果过于宏大，则难免有些力不从心。因此，不如将它拆分，变为一个个小的目标，再合理利用时间，便可以出色地完成它。

通过以上内容的学习，相信大家对于九型人格时间管理计划方面已经有了一定了解。对于每日的时间安排和计划，如同吃饭一般，既不要吃得太饱，也不要吃得太少。结合实际情况，合理安排好自己的时间，在提高效益的同时，也是一种过程享受。九型人格，可以帮助你更加了解自己，找到适合自己的方向，可以帮助你更合理地安排自己的"每日饮食"，使你变得健康而强壮。

时间管理九大秘诀

时间很短暂，稍纵即逝，然而很多时候我们又会觉得时间很漫长，仿佛看不到头。至于时间漫长与否，最主要取决于你的方向。回首过去，仿佛多年之前的事，就发生在昨天；但若向未来看去，迷茫的将来，让你看不清道路，因此感觉时间漫长。未来是什么样子或许不知道，但是当下，却真真切切地在我们身边。管理好自己的时间，提升时间利用率，你的未来必将光明。

1号：学会享受
其实，人生只是一个过程。成功也好，失败也罢，最终都是一个终点。但是，我们要学会享受，享受生活，享受人生这个过程。虽然终点相同，但是我们体验的过程却大多不同。与他人有着不一样的过程，让自己的生活变得更加绚丽多彩，享受它。

2号：避免穷忙

有的时候，我们总是感觉自己很忙碌，但是却收效甚微。无非就是我们没有高效利用时间、制定更好的工作计划、合理安排时间。拒绝穷忙，争取让我们每迈出一步，都会距离我们的目标更近一步。

小蔡是一家中餐厅的学厨，说是学厨，但干的却是杂工的活。平日里，大厨们不愿意做的事总会使唤他来做，甚至前厅的服务员，偶尔也会使唤他做着传菜、收盘子的活。然而，他认真的态度，最终，还是得到了餐厅主厨的肯定，并当着餐厅所有人的面，宣布收他为徒，这使得小蔡兴奋了好几天。

主厨从基本功切墩开始教他，无非是想让他练习扎实的刀工。开始的时候，小蔡还刻苦练习，然而，看到其他后厨忙碌的时候，小蔡依旧情不自禁地甘愿为他们做着"下手"。一日，主厨来检查他的学习成果，然而走到后厨后，却发现小蔡的位置空着，菜板上还放着切了不到一半的青椒，便开始寻找他的身影，却听厨房里时不时传来"小蔡，帮我削俩土豆""小蔡，帮我把豆角摘了""小蔡，这个帮我扔了去"……此起彼伏的吩咐，使小蔡忙得不亦乐乎。这本不是什么坏事，然而，当主厨叫来小蔡，检验刀工的时候，却发现他笨手笨脚，切出来的菜丝大小不一，十分不整齐。看到这般样子，主厨气愤地转身离开，从此再未传授小蔡任何手艺。

本是乐于助人的秉性，却因为"穷忙"而耽误了自己本职工作，就显得有些得不偿失了。

3号：了解时间的重要性

时间对于我们来说，是最特殊也是最宝贵的资源。很多东西，失去了可以再拥有，但时间，浪费了，便不会再重来。了解时间的特殊性、重要性，才会更加珍惜它，重视它。在有限的时间里，做无限的事。

4号：做事要提早

懂得高效利用自己的时间，制定出目标和计划，然后一一去执行，实现，并在过程中及时修正方向。要提早在规定的时间内完成自己的目标，即便不可以，也要尽量按照计划执行。尽早完成，便能更快地制定下一阶段的目标，距离自己的成功便会更近一步。

5号：办事讲究策略

不要盲目地制定计划，否则只会让自己多走弯路。不断地尝试，不一定是坏事，但也不一定是好事。有策略地制定自己的计划，有策略地追赶时间。

6号：处理事情要高效

学会有效率地工作，不断提高自己的时间利用率，便会不断提高自己的工作效率。二者之间的关系，相信大家通过上一小节的学习，应该有了足够的了解，这里就不再多说了。

7号：不要沉沦

不要因为取得一点小的进步、成就，就沾沾自喜，有所松懈。不要在享受中沉沦，要知道，总有人比你努力，在你止步不前的时候，别人正在一点点靠近你，甚至超越你。努力向着自己的目标靠近。

8号：懂得思考

工作中不要大吼大叫，要知道祸从口出，一味地在意是非分辨，只会耽误自己更多的时间。不如冷静下来，认真思考，试着考虑相反的观点，用方法找出别人的天分，更多地发掘他人优点而非缺点，并通过鼓励，使他们可以与自己并肩作战。

9号：培养欲望

人难免会有惰性，要克服它。适当地放松，可以起到劳逸结合的作用，但是过于放纵，便会使自己变得懒惰。同样，要学会控制欲望。欲望驱使人前进，但也会让人变得盲目，急于求成，总不会有什么太好的结果。控制欲望，并战胜它。

时间是种宝贵的资源，无法再生，因此要高度重视。九型领导力可以使你更加了解自己，并帮助你学会自我管理。通过对九型领导力理论的不断学习，可以了解自己的人格，做好时间管理计划，学习高效时间管理法则。通过努力，相信你会距离成功越来越近。

时间利用优化细则

拖延症，是许多人的通病，无论哪种性格的人，都会有懒惰的时候。不同性格的人在时间的利用上也往往有着不同的方式，研究表明，时间管理倾向和人格中的恒性、自律性等各个方面有着直接的联系。

帕金森定律表明：只要还有时间，工作就会不断扩展，直到用完所有的时间。换一种说法是：工作总是会拖到最后一刻才会被完成。帕金森经过多年调查研究，发现一个人做一件事所耗费的时间差别如此之大：

同样看一份报纸，可以在几分钟之内看完，也可以看上半天；一个大忙人寄出一沓明信片可能只需要十几分钟的时间，但一个无所事事的老人给远方的亲人邮寄一张明信片，可能会花上足足一天的时间：找明信片、找眼镜、查地址、写问候等等。在工作中也是如此，工作会自动膨胀，占满一个人所有可用的时间，当时间充裕的时候，他便会放慢节奏，或是增添其他事项以用掉所有时间。

而我想说的是，这种对于时间利用截然不同的态度不仅仅取决于一个人当时所处的状态，很多时候和一个人的性格也是息息相关的。因此，想要更高效地利用自己的时间，人们就应该学会结合自己的性格特点选择一些适当的时间细则，以避免时间的浪费，将时间利用率最大化。

1号

这种性格的人往往认真、执着地追求完美，他们有着较强的原则性，关注每一个操作细节。针对这个型号的人，为了更好地对自己的时间加以优化，可以事先对自己每项活动需要的时间进行一下了解，排好活动进行的前后顺序，这样我们就可以提高效率，避免操作中的重复浪费，减少盲目性。

2 号

对于 2 号这种无私奉献者而言，需要做的就是给意外事件留有余地。计划总是赶不上变化快，因此我们要在计划中留下退路，预留出足够的时间来处理意外发生的事件。即便没有意外发生，我们也可以利用这段时间去处理一些其他的事情，优化一下之前做的某件事，也是不错的方式。

3 号

这类人有着强烈的目标感和价值感，有工作狂的倾向。对于这样的人，我想要提醒的是有时候适当放慢速度未必是一件坏事，例如在处理高优先级的任务时，不要忽略自己收到的任何信息，很有可能会有更重要的事情或任务安排，不要因为眼前的事而耽误随时可能发生的突发状况。

4 号

对于内向、忧伤、敏感、常常沉浸在自己内心世界的 4 号来说，和 3 号正好相反，这类人需要做的往往是适当提高一下自己的工作速度。如果你是一名编辑记者，不妨提高自己记录文字的速度和打字速度，这样可以更快速地完成自己的工作，哪怕每小时能节省那么几分钟，累积起来，也会提高自己的工作效率。了解自己的工作内容，加强自己的工作技能，细节决定成败。

5 号

对于善于分析问题、求知欲望强烈的 5 号来说，需要注意的是万事开头难。在某件大项目上，你可能有时会显得一筹莫展但却对其有着强烈的探索欲望，而这个时候为了有效提高时间利用率，你不妨先从简单的入手。尝试将项目分解，逐一完成，各个击破。

6 号

这类人有一个明显的特点就是不迷信任何人，缺乏安全感。这类人应该学会对自己两件事情之间的空档期加以利用，为下一件事多做些准备，或者做一些自己想做的事，哪怕是休息一小会。这样就可以更好地提高自己做事的效率。

7号

对于思维活跃，想法经常改变的 7 号来说，最应该注意的是一心多用是错误的，这样做不但很难完成自己的工作任务，造成开工的项目大大多于完工的项目，也会大大降低工作效率。因此，我们要设法避免甚至杜绝类似情况发生。

8号

这类人是天生的领导者，他们性格直率，有正义感，情绪化。对于这类人来说，时间优化的最佳方法就是要对自己最佳工作状态的时间有一个全面的了解。有些人工作状态最好的时候是在早上，而有的人是在午后。可以通过监控自己过去一段时间的工作情况，推算自己的最佳工作时间，然后管理好自己的工作进度，以便在最佳时间里做最重要的事。

9号

这个类型的人行动缓慢，常常分不清轻重缓急，忘记应该完成的事情。对于他们来讲，学会及时完成手头上的事是非常重要的。拖延症的作祟或是突发状况，往往会让我们手头上的工作堆积起来，不要妄想它会自己解决，相反，它们只会越堆越多，到最后压得自己喘不过气来。利用空余时间，及时完成手头上的工作，反而会让自己感到轻松许多。

曾经有人做过调查，在抽取的经理人调查中，多数人都会认为每天的时间不够用。超过一半的人认为，完成一项任务，需要超出一半的正常工作时间才可以完成；少部分人，则同样认为在正常工作时间内无法完成工作任务，而需要的时间则少于一半的正常工作时间；仅仅是很少一部分的人会觉得，会有足够的时间可以完成任务。那么，时间都去哪儿了呢？你是真的很忙吗？其实，主要的原因还是没有做好时间的规划、欠缺计划、做起事来错误太多、沟通不良、会议太多、电话骚扰等等原因。其实只要规划好自己的时间，优化利用，那么，你就会发现，自己会多出很多时间可以利用。合理利用时间，不仅仅是为了他人的信任，更是对自己的负责。

总之，制定好工作计划，管理好自己的时间，优化时间，合理利用每一分每一秒，做最成功的自己。

如何帮助九种下属管理时间

了解了关于时间管理的计划、法则以及如何细化之后，我们将全方位地针对九种不同人格作出更加详细的说明，提供更加独特有效的方式方法。如此一来，当你面对不同性格的员工时，可以轻松解决时间利用率低的问题，提高员工工作效率，并树立起他们对你的信任。

对 1 号下属时间管理的措施

提醒 1 号下属不必完美，够好就行；

帮助 1 号下属把焦点放在目标和结果上；

支持 1 号对事情授权；

让 1 号明白"错"是"对"的调整点；

帮助 1 号将批判转化为建议，鼓励他们学会欣赏别人，去建立积极的愿景；

帮助 1 号抽出时间来放松、享受生活。

对 2 号下属时间管理的措施

防止 2 号越帮越忙，让 2 号明白他们付出的未必是别人需要的；

提醒 2 号有时要袖手旁观，给予别人成长机会；

鼓励 2 号先做好自己的本职工作；

鼓励 2 号每天花一段时间独处；

提醒 2 号不要将别人的问题和烦恼都往自己身上揽，支持 2 号找到照顾自己的方式。

对 3 号下属时间管理的措施

在必要时，帮助 3 号放慢脚步以避免崩溃；

让 3 号知道不是每个人都跟得上他们的步伐；

帮助 3 号明白有时加快工作步伐或者增加工作量未必能够解决问题；

需要帮助 3 号反省、直面错误，而不是犯错后马上投入新的工作；

要定期检查 3 号下属工作中任务达成情况，因为他们总是阶段性地关注某项任务；

为 3 号下属停下来提供支持。

对 4 号下属时间管理的措施

重点放在 4 号下属的工作结果和效率上，因为他们的注意力来得快，去得也快；

4 号在开始新工作时速度很快，接近尾声时会效率很低，需要注意调整；

提醒 4 号尊重别人的时间；

设定时间表，帮助 4 号记住重要时间、日程和最后期限；

设定预约任务，制定处罚条例；

帮助 4 号找到创造性的解决方案，打破拖延习惯。

对 5 号下属时间管理的措施

容许 5 号下属有私人时间，少让 5 号出席社交场合；

不要催促 5 号立刻做出决定，或者马上完成任务；

分派任务时要明确工作方向和工作目标，把大计划分解成几个可以完成的部分，然后放手让 5 号去做；

5 号容易将思考和行动混淆，要帮助他们聚焦结果，定时检查；

要清楚地告诉 5 号做事的最后期限，明确指出需要提交什么样的成果。

对 6 号下属时间管理的措施

6 号在开始行动前和完成计划前会犹豫，要帮助他们克服内心困扰；

支持 6 号将内心问题和焦虑讲出来；

要与 6 号一起制订工作计划，避免因为计划不清晰而停工；

6 号在没有压力、只与他们利益相关时会放慢脚步，应当适当给 6 号一些压力，并帮助他们将焦点放在最终目标上；

提醒 6 号按时作息，让他们从工作中解脱出来。

对 7 号下属时间管理的措施

支持 7 号下属同时承担多项任务、参与多个项目；

布置工作要明确提出工作结果，以及完成时间，强调工作意义，制定工作进度表；

协助 7 号将焦点放在目标上，帮助 7 号在讨论和演示时不偏离既定轨道；

7 号讨厌案头工作，帮助他将不喜欢做的工作在最短的时间内完成；

运用三明治法安排任务，把重复工作拆分成多个短期可以完成的模块。

对 8 号下属时间管理的措施

8 号不愿意被时间控制，表现出"过快"的倾向，让人猝不及防，反而造成团队效率降低；

面对反对意见时，8 号会更加坚持己见，变得视野狭窄，要提醒他大局观并不断评估；

让 8 号知道团体力量远超个人力量，给予他时间去招募、培养人员；

提醒 8 号祸从口出，需慎言；

建议每周开一次非正式会议，给他人机会说出自己担心的问题。

对 9 号下属时间管理的措施

工作安排时，要与 9 号一起拟订详尽的工作计划，要清晰、明确地说明任务要求，以及他们承担的部分对整体工作目标的影响和意义；

不时提醒 9 号着眼于目前的目标；

人际沟通能加强 9 号的时间观念；

帮助 9 号意识到身边人的需求，使他投入工作。

相信了解了九型人格之后的你，无论是对自己还是对员工，都有了更深入的了解，面对各自存在的问题，也都有了相应的解决方法。工作本就是一件繁琐的事，如果处理得当，从中体会到的不仅仅是快乐感，更多的是成就感。但要切忌急于求成，面对自己或是下属员工的种种问题，可以根据对九型人格的学习，对症下药。

企业篇

九型领导力的
企业解决方案

领导力是什么？领导力的核心是影响力，是在当事人的管辖范围内，利用一切可能利用的人力、物力与客观环境，以最小的成本办成所需之事，提高整个团队的办事效率。领导力是一门做人的艺术，一个好的领导者会带领他的团队走向更高、更远，永远攀登他们还未登顶的高峰。那么怎样去提升自身的领导力呢？接下来，我们抽丝剥茧，带你搞定九型人格，走上领导力晋升之路。

第 **6** 章

完美沟通：不同型号的人，需要不同的沟通技巧

一个能力超群的员工不一定能成为一个出色的领导，当一个人站在领导的位置上时，他从前赖以生存的经验和技能都不再是他竞争力的核心，过去的积累只会是今后前进的支持与助力，当务之急是快速吸收营养，向有影响力的领导者迈进。真正的胜仗不是要对手屈服，而是让对手认同你，拥有了完美的沟通能力，就相当于拥有了一杆锋利的长矛，无论是在与同伴还是在与对手交流时，你都可以直指腹地，攻其软肋，取得这场没有硝烟的战争的胜利。

如何成为"完美沟通者"

要想成为"完美沟通者",先要知道什么是"完美沟通者",怎样针对九型人格进行有效沟通才能提升领导力。

首先我们来看一下"完美沟通者"素质模型(见图6-1)。

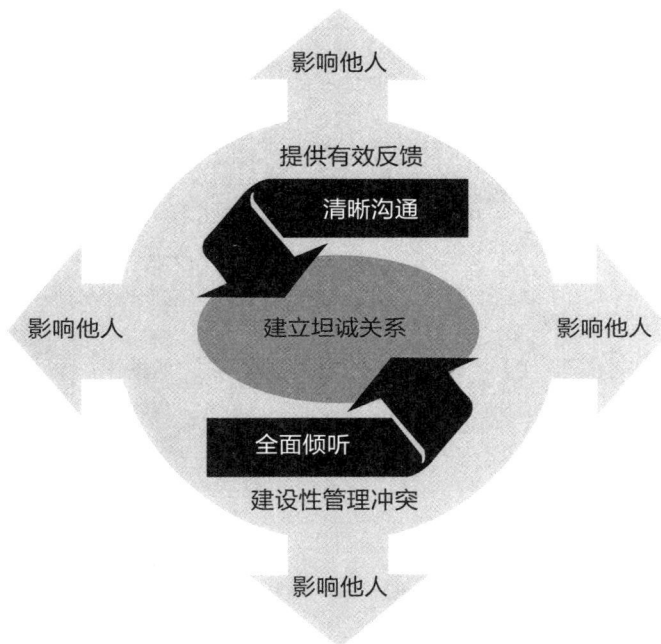

[来源:金杰·拉皮德－伯格达(Ginger Lapid-Bogda)的《你是哪种类型的领导》(What Type of Leader Are You),2007]

图6-1 "完美沟通者"素质模型(经拉皮德－伯格达博士授权使用)

如图所示,要想成为"完美沟通者",扩大影响力,这六个方向将是你努力的目标。

1.建立坦诚关系

在沟通之前,一定要先营造一种恰当的氛围,建立一种坦诚的关系,这个是沟通前的感受。它要求领导者做到温暖、开放、容易走近、尊重别人、正直诚实、言行一致。让你的员工愿意信任你,他们才会愿意说出内心的想法。

2. 清晰沟通

领导者需要有清晰的思路，能够及时、准确地提供信息，建设性地使用正式和非正式的沟通方式与员工进行交流。避免出现词不达意、"说者明白，听者糊涂"的现象，简洁凝练、清晰准确的语言会提升你的专业感和员工的信任度。

3. 全面倾听

全面倾听是好领导者的必修功课，它要求领导者在与他人交流时，能够带着最少的个人偏见，准确地倾听对方。放下你的架子，不要只听自己想听的东西，要注意不同的声音。

4. 提供有效反馈

对于领导者而言，反馈是最能够直接规范下属，帮助下属，提高团队业绩的手段。领导者对组织中的他人，提供诚实、清晰、尊重的反馈，对下属来说是一个自我职业发展的机会；领导者也应定期收集别人对自己的反馈，不断完善自己。

5. 建设性管理冲突

有人的地方就一定会有冲突，无论是否直接陷入冲突，领导者都应该学会建设性管理冲突，用解决问题的、非谴责性的方式回应冲突，并使之产生好的结果。由于已经在压力冲突管理的模块中展开，本章节就不再赘述。

6. 影响他人

沟通的最终目的不是击败对方，而是先让他人认同你的观点，再慢慢地认可你整个人。如果一个人不以操纵的方式，仅仅通过沟通，就可以有效、有建设性地影响他人，那他无疑已经具备成为一个出色领导者的先决条件。

杨瑞是典型的南方小伙儿，为人热情，虽然有些腼腆但执行力强，反应敏捷。今年刚刚毕业的杨瑞被当地颇有名气的IT公司录用为一名技术专员。工作时，杨瑞积极表现，不怕苦不怕累，常常出色地完成上级领导指派的各项任务，不到半年时间就赢得小组内的销售精英的荣誉，颇得领导张某的赏识。杨瑞也很热心，与同事们相处得很好，经常帮助老员工、新同事，在公司同事间产生矛盾时，杨瑞还会主动去调停，好让小组维持和谐气氛，小组中的大多数人都认为杨瑞是个很不错的年轻人。

3个月前，杨瑞的组长张某因工作调动离开，由于杨瑞工作出色，张某向公司推荐杨瑞接替自己的职务，杨瑞也很高兴地接受了。可现在杨瑞却发现一切都变了样，同事们工作不努力，事事依靠自己，搞得自己每天都十分疲惫。身体上劳累不说，心理上更是有苦说不出，他感觉同事们都渐渐疏远了他，比如以前与自己关系十分要好的李林，因为工作出错，自己便批评了他几句，弄得李林十分不快，与自己不欢而散。最重要的是部门业绩持续下滑，杨瑞很苦恼，他觉得明明自己比从前更加努力，为什么会出现这样的结果？

百思不得其解，杨瑞决定向张某求助，通过聊天，张某指出了关键所在——杨瑞缺少与下属的有效沟通。原来杨瑞虽然每天照常举行例会，但很少让员工们发表自己的想法意见，在员工单独找他交流问题时，杨瑞总是无法清晰地表达自己的观点，甚至总是不由自主地迎合对方的想法，来避免矛盾的产生。在员工出现情绪波动或者双方矛盾时，杨瑞还是照从前一样当和事佬，仅仅粉饰了表面的和平，从未进行建设性的管理。同事们还是把他当做"员工杨瑞"，没有从心底认为他是可以带领大家进步的"领导杨瑞"。

茅塞顿开的杨瑞回到公司，立即行动，改变自己，在与下属沟通"三思后行"，理清思路，尽可能清晰地表达自己的观点。不再只做和事佬，而是恩威并济地管理自己的团队，多听下属意见，果然取得了比较好的成效，部门业绩也节节攀高。

你也是曾经苦恼的杨瑞吗？也会因为不知道如何去提高自己的领导能力而导致工作停滞不前吗？想要用自己的人格魅力去影响别人，为己所用，共同进步，就先要学会与九种不同类型的人打交道。

类型不同的人，个性截然不同，例如1号对于"对"、"错"的绝对强势，或是3号的"工作狂"态度。工作中，如果没有掌握好沟通的技巧，则很难与他人间相互合作与学习，更不可能用人格魅力去领导他们。学会与人沟通，学会倾听，学会差别对待，做一个"完美沟通者"，会让你更容易了解他人的感受，为你赢得可信度与影响力，助你成为一个卓越的领导者。

建立坦诚关系

要想成为"完美沟通者"，我们首先就要建立坦诚的关系。它是有效沟通的前提，坦诚相对才有可能发现问题并解决问题。在建立坦诚关系方面，不同型号员工有不同的优势和挑战，我们需要做的就是对症下药，因材施教。

与1号员工建立坦诚关系的方式

1号员工能与他人进行热情友好、持续一致的合作；1号员工经常直接表达想法，但出于礼貌，有时不会说出自己真实的想法，如对某人过度热情而实际不喜欢对方；1号员工与自己不尊敬的人，或认为观点错误的人打交道，会烦恼生气，或无意识地表达轻视的态度。

所以，在与1号员工建立坦诚关系时，领导者不要有太大的架子，不要颐指气使，多说"请、谢谢、不客气"等词，表现出礼貌和尊重。

与2号员工建立坦诚关系的方式

2号员工渴望倾听，为他人提供帮助，提出建议，很容易建立起融洽的人际关系；2号员工不停关注别人，把自己搞得筋疲力尽时，或者意识到付出远远多于收获时，即使是自己的原因，也可能会断绝之前很重要的关系。

所以，想要和2号员工建立坦诚关系，首先要让他们觉得自己是被需要的，自己在公司、在团队中是有价值的。在2号员工出色完成工作时，领导者不妨给予明确的肯定和赞赏。

玉红是典型的2号性格，在Y公司工作两年半，做内勤工作，虽然不属于特别聪明、显眼的员工，但是平时工作认真负责，态度也很积极端正，所以平时的工作都可以很好地完成，很少出现差错，领导李同心中也比较满意。

公司越做越大，业务也越来越多，人手渐渐紧缺，公司便又招聘了一批人才。艾玛是其中之一，并被分配到玉红所在的部门，与玉红共同负责内勤工作。艾玛长相出色，个性开朗张扬，工作能力也比较强，虽然偶尔有些马虎，但都能随机应变，及时补救，在新进公司的一批人中算得上优秀。有许多同事都称赞艾玛的能力，男同事们更是为艾玛神魂颠倒。

在艾玛的光芒下，玉红经常感到自己不够出色，已经很久没有听到同事的称赞，领导李同也很久不曾正面评价自己的工作了。玉红越来越觉得自己不被需要，没有多久就从Y公司辞职了。

玉红的辞职让李同很是不解，他不明白自己从未批评玉红，也未听说玉红有任何矛盾或困难，为何会如此突然地离职。其实，李同作为领导者，对待典型2号性格的玉红应多多给予肯定和赞赏。乐于助人，渴望倾听是2号员工的优点，他们本该是最容易建立坦诚关系的，但往往会因为过度关注他人，而产生一些恶性后果。

与3号员工建立坦诚关系的方式

有的3号员工依赖人际关系获得支持，他们愿意分享个人信息；有的3号员工忙于工作，不愿意发展深层的人际关系；3号员工通常社交技能良好，但过度工作或感到压力时，不会运用这些技巧；3号员工属于"远交近攻"型的，与了解很久的人、一起工作的人、客户建立关系容易，与爱人、更亲近的同事建立关系较难。

所以，与讲究实干、追求效率的3号员工保持适当的距离，不打感情牌，而是用实力说话，让3号员工看到你作为领导者的才干和能力，才是与他们建立坦诚关系的关键所在。

与4号员工建立坦诚关系的方式

4号员工最喜欢坦诚的人际关系，并把它称作真正的人际关系；4号员工对缺乏深度的对话没有耐心，享受人与人之间的深层联系，以及帮助人们谈论复杂话题，加强工作内外联系的成就感；4号员工会与有同样感受的人发展关系。遇到需要长时间联系的人，不想通过深入个人分享建立关系的人，或者直觉不喜欢的人想建立坦诚关系时，4号员工会遇到挑战。过度热情，或过度冷淡，仅仅取决于4号员工是否想与你建立关系。

因此，领导者若想与4号员工深入接触，则真的需要"从心出发"，进行有深度、有共鸣的交往。

与 5 号员工建立坦诚关系的方式

5 号员工尊重别人的隐私，会提供相关信息给需要的人；5 号员工通过畅谈远大愿景和激发他人的智慧，与他人实现知识大融合；5 号员工精心选择建立紧密关系的人，与信任的人有密切的联系。他们刚开始会很冷淡，同时觉得聊天愚蠢，而且浪费能量。

要想取得 5 号员工的信任，与他们建立紧密关系，领导者需要让他们看到你的智慧与锋芒，不要让他们觉得和你相处是在浪费他们的时间。拥有共同的爱好，有助于顺利地建立坦诚关系，所以领导者可以以此为切入点，让 5 号员工慢慢亲近你，信任你。

与 6 号员工建立坦诚关系的方式

6 号员工喜欢用互惠的方式建立人际关系，因为能够依赖和信任他人；6 号员工有深刻的洞察力，善交际，与团队和个人都能建立真挚关系，身后有团队时会因为有人支持而更加自信；同时，如果 6 号员工对某人小心谨慎，不相信对方时，会质问对方的动机，假定他对对方品行的负面评价是正确的，便会结束这种关系，或者对对方有矛盾的情绪。

总体来说与善于交际的 6 号员工建立坦诚关系并不困难，只要领导者可以"行得端，坐得正"，果断睿智，让 6 号员工对你的为人、能力充分信任，自然水到渠成。

与 7 号员工建立坦诚关系的方式

7 号员工经常用友善的行为、启发性的观点和多才多艺愉悦他人，大家容易发现共同话题；真诚、持久的关系对 7 号员工是个挑战，因为他们对话题、他人不感兴趣时，就失去了交流兴趣；会下意识逃避不舒服的局面；深入谈论感受很难，即使和信任的人在一起。

也就是说，与 7 号员工建立联系简单，但若想与他们开诚布公肯定是要下一番功夫的。7 号员工不太安定，喜欢刺激，领导者应有足够的耐心和包容心。

与 8 号员工建立坦诚关系的方式

8 号员工对不坦率、不直接的关系很少有耐心，因为喜欢从自己和他人那里寻求真理，喜欢自己决定建立关系的条件；与自己选择过的人保持很好的关系，与不佩服、不信任的人只是泛泛之交。

想要领导"领导者"性格的 8 号员工，就必须让他们充分看到你的能力，而不是你的职位本身，让他们认同你，佩服你，为人坦率，做事直接，8 号员工就会愿意与你坦诚相对。

与 9 号员工建立坦诚关系的方式

9 号员工能与人交谈任何话题，经常与人保持长久关系，即使不经常见面；9 号员工不愿意说出真实想法和感受，因为害怕制造紧张或冲突，但这是发展深层关系的障碍。

所以，让 9 号员工坦诚的前提是刺激他们"寻找自我"，领导者要引导他们，让他们正视矛盾与冲突，告诉他们有些矛盾是必然发生的，有些矛盾是可以推动事情进展的。

九种不同人格，有着各自不同的方式方法来建立坦诚关系。他们都有自己喜欢做的，也有自己所厌恶的。选择适当的方法，正确地建立坦诚关系，对"完美沟通者"来说，是迈出的第一步，也是至关重要的一步。

清晰沟通

彼此建立了坦诚的关系，领导者要做的第二步就是清晰沟通。清晰沟通，说起来简单，做起来其实并不容易。让我们通过一个小故事来体会一下。

从前有一个秀才到集市上买柴，打老远看到了卖柴的人，便大声呼道："荷薪者过来！"卖柴人听不懂"荷薪者（担柴的人）"，只听见"过来"，好几声后，隐约觉得是在喊自己，便担着柴来到秀才面前。

秀才问他："其价如何？（柴的价格是多少？）"卖柴的人还是没有听懂，但是听见了一个"价"字，于是就告诉了秀才价钱。秀才接着说："外实而内虚，烟多而焰少，请损之。（这柴火外边虽然是干的里边却是湿的，烧起来肯定烟火很大但是火焰很小，请减些价钱。）"这次卖柴人是一个字也听不懂了，担着柴火头也不回地走了。

就像上面的故事一样，很多时候我们的沟通都是无效沟通，我们自说自话，费尽力气去表达自己的想法，可对于听者来说可能依然是云里雾里，甚至产生错误的理解，导致严重的后果。

领导者最好用简单易懂的语言来传达信息，准确、及时、有效、清晰的沟通是提高领导力的一大法宝。沟通的黄金定律是，以别人喜欢被对待的方式与之沟通。如果我们知道对方的型号，就有了与之沟通的最佳策略。下面就让我们一起来具体了解一下吧。

与 1 号员工清晰沟通的策略

以理性、合乎逻辑、正式的态度和他们沟通，才能获得认同；领导者不要正面批评 1 号员工，不要侵犯他们的原则；适时表现一些幽默感，以缓解他们的严肃僵硬，使他们放松心情，发挥应有的幽默，并且凡事试着朝正面想。

领导者要擅长基于正确的做法做权威性的发言。要留出一定空间去争辩事情的利弊，把它当作工作流程的一部分。

当他们不知为何生气，或是显得很挑剔时，领导者不必太在意，不必追究他们的态度由来，不必和他们冲突；与他们交流要真诚、直截了当，因为他们十分敏感、判断力佳；要想方设法让 1 号说出自己的抱怨，即使你不认可他们的说法。

领导者也难免会有犯错的时候，当你发现自己的失误时，可以大方地向他们承认，并和他们良好沟通，他们是不会耿耿于怀的。

与 2 号员工清晰沟通的策略

领导者对于他们的付出，一定要表示感激，并且如果你想拒绝他们，必须把你的理由、感受说清楚，让 2 号形成一个为你做事的界限。可以鼓励他们多谈谈自己，鼓励 2 号多用第一人称说话，并告诉他们你想知道他们的事，多了解他们一些。

当你想为他们做某件事时，告诉他们这么做会让你觉得快乐；当他们只顾着为别人忙碌，或是显得情绪化、心神不宁、若有所思时，问问他们当下的感觉，此刻需要什么。在工作或执行某个方案时，领导者可以多关心一下他们，多和他们沟通，别让他们独自埋头苦干。

批评可能会被 2 号认为是对个人的否定，所以批评要聚焦在具体问题或错误上，同时宽慰他们作为下属依然是值得尊重的。

与 3 号员工清晰沟通的策略

自己保持仪表良好，沟通直截了当，以结果和成就为导向；过度批评只会逼迫他们更卖力地"演出"；领导者若是希望他们改变看法、作风，思考其他变通方案，最有效的方法是告诉他们那样做会有助于获得更好的结果；如果你过度说明一个观点，他们就会转移话题。

如果你喜欢他们，就开口告诉他们，同时尽量配合他的精力；如果你有被他们利用、操纵或高压强制的感觉时，不妨让他们知道你的感受；如果他们转移目标或太快展开下一步行动，可以问他们能否放慢速度，并告诉他们原因。

挑战 3 号下属分析和规划的严谨性，乐于及时喊暂停。展示他人为项目成功作出贡献的其他方式。要以富有建设性的方式提出问题和担心，但是不要有消极心态。

与 4 号员工清晰沟通的策略

想要与 4 号员工沟通的领导者，沟通时一定要重视他们的感受，也要让他们知道你的感受、反应和想法，密切配合他们，给他们提供个人温暖，让他们感觉到你是关心、支持他们的。

如果他们沉浸在某种情绪中难以自拔时，问问他们当下的感受；他们的情绪是真实的，即使你不认可，也不要试图叫他们调整；不要老是以理性来要求、评判他们，听听他们的直觉，因为那可能会开启你不同的视野；称赞他们而非他们的成果，特别当他们富有创意又有独特贡献时；要求帮助时要直截了当。

对 4 号的个人反应和情感重要性表示认同，同时帮助他们回到事实和逻辑。当 4 号下属为某个创意付出一切在所不惜时，要坚持原则。

与 5 号员工清晰沟通的策略

5 号员工对非言语的征兆非常敏感，如果在交流时，身为领导者的你没有表现出很感兴趣或者具有威胁性，他们就会退缩；要亲切，但不要表现出依赖、依恋或有压力的亲密；跟他们谈话之前必须事先通知，谈话时就事论事，不要长篇大论；给 5 号时间，让他们思考和准备要说的东西，不要搞突然袭击。

要求他们做决定时，请尽量留给他们独处的时间和空间；不要过度赞美，而且沉默不代表拒绝；让他们做某事时，你的态度应该是一种请求而并非命令；以直接而实际的方式来表达感觉；如果他们显得傲慢、疏离或被激怒，可能是他们感到不舒服。

找到大家都感兴趣的知性话题，让 5 号参与到谈话中来。不要猜测 5 号到底怎么想，怎么看。作为领导者，要尽快消除冲突和激烈情绪对 5 号下属的影响。

与 6 号员工清晰沟通的策略

如果他们不相信你的赞美，别放在心上；不断倾听并表示你已经了解，是取得他们信任的最好方法；说话必须真诚、清楚、实际；以不动感情的方式，再度明确你对他们的喜欢和爱；保持持续一致，并且言行合一，信任便从中产生了。

不要讥笑、批评或评论他们的多疑、恐惧；在认识到问题和风险时也要保持积极的态度，诚实面对；邀请他们检查自己的真实性，帮助他们客观地看待自己；支持 6 号保留自己的主张和权力；鼓励他们开怀大笑，多看事情好的一面。

不要随意改变规则和计划，如果必须改变，请提前给出提示，理由要充分。不指望 6 号在社交方面多么活跃，但要鼓励他们去了解人际交往和沟通的重要性。

与 7 号员工清晰沟通的策略

以一种轻松愉快的方式和他们交谈，是建立彼此好感的第一步；倾听、欣赏他们伟大的梦想和计划，不必点出不切实际的地方；当你提出不同的见解、方案时，他们当下可能会反弹。

如果你要点出计划中的问题点，不要高调地批评或指示，而是用中性的词汇提出建议和参考；要以积极的态度关注问题，表达忧虑。他们有在自己的思绪中徘徊的倾向，如果你是他们的好朋友，看到他们搪塞推诿或不面对痛苦时，不妨提醒他们，找时间静下来面对问题，把问题想清楚。

7 号容易轻率地与别人达成一致，所以工作中你要让他们明白你需要的是严肃的承诺。

与 8 号员工清晰沟通的策略

作为领导者，与 8 号员工交流时，说话应直接、说重点，不要有所保留或回避问题，要么同意，要么反对；在讨论时，用精确的语言让他们知道你了解他们的观点。

对你来说是争执、冲突，他们却可能觉得是很过瘾、很有效的沟通方式；如果他们伤害到你的感觉，要直接告诉他们；可以直接批评，但不要取笑或讥讽他们。关于做事规则，务必明确告诉他们，而且保持讨论的意愿。

8 号不喜欢奉承和赞扬，要鼓励他们思考什么可以支持和激励他人。帮助 8 号下属缓和一下他咄咄逼人的气势。为 8 号提供建设性反馈，挑战他的认知。

与 9 号员工清晰沟通的策略

领导者要尽量倾听他们，并鼓励他们说出自己的想法；要适时地赞美、认同他们；当他们赞成，或是执行某件事时，可能只是为了迎合别人，所以你不妨问问他们的想法，听听他们会怎样说。如果没听到 9 号赞同就可能表示他们反对，不要以为静默就是认同。

如果你想真正了解他们的想法和感觉，不应过于急切，否则他们会给你一个你想听到的答案；他们语言可能非常分散，用发问帮助他们集中焦点；开会时他们可能会和每一位发言者的意见一致，所以要提前通知他们会后通报自己的观点。

9 号对命令有抵触情绪，尽可能地以建议形式下命令，并且采纳 9 号的意见。

如果我们的型号研判能力还不够强，还可以觉察自己，从盲区（Blind Area）和失真的滤镜（Filters Distortion）两个维度提升自己的沟通能力，还原事物的真相。盲区是信息发送者的失真，在说话时使说话的内容自动失效。盲区包含的信息自己往往意识不到，他人却很容易觉察到。比如正 6 说话时声线微带颤抖，讲话断断续续，显得很犹豫。这个盲区使正 6 给人留下了消极、悲观、什么也做不成的印象。

失真的滤镜是信息接收者的失真，他会拒绝倾听，无意识地过滤发送者说的内容。比如 3 号的失真的滤镜包括判断信息对自己是否有用，这就会产生很多误解。因为 3 号会自动过滤自己认为没价值的信息，只关注自己当下完成目标所需的信息。如果你给了 3 号朋友一套信息，到时候他却说没有看到，那说明他失真的滤镜起作用了。

所以我们要加强自我觉察，努力改变自己意识到的盲区和失真的滤镜。下面我们就分型号一一阐述。

1号

1号的盲区	1号失真的滤镜
看起来有些挑剔、不耐烦，或者生气；固执地坚持自己的观点	被别人批评；专心于自己的想法；关注他人的表现是否正确、可靠

2号

2号的盲区	2号失真的滤镜
他们慷慨、友好、乐于助人的表现背后可能隐含着目的；如果对对方不感兴趣，就会迅速逃离	他人是否喜欢自己；自己是否喜欢对方；自己是否愿意帮助对方；对方的影响力有多大；对方是否准备伤害自己想要保护的人

3号

3号的盲区	3号失真的滤镜
认为对方没有能力时会变得不耐烦；避免讨论自己的失败经历；表现得很有紧迫感、非常着急，或者看起来不太理会他人；可能看起来有些冷酷、粗鲁、虚伪	信息对自己是否有用；信息是否会影响自己目标的顺利达成；对方是否表现出自信和能力

4 号

4 号的盲区	4 号失真的滤镜
使用一些动作将谈话内容重新拉回自己的身上； 即使对方不愿意继续话题，仍然要把话说完； 看起来具有戏剧性，或者做作	针对个人的拒绝时； 被看不起或者贬低时； 不愿意显得有缺点； 被误解时

5 号

5 号的盲区	5 号失真的滤镜
不会表现出热情； 显得冷淡、疏远； 有时说话太多，可能会失去听众； 有时说得太少，可能别人无法了解； 有时显得谦逊，有时显得很优秀而高傲	别人的要求和期望； 感觉不合适时； 他人带来的情绪压力； 怀疑对方是否会帮自己保守隐私； 觉得身体接触太过亲密

6 号

6 号的盲区	6 号失真的滤镜
进行最差后果的预想，会给人留下消极、悲观、什么也做不成的印象； 自我怀疑和担忧会让别人质疑自己的能力； 无论如何努力掩饰自己，非常担心的样子还是很明显	他人运用权力是否得当； 将自己的想法、感觉归因到他人身上； 他人是否值得信任

7 号

7 号的盲区	7 号失真的滤镜
可能没有完全吸收自认为已经掌握的信息、知识； 没有认识到正是自己的行为才导致没被认真对待； 经常变化的想法及活跃的身体语言会让别人不安	觉得自己的能力被贬低时； 觉得知道对方要说什么内容时； 别人可能要对自己进行限制时； 被迫承担一个长期责任

8 号

8 号的盲区	8 号失真的滤镜
并不胆小的人也会被他们吓到； 精力比自己预想的还要旺盛，即使在尽量抑制的情况下； 不是所有人都能像自己那样迅速抓住机会； 在没意识到的情况下，会暴露自己的缺点	帮助那些自己认为应该帮助的人； 别人表现软弱时； 别人要控制自己时； 觉得对方不诚实时； 被人责备时

9 号

9 号的盲区	9 号失真的滤镜
长时间的解释导致听众丧失兴趣； 列出多种观点，导致自己的真正看法缺少影响力或者可信性； 别人不能理解自己的真正需求	要求他们改变或者做某些事情； 被批评、忽视或者轻视； 别人拥有相反的观点； 害怕别人对自己生气

日本管理大师绂山芳雄说过这样一句话："领导干部的重点工作就是交涉或协调，因此，这种沟通说服的力量就成为该干部优秀与否的决定因素。"

领导的艺术从来不是做事的艺术，而是一门做人的艺术。但我们站在领导者的舞台上时，默剧可不是我们最好的表演方式，我们向其他人展示自己的时候，语言向来至关重要。清晰的沟通是领导者指点江山，挥斥方遒的武器。了解与九种性格员工不同的沟通方式，用他们喜欢的方式去沟通，语言才能真正发挥其价值。

全面倾听

前面几节，告诉大家如何建立坦诚关系，以及与他人清晰沟通的方式。而倾听就是表达的影子，它们从来不可分离。那么，会说话的同时，也要做一名合格的"倾听者"。聆听，可以方便我们了解他人的心声，了解他人的需求。

"真的倾听另一个人，是我们遇到的最艰难的挑战之一。"美国存在主义心理治疗大师欧文·亚隆（Irvin D. Yalom）如是说。

可见，倾听是非常重要的沟通技巧。通过倾听，领导者决定什么事情是重要的，有什么挑战，如何运用管理技巧去面对挑战。在团队中，倾听和理解他人的同时，可以更容易找到面对问题的资源和方法。下面一个真实的故事，有助于大家更清晰地了解这一点。

小马里奥特（J. W. Marriott, Jr.）是万豪国际酒店集团的董事长兼 CEO，创始人老马里奥特是他的父亲，和他父亲一样，小马里奥特也喜欢走动式管理，经常私下巡视酒店，寻找管理上的不足。

有一天，小马里奥特在巡视自家酒店时，发现顾客对餐厅女招待的服务颇有微词，就叫来这家酒店的经理询问情况，酒店经理表示自己也不知道原因，并且回话期间言语闪烁，表现得很是不安。小马里奥特看出经理的慌张，就询问他招待员的薪资，这一问发现了问题所在——本家酒店服务员的待遇比市场标准低，而这必然会影响服务员的工作态度。经理说，加薪要上面决定，而他曾经几次向上面反映情况，都还未等其叙述完详细原因便被上司打断并且否决了。

从和经理的对话中，小马里奥特敏锐地察觉到了一个问题：经理的直接上司是个非常糟糕的倾听者，他对于下属的意见常常会表现得非常不耐烦，以致其不能及时发现问题并解决问题。找到原因所在，小马里奥特立即找到经理的上司，严厉指出他所存在的问题，并及时给服务员进行了加薪，果然，酒店的服务质量得到了较大幅度的提升。

可见，对于一个领导者而言，学会倾听是多么的重要。只有倾听他人，才能发现问题的所在并解决问题。一双善于倾听的耳朵是领导者进行有效管理的必备品。

不同型号，倾听与否、倾听的内容都是不一样的。领导者需要先"知己"，找到适合自己的倾听方式，提升自己的倾听能力，才能了解对方的想法，做到"知彼"。下面就让我们继续了解九种性格的人各自适合的倾听方式。

1 号的倾听

1 号对自己敬佩或者认为有见识的人会仔细倾听；1 号对不尊敬的人，或者有先入为主的想法时，会坚持己见，不能全面倾听。

所以作为 1 号领导者，尤其要注意不要带着个人偏见去倾听，不要以偏概全，要客观、全面倾听。

2 号的倾听

2 号通常是很好的倾听者，非常有同理心，但只是完全倾听让他们感觉亲切、需要他们帮助、他们想取悦、有显赫地位和影响力的人。2 号在倾听的同时会有先入为主的想法，即使他们没有表现出来。

所以，2 号性格的领导者，同样要注意倾听的客观性。

3 号的倾听

3 号喜欢倾听，但只是短暂一刻，因为只是想得到信息，然后去工作。如果对方长篇大论，话语晦涩难懂，3 号会很失落、没耐心，会让对方知道谈话该结束了，然后回去工作，或者用突然的总结结束交谈。对方想谈论感受，特别是与 3 号相关时，3 号会遇到挑战，不知道该怎么说，怎么做。

3 号领导者在倾听时需要多一点耐心，并注意结束谈话的方式，当对方谈论与你有关的感受时，尽量用心感受，理清思路，给予对方恰当的回应。

4 号的倾听

4 号有些说的比听的多，有些倾听远远超过所说，有些听说一样多。对对方特别感兴趣，讲的内容对 4 号特别重要时，4 号是最好的倾听者。有人哀伤时，

4 号会用很长时间，带着很深的同情倾听。老生常谈会让 4 号感到厌烦，无法长时间保持注意力。4 号在倾听时会把讨论的话题引到分享个人经验上，把谈话方向转到自己身上。

作为领导者，不可避免地要进行一些自己并不感兴趣的谈话，有的问题也可能需要你再三强调，所以 4 号领导者同样要锻炼自己的耐性，并注意不要过分抢夺话语权，听有的时候比说重要得多。

5 号的倾听

5 号是非常好的倾听者，尽管听到的是内容而不是感受。当 5 号认为对方情绪化，或者离自己太近，就想退缩或中断谈话，这样会给他人造成不喜欢倾听的印象。5 号好奇心和求知欲强，对内容感兴趣，或者信息能吸引他们的时候会仔细倾听。5 号是精确的报告者，能按照要求详细、准确地叙述大多数信息。

5 号领导者要学会与人相处，而不是只与知识为伍，试着倾听他人的想法，感受他人的情绪，不要逃避情感的交流。

6 号的倾听

6 号会给别人他们最想要的，特别会倾听亟须帮助的朋友和同事。6 号会把自己的想法、情感和行为投射到对方身上，又不去确认，所以实际未必倾听。6 号在不信任对方时，可能会过滤或者歪曲听到的内容，想象一些不存在的消极意图。

所以，6 号领导者同样要注意倾听的全面性，客观性，控制自己的主观投射，对所有倾诉者一视同仁。

7 号的倾听

7 号认为自己是很好的倾听者，也希望被别人倾听。7 号的倾听意味着快速吸收别人说的，然后就这个话题或者相关话题发表看法。7 号经常在别人还没说完时，就已经开始说话了，其他人可能感觉被打断了，或者根本没被倾听。

7 号的个性过于张扬外放，同样缺少耐性，所以作为领导者倾听时，要注意少说多做，只要在恰当的时机回应对方一两句就好了，避免过犹不及。

8号的倾听

8号与他们喜欢、尊敬的人，或者非常重要的人交谈时会是杰出的倾听者。8号憎恨别人浪费他们的时间，经常只要明确的答案，可能听了一会儿就没了耐心，用一个短而直接的问句："那么你得出了什么结论？"或者有明显的身体语言，或者开始做其他工作，或者频繁皱眉表示不耐烦。当他人不能被8号信任时，8号会终止倾听。

8号领导者本身就带有强大的气场，容易让下属们产生畏惧心理，所以倾听时一定要注意不要表现出不耐烦，尽量多点耐心，才能和下属员工良好交流。

9号的倾听

9号是特别好的倾听者，他们倾听的方法让别人感到没有评判。9号的肯定回答，给人印象是9号完全同意，但事实未必如此。9号在倾听时，不一定像他们表现的那样投入了完全的注意力，因为9号不是完全不偏不倚的，他们有自己的观点和判断，但倾向于保留不说，或者谈话结束时才拐弯抹角地表达出来。

而领导者非常需要清晰地表达自己，让员工知道你的想法，知道他们该向哪一方面努力是非常重要的。所以9号领导者在倾听后要学会表达自我，将自己的真实想法宣之于口。

"兼听则明，偏听则暗。"全面倾听是领导者必修功课之一。若想善于辞令，必先学会倾听。只有了解诉求，才能提出宝贵的意见与建议，而这样往往会更容易获得认可者与追随者，从而践行做好人的艺术，成为出色的领导者。

提供有效反馈

听过之后，是否应当给予一些正面回复呢？答案是肯定的。不然，你认真地费心倾听，在别人眼中也就变成了随便的敷衍。如果没有有效的反馈和建议，便不会解决他人的问题，无法提高团队的凝聚力与战斗力，团队没有业绩，领导者这个称谓也就名存实亡。

那么，怎样才能提供有效的反馈呢？研究表明，缺乏反馈能力、缺乏成果预测能力和缺乏技巧是阻止有效反馈的三大障碍。大多数人不愿意进行反馈，没有意识到反馈的重要性或者害怕反馈，因此与成功的领导者失之交臂。提供有效反馈非常困难，因为我们不了解自己的主型会有什么样的干扰作用，所以最好的方法是从自己做起，找到适合自己主型性格的反馈能力的提高方法。

对于领导者而言，有效的反馈既包括指导、规范下属，也包括吸收员工的意见，对此我们针对九型人格分别提供如下建议。

1号领导者提升自身反馈能力的建议

（1）发挥自己凡事力求详细精确的方面，但需避免过于关注细节，或对一些小事吹毛求疵；

（2）保持帮助别人改善的能力，但尽量避免明确或暗示性的评判；

（3）保持诚实、坦率的性格，但反馈前，首先要化解心中残存的愤怒和不满。

2号领导者提升自身反馈能力的建议

（1）保留自己对别人的正面看法，但也要发表自己的建议；

（2）需要关注别人的感受，但是不能因为害怕伤害对方而把事情讲得模糊不清；

（3）注意对方反应，但是不要跟随对方的情绪走；

（4）保持自己敏锐的感觉，但注意自己的见解并不总是正确的。

3号领导者提升自身反馈能力的建议

（1）集中注意力，但也要考虑到自己和他人的感受，听取其他人的建议；

（2）有条理、诚实，也要温柔一点；

（3）关注反馈结果，不要把大量精力花费在大量举例上；

（4）耐心一点。

张强，人如其名，性格十分要强。这本不是什么坏事，也绝对符合3号领导者人格，是个十足的工作狂。在最初的销售岗位，他创造了许多奇迹，完成了多数人无法完成的销售任务，为公司带来诸多利益。因此，他很快便被提升为销售主管，独自带领一个销售团队。公司最初的意思，是希望他可以弘扬自身的工作精神以及销售技巧。然而，为了保持自己的销售"神话"，他渴望的是，打造一支精英团队。他以身作则的精神，起初，的确起到了带动作用，然而持续没多久，繁重的工作，使得手下员工已经明显感到疲惫，抱怨声此起彼伏，工作状态也十分不理想。

公司高层发现这种状况之后，及时采取措施。顾及张强好强的性格，公司安排为他们团队开了一次特别的会议。会议上，公司领导安排张强手下员工依次对近日工作情况进行汇报，并发表各自意见。本是希望张强可以及时意识到自己工作中的错误指挥，并进行调整。不料，没等几个员工说完话，他便没了耐心，抢过说话权，列举出多位成功伟人的事例，并对自己未来的设想和要求进行强制灌输。看到未来工作量不减反增，员工们纷纷表示抗议，而张强则采取强制镇压的态度。为了平复员工们的心态，公司领导临时颁布政令：暂时取消张强的领导权，进行无限期的停薪留职，而其他员工，因为近期工作任务繁重，因此特批带薪休假一个星期。听到这样的决定，员工们无不欢呼雀跃，大喊公司口号，而张强则愣在一边，心中很不是滋味。

之所以导致这样的后果，是因为张强没有做好从一名员工到一名领导的转变，一个众心所向的领导，不是依靠强权与强行灌输的心灵鸡汤。领导者应时时关注员工的情绪与状态，用合适的方法，耐心的提点，教导员工；同时认真对待员工提出的建议，对于建设性反馈，领导者要及时改正，才能做到人心所向。

4 号领导者提升自身反馈能力的建议

（1）富有感情，但是不要根据自己的感觉来揣测对方的感受；

（2）保持真实的态度，但同时要提供积极的评价；

（3）关注对方的感受，努力去配合对方的情绪和精力，而不是反过来。

5 号领导者提升自身反馈能力的建议

（1）保持自己的精确性，但是注意不要过分简练，否则对方可能无法理解你说的内容；

（2）继续用自己的方法认真思考，但注意不要给对方提供过量的信息；

（3）明确自己任务的同时，也要与他人进行情感的交流。

6 号领导者提升自身反馈能力的建议

（1）事前的计划是必要的，但在讨论之前自己要保持平静；

（2）细节很重要，但也要关注大局；

（3）事前预测结果是有帮助的，但要注意平衡；

（4）相信自己的见解，但不要认为自己所有的想法都是正确的。

7 号领导者提升自身反馈能力的建议

（1）保持自己的乐观，但注意不要掩盖反馈接收者需要听取的意见；

（2）注意不要过于相信自己的背景推测，以免延误真正问题的解决；

（3）要集中介绍相关信息，避免反馈接收者偏离轨道。

8 号领导者提升自身反馈能力的建议

（1）保持自己聚焦重点的能力，但要采取容易被接受的方式；

（2）事先考虑一下如何措辞；

（3）可以拥有自己的观点，但最好先听取一下对方的意见；

（4）保持自己对工作的控制能力，但要降低你的能量水平；

（5）微笑，开玩笑，耐心等对方反应，对于交流效果有帮助。

9 号领导者提升自身反馈能力的建议

（1）保持自己和谐、友善的一面，但是传递信息要尽量清晰；

（2）可以从多方面考虑问题，但要把精力集中在核心问题上；

（3）给予反馈时注意一次只针对一个问题。

对于一个高效能的团队而言，反馈的传递至关重要。它是连接我们工作链条的关键链卡，领导者给予下属有建设性的反馈，可以帮助下属确定工作的方向，指引鞭策下属向更远、更光明的道路前进；领导者虚心接受建议反馈，不贵于无过，而贵于改之，不断地完善自己，提升自己，用人格魅力去征服你的团队，使其更团结更高效，走得更远。

影响他人

正所谓"火车跑得快，全靠车头带"，在一个团队中，领导者就是带头人，指导整个团队不断进步，这个位置至关重要，所以对领导者的要求也就极其严格。

作为领导者，我们要发现自己的魅力所在，知道自己的欠缺之处，发挥自己的魅力，弥补自己的缺失，揪出阻碍自己影响别人的问题关键。下面我们就针对九型人格，进一步分析他们的影响力问题，帮助领导者看清自己，攀登高峰。

1号领导者的人际影响力

1号领导者给人的印象是能力卓越，自信满满，观点合理而有建设性；他人常常听从1号领导者的指挥行动，但是1号领导者往往没有把他人的观点与自己的思想融合，所以导致1号领导者无法最大程度影响他人。

作为1号领导者，要充分发挥自己卓越的能力，同时注意树立团队精神，让团队明白你的想法，融合贯彻你的思想，才能扩大你的影响力。

2号领导者的人际影响力

2号领导者对社会和政治有敏锐的嗅觉，他们通过个人特点和人际关系，通过自己的看法和在团队中的角色影响他人；2号领导者能感应到什么能够感召别人，什么能够导致他人反抗；2号领导者偏爱在幕后影响他人，可能不如直接影响有力，也可能被说成是操纵他人。

作为2号性格的领导者，要敢于站在台前，不要单单作为一个给予者，要发出自己的声音，让大家看到你的成绩，你的作用，你的不可代替性。

3号领导者的人际影响力

3号领导者把了解组织内正式的权力架构和非正式的影响网络当作自己的工作，与两个系统中的关键人物都建立了关系；3号领导者依赖能力、自信、熟练的社交技巧去感召并影响大家去采取行动；3号领导者可能会发现组织中有些人因为过去与3号领导者的合作经验带来的印象，而抗拒3号领导者的影响。

3号领导者一定要注意人际问题，领导团队的核心并不在领导个人的业绩出色上，而是要体察员工，让员工出色，团队进步。

4 号领导者的人际影响力

4 号领导者的深思熟虑、深刻内省、强有力的人际关系、价值导向和他们对重要问题的投入，常常使 4 号领导者成为有效的影响者；如果 4 号领导者没有影响力，可能因为他们做事极端、太过情绪化，过度坚持自己的立场，过分强调价值。

不成熟的 4 号领导者，过分注重个人主观感受而忽略事物的实际价值，他们的聪明敏感是提升自己的推力，也会是他们致命的缺点，把握好度，才能提高自己的影响力。

5 号领导者的人际影响力

5 号领导者喜欢保持自我的状态，只有当问题直接影响他们的时候，才会去影响别人；5 号领导者通过制定战略和分享知识，而不是靠关系去影响别人；5 号领导者很少参加社会网络，阻碍了影响力的全面发挥。

要想影响别人，最直接有效的办法就是与其接触，用魅力去征服他们，所以 5 号领导者要在人际交往上多花心思，酒香也怕巷子深。

6 号领导者的人际影响力

6 号领导者喜欢影响别人，希望他们按照自己的思路行事；6 号领导者通过辨识潜在的问题，与团队成员讨论议题，给他们认为重要的事情提供支持等来影响他人；6 号领导者界定问题提供解决方案而不是施加负面影响时，非常有影响力。

6 号领导者在逆境中十分强大，善于解决问题，影响他人；但对事物的过分怀疑，让他们难免瞻前顾后，所以 6 号领导者若想让自己在工作中更完美，更具有影响力，就要做到当断则断。

7 号领导者的人际影响力

7 号领导者经常通过创新的想法、乐观的态度和有吸引力的交谈来激励和影响他人；7 号领导者能提出如此之多的想法，而其他人很难对每个想法有足够的考虑；7 号领导者知道组织中权威的力量，但他们往往忽视人际动力学

（Dynamics），从而阻碍自己全面影响他人的能力。

7号领导者是最需要注意"以身作则"的领导，因为他们天生不爱束缚，喜欢挑战，所以要想让下属信服自己，不能只依靠自己的能力，也要倚赖自己的品格。

陈菲菲作为一名企业经理人，对员工有着严格的要求。炎热的夏季，为了清爽，女生们往往都喜欢穿裙子，而男生也多是短裤。考虑到公司整体形象，总公司对员工提出了严肃的要求：女生着装不能过于暴露，男生必须西装革履。如此规定，无疑为这炎炎夏日，增添了几分火气。心中虽有抱怨，但无奈公司规定，也只得遵守。

起初，也有个别员工背道而驰，几次惩戒之后，大家也便听话许多。然而，身为领导的陈菲菲，却格外注重自身个性的形象，着装时而漏脐，时而漏背，短裙在身，高跟鞋的脆响老远就能听到。在别人眼里，陈菲菲的造型或许可以说是个性女青年，然而在企业员工眼里，这无疑是利用职务行使"特权"。没过多久，女生们也开始清凉上阵，男生也都短裤、背心，更过分的，还有穿拖鞋前来上班的。原本大家还算是注意企业形象，而如今在这样一栋高档写字楼中，他们的企业也算是出名了。对此，陈菲菲十分苦恼，也常常因此被责骂，然而无论她再说些什么，做些什么，员工们也都不再对她信服了。

对领导者来说，言传身教是提高影响力的好方法之一，陈菲菲就是因为"宽以律己，严以待人"的双重标准，而渐渐失去下属的认可。树人是需要从末微之处入手的，由浅入深，渐渐改变。

8号领导者的人际影响力

8号领导者享受政治战略，期望可能达到的结果，知道如何让人际网络的威力发挥出来；8号领导者期待自己有影响力，当他们失去权威性时，会立刻觉察到并且不高兴，他们会关注内心世界，决定下一步该做什么；当8号领导者用力扭转局势却被阻挠时，会变得烦躁愤怒，或者孤僻离群，或者在两者之间转换。

8号的性格最适合成为一个领导者，他们先天具备影响他人的能力，但要学会在逆境中依然具备平常心，不急躁，慢慢来，对于挑战自己权威的人，也要大度一些。

9号领导者的人际影响力

9号领导者能扩张关系网络，容易相处，能洞察各种观点，让其他人想听他们的观点和想法，所以9号领导者有相当大的影响力；有时，9号领导者的影响力没有发挥出来，因为他们没有直接陈述自己的观点，或者用平淡的声调表达自己的担心和观点，别人不明白9号领导者真正在想什么，或者关于这个议题9号领导者的感受有多强烈。

9号性格的领导者在影响别人之前，应该先做到"认识自我"，清楚地知道自己的诉求，并让他人了解自己的想法。同2号领导者一样，9号领导者想要影响别人，必须先让别人认识自己，"听见自己的声音"。

做领导者和做人是一样的，都是如此简单又如此困难，一个卓越的领导者可以成功影响团队的所有人，他们必须精通"做人之道"，在工作上果敢睿智，在作风上以身作则，言传身教。

九型领导力针对不同人的性格秉性，因材施教，衷心希望有助于大家成为一个"完美的沟通者"，出色的领导者。我们要不断努力，提高自身修养，通过建立坦诚关系、清晰沟通、全面倾听、提供有效反馈而影响感染他人，完成领导者的修炼，成为商场上的常胜将军。

第**7**章

培训辅导：因人施教，打造超一流的学习型组织

培训力是企业家和职业经理人征服团队的一大法宝。好的培训，可以传播公司的使命和愿景，引领员工共同成长，向同一个方向努力；可以培育和形成共同的价值观，形成良好、融洽的工作氛围，增强员工与管理人员之间的认同感、凝聚力和团队精神；可以提升下属员工的专业知识和技术能力；可以永不满足地提高产品和服务的质量，通过不断学习和创新来提高工作效率，从而打造学习型组织。提升自己的培训力，除了参加市面上的PTT（Professional Traner's Training，职业培训师）和TTT（Train the Trainer，培训培训师）培训，还可以从人性的角度走得更远。

培训的真谛：因人施教

在寻求培训真谛之前，我们必须先搞清楚：什么是培训？培训可以带来什么帮助？

培训是一种有组织的传递知识、技能、标准、信息、信念、管理训诫的行为。培训通过一定的技术手段，来实现一种科学的、规范的、标准化的作业。它通过制定目标、传递知识、熟悉演练、达成考核、交流结果等系统的方法来提高学员的战斗力。简而言之，培训就是一种对某种技能的教学。

培训有多种方法，比如讲授法、演示法、研讨法、视听法、角色扮演法和案例研究法、模拟与游戏法等，在实际运用过程中，往往需要多种方法配合使用，通过培训企业可以减少事故发生、改善工作质量、提高员工整体素质、降低损耗、提高研制开发新产品的能力、改进管理内容。

培训固然重要，但只有我们知晓培训的奥秘，掌握培训的真谛时，才可以达到事半功倍的效果。而培训的真谛就是——因人施教。针对九型人格我们要有九种对策，用不同的钥匙，才能打开不同的心门。

1号：关注细节

凡事追求完美的1号人格，他们在工作生活中往往扮演着"你应该怎么做"的指导者，他们处处追求完美，对待培训也不例外，所以在对1号进行培训时，领导者一定要注意细节的把控。比如，得体的服装、恰到好处的妆容、精准的语言和良好的节奏控制这些小细节都是影响1号对培训课程感兴趣程度的关键性因素；在培训中，适时地给予1号肯定，对他们正确的观点表示认同与赞扬，可以大大提高1号的积极性，从而达到意想不到的培训效果。

2号：赞美肯定

2号是典型的给予者，他们因为被人需要、被人肯定而感到快乐，2号在社会舞台上表现得野心勃勃，在自我生存上表现出优越特权感，他们不太有时间观念，所以领导者在对2号的授课过程中一定注意时间的把控，避免拖泥带水。充分的赞美和肯定对2号非常重要，与1号不同，2号是通过赞美与肯定来获得被需要的存在感，让他们感到他们在这个小团队中是必不可少的，这样他们才会融入其中，快速地吸收培训的知识。

3 号：团队骨干

3 号人格可能在别人看来有些过于自大，自尊心过强，但不可否认的是，3 号与生俱来的自信、强烈的目标感和野心都是他成为团队骨干的助力，3 号执行力很强，并且追求成就，在培训中适当运用 3 号的优点，可以调动整个团队的积极性，使培训课堂充满活力。

张远是典型的实干型性格，在××公司一次新员工培训中，张远思想活跃，表现积极，在受训者中十分显眼。在领导者将所有人分成小组，分组竞争，组中有的成员个性比较自由散漫，效率较低，张远在组中充分发挥他的特长，认真完成组长分配的任务，带动组内的气氛。其他成员看到张远的努力，渐渐被他感染，纷纷努力积极地去做自己的工作，最后他们小组取得了第一名的好成绩。

4 号：关注情感

4 号是浪漫的、自我的、感性的代表。他们自省、个性强、敏感脆弱又富有同情心，他们的创造力极高又富有想象力，他们极其重视自己内心的感受，所以在对 4 号进行培训时要多多关注他们内心的想法，在培训内容上多加入一些感性的语言（激励人心 4 号未必欣赏）或者音频、视频等。在培训时，尽量鼓励 4 号将自己的想法构思讲出来，欣赏其深度，当他们发表的言论和见解领导者不能了解的时候，要与其探讨，不要敷衍过去。

5 号：融入与刺激

5 号是一个理智者、观察者、思考者。5 号崇尚知识，知识的海洋让他们有归属感，有安全感。他们不善与人交流，人际互动对他们来说是个负担，在团队中 5 号是有点孤僻的，所以在培训时，领导者要多多注意 5 号的举动，尽量让他们融入这个团体，对培训的内容提起兴趣。其实 5 号在自己感兴趣的领域十分专业，一旦谈到他们擅长的东西，他们就会眼睛放光，十分积极，所以在必要的时候，领导者可以提一些吸引 5 号的事物来刺激 5 号，提起 5 号对培训的兴趣。

6号：找对互补

6号与3号的性格是相对对立的，6号对凡事都抱有怀疑，他们喜欢自己去思考去得出结论，他们不喜欢去冒险，他们认为"道路是曲折的"，他与相信"前途是光明的"的3号会是非常好的合作伙伴，因为6号的性格是很温和的，他可以帮助喜欢独来独往的3号调剂人际关系。领导者可以在这点上加以利用，让6号与3号互补，这会对培训效果有很大的帮助。

7号：注重趣味

乐观开朗是7号的天性，在7号的世界里很少有沉闷和等待。他们擅长并享受自我娱乐，是团体中的开心果，在培训时，尤其是在刚刚开始培训，所有的人员都不熟悉，领导者可以请7号性格的人表演个小节目，快速有效地调节现场的气氛。7号也是浮躁的，缺乏专注与耐心是他们很大的弱点，在对7号培训时，领导者要特别注意理论与趣味性的结合，否则7号可是不会听你讲到最后的。

8号：注意话语权

8号性格是九型人格中最为强势，最喜欢控制的人格类型。他们是领导者、权威者、保护者甚至是独裁者。他们不拘小节，有大将之风，却也难免自视过高、目中无人。他们擅长拒绝，喜欢说"不好""不要""你应该这样做"。所以在对8号的培训过程中，要注意掌握话语权，不要被8号所牵引；8号在团队中会是个很好的领导者，他的魄力会使团队中的人自觉听从他的主张，接受他的想法，所以在培训中他会是一个团队的核心与凝聚力的聚集点。

9号：刺激需求

9号热爱和平，讨厌纷争，会是团队中的和事佬。他们温文有礼，爱护家人朋友，甘于现实，为人被动，相信所谓的宿命论。他们的目标就是"大家好才是真的好"，可以说在很多事情上，他们是缺乏热情和动力的。所以在培训时要刺激9号产生"个人需求"，要将他们的"大理想"分解成"小目标"，对待9号时最好耐心些，避免不耐烦，慢慢地帮助9号明白人际冲突有时是达到互相了解的必需步骤。

运用九型人格进行培训是复杂的，同时也是简单的，复杂在人性，简单在方法。每个人的性格不同，关注点、冲突点也大相径庭，我们需要认真了解每个受训人员的性格特征才能因人施教，事半功倍，这个过程的确是复杂而困难的。但是，当我们掌握受训人员的性格特质时，所有的难题都会迎刃而解，一切将变得顺理成章。掌握不同的方法，摸清各种性格的"脉门"，合理运用培训方法，从而轻而易举地完成培训任务。

培训效果与脑、心、腹的探索

前文说过，不同型号的人分属脑、心、腹三大智慧中心，造成 5 号、6 号、7 号偏爱用脑，2 号、3 号、4 号偏爱用心，8 号、9 号、1 号偏爱行动。

延伸到培训，我们可以感受到不同智慧中心学员的诉求和偏好，了解之后可以对症下药，提高自己的培训美誉度。

脑区学员比较理性，表现比较冷静，喜欢观察、反省、思考、推理，独立做出判断，总爱问老师"这个是为什么？那个的原理是什么？有数据来源吗"。脑区学员善于逻辑思维，喜欢抽象的概念，善于将知识归纳成理论，甚至创造自己的概念和理论模型，但是他们往往对知识的实际应用不是那么感兴趣。脑区学员的分析能力胜于感觉，不能容忍逻辑混乱，偏爱系统结构与理论体系。脑区学员经常会有与众不同的分享，甚至会逆反，挑战培训者。培训时，领导者要尊重脑区学员的观点，让学员有发表自己观点的机会，就会收到良好的效果。脑区学员的发言，还可以作为课堂研讨的种子，为研讨的深度和广度添砖加瓦。

心区学员比较感性，环境是否高档、设备是否高档、是否有情感连接、课件是否精致、是否有观赏性、语言的优美度和生动性决定了他们的好恶。心区学员在培训上表现得较为活跃，不愿被动接受说教，愿意分享自我感受。他们经常会说"我感觉如何如何，我感觉这个案例如何""别给我讲理论的东西，你给我举个例子我就明白了"。心区学员情感丰富，有丰富的想象力和创新精神，倾向于通过亲身实践来获得知识，通过想象和感觉来解决问题。他们对课程内容是否有价值、是否有实操性非常在意，满足这两点你就是他们拥戴的好培训师。

腹区学员更崇尚行动，积极在课堂上实践才是他们最欢迎的。腹区学员表现得较为务实，讨厌空洞的说教，还有不切实际的理论，或者培训者啰啰嗦嗦的，喜欢验证自己的新想法，凡事注重追求结果。腹区学员还相信直觉，喜欢试错，喜欢通过主动的体验和试验来学习。

基于以上特点，培训者在主型既定的情况下，可以以自己主型所在智慧中心的培训技术为主，同时兼顾另外两个智慧中心相关的培训技术，来获得更高的满意度，达到更好的培训效果。细节详见表 7-1。

表 7-1 三个智慧中心培训技术

智慧中心	培训技术
脑区学员喜欢的培训技术	讲授法、案例教学法、心理评测、头脑风暴法、e-learning、行动学习
心区学员喜欢的培训技术	讲授法、头脑风暴法、游戏、演示法、角色扮演、拓展训练、视频法、教练、沙盘模拟、行动学习
腹区学员喜欢的培训技术	头脑风暴法、实操法、模拟训练、角色扮演、游戏、拓展训练、e-learning、教练、沙盘模拟、行动学习

另一方面，领导者想做好培训，需要意识到自己的优势和挑战，才能够在现在的基础上更上一层楼。三个智慧中心各自的优势和挑战详情见表 7-2。

表 7-2 三个智慧中心的优势和挑战

智慧中心	优势	挑战
脑区培训者	准时、严谨敬业的风格，逻辑架构清晰、课程有深度、喜欢使用术语、专业背景深、引经据典、有理论、有确凿的实例和数据对比，善于总结、朗读善于模仿	啰嗦、枯燥、气息短
心区培训者	亲切、互动好，现场气氛热烈、有感染力，有音乐、舞蹈和舞台体验，着装闪亮、仪表形象气质好，朗读带着感情，容易找到感觉	深度不够
腹区培训者	对于整体气氛和情绪的把控好，要么控场，要么彻底不控场，气息长	逻辑差

脑、心、腹是人体的三大区域。九型人格就是抓住某一因子对人进行的分类，这个因子就是性格的能量卡在哪里。能量卡在大脑的人我们就将他们归为

脑中心性格，能量卡在心中的即为心中心性格，能量卡在躯干上的就是腹中心的性格。虽然这样分类并不能完全代表复杂多变的人性，但在很大程度上会对我们的培训起到指导作用。

兵家常说："知己知彼，百战不殆。"培训也不例外。培训者不但要了解自己的学员，也要了解自己。了解学员的想法和诉求，知晓自己的优势与劣势，充分发挥所长，尽量规避短板，对学员进行有针对性的、有建设性的培训，因人施教，也因己施教。

培训风格确立与动态变化

面对不同性格学员时，培训师应该如何因人施教，我们在前面讲了很多。那么当管理者变身成为培训者的时候，应该如何确立自己的培训风格呢？

好的培训者，除了是培训内容的专家、培训技术的专家，还必须有独特的培训风格，才能脱颖而出，影响更多的下属和员工。

主培训风格（Main Training Style），是由我们的主型决定的；次培训风格（Secondary Training Style）是由我们的压力—安全状态和侧翼决定的（详见第2章）。

这里提供一个培训风格塑造四部曲供参考：第一步，找到、了解自己的主型；第二步，以本型号、类似课题的名师为偶像；第三步，模仿偶像名师的培训方式和举止行为；第四步，在培训实践中做回自己，并逐步嫁接自己的压力—安全状态和侧翼，不断增加变化，最后产生独特的风格。

让我们通过一个实例来了解一下：你是分管销售的副总经理，你已经通过九型研判的训练知道了自己的主型是3号，侧翼是2号，你需要给销售团队分享SPIN大客户营销的技巧。你发现荣登"汽车名人堂"的乔·吉拉德（Joe Girard）也是3号，和自己一样充满了激情和活力，堪称世界上最伟大的销售员。于是你反复看乔·吉拉德的视频录像，从内容和台风两方面吸取营养，让自己化身乔·吉拉德。最后，在不断的培训实践中，你嫁接了自己2号的侧翼，有了更多的人与人的连接和赞美，培训效果从优秀走向卓越。

下面分型号把九种培训者的培训风格做个总结，供大家自我评估和提升（见表7-3）。

表 7-3 九种培训者的培训风格

型号	长相、着装	培训风格	培训挑战
1号	面部表情变化少，严肃拘谨，笑容不多；腰板挺直，肌肉紧绷，可以长久保持同一姿势；目光直视、聚焦、锐利	讲话方式精确、直接、清晰、详细；语速中等，声线较尖；课前准备极其认真，培训内容严谨精准、条理性好、逻辑化，时间控制精确	表达往往不够吸引人，因为在意的是正确的观点和每一个操作性细节；观点犀利，直接指出问题，不懂得婉转；课堂氛围缺乏幽默感，有时候缺乏弹性；课堂原则多、纪律要求高，包容性相对弱，愤怒情绪容易被学员的听课纪律影响；比较急切关注学员的成长、改变，容易批判学员，看到学员的问题点
2号	热情可爱，天真烂漫，有一张长不大的娃娃脸；笑容满面，轻松自如；圆润的身材	微笑、热情、亲和力强、语言生动活泼、生活化，人性化；善于激励、赞美学员；乐意与学员互动交流，容易课后和学员成朋友，也渴望能够帮助大家	需要事前的准备；有时候培训者和学员的身份界限不清，不容易拒绝学员的问题，造成教学进度落后于原计划，可能会因为帮助某个学员而忽视了大多数学员，时间概念模糊，容易拖堂
3号	着装职业，衣着讲究，搭配整齐、醒目，仪表出众，常成为众人目光焦点	天生的演讲家，善于煽情，有自信，面部表情丰富，手势有力，有感染力；擅长将复杂的东西简单化，再精炼成几个实战技巧；干练而善于控场，不怯场	容易夸大事实、自我膨胀、过度包装（如"第一人""大师""首席"）；深度不够；注意不可过于简快和模式化
4号	你一眼就能注意到他们的存在，有一种特殊的味道	深思熟虑地选择措辞，语音抑扬顿挫，语调柔和；擅长分享自己的感受，感情色彩浓厚，让学员在体验中学习	音量小而内向，用了话筒也不响；开始培训时容易害羞，需要调整自己的情绪状态进入课程，课程中也容易跟着感觉走，沉浸在自己的世界里，造成时间控制比较弱；内容不要因为追求完美而过多、过深，也不能光凭感觉造成逻辑散乱，务必关注学员的真实需要
5号	长相儒雅、瘦削、文静、深沉而有书卷气	知识渊博、专业精深，逻辑架构异常清晰，讲的都是干货	显得有些清高，在培训时要么惜字如金，可能会造成学员无法完全理解，需要注意表达上的通俗化、生活化，要么会一直说下去，不太在意周围人的反应；语调平铺直叙，没有感情，要加强与学员之间心的连接；不好为人师，除非学员当场请教

表 7-3（续）

型号	长相、着装	培训风格	培训挑战
6号	表情严肃，手势较少而固定，着装低调、暗色、样式传统，变化不大	讲究逻辑和深度，理论性比较强，总结陈词、语录式的表达是拿手好戏；往往厚积薄发、大器晚成，出道往往已经成为课题专家	刚开始培训时往往缺少自信，有经验后容易过于自信；需要学习一些破冰游戏及建立与学员连接的活动，开课前先拉近与学员关系，来缓解紧张焦虑；可能冗长、啰嗦、面面俱到，解释过度，害怕出现计划外的状况，所以往往拒绝互动
7号	乐观、幽默、有魅力，笑容亲切、眼睛明亮、好奇，衣着搭配创新	热情、幽默、精彩，很有气氛，你会不由自主被他们动人的故事吸引；往往涉猎很广，会给大家带来惊喜	一般培训深度不够；手势或者胳膊的动作过多，学员可能会有点晕，或者注意力分散；需要注意不要过于展开、发散、转移，或者追求气氛而偏离主题，忽视培训效果
8号	调整声音的音量以达到最大的影响力；昂首阔步，目中无人；目光坚定威严，令人有压迫感	讲话直截了当，肯定有力，中气十足，声音洪亮，掷地有声，大气磅礴，有他说没你说，非常有震撼力，自然控场；有很多实用且深刻的大智慧	不拘小节，可能讲述粗俗的、关于身体的笑话；咬字重，全是重音，时间长了学员听起来有些累；不太注意学员的反应；觉得自己被批评时开始责备对方，可能会与学员直接对抗；注意培训内容的整体性，但是对操作性细节不很重视
9号	面无表情，缺少足够的自信；穿着随意舒适，脸和身材圆润	启发式而不是灌输式，特别爱讲小故事；会不慌不忙、一点点地把操作性细节告诉你；喜欢互动，会有对学员过于客气的请求；乐观幽默，气场温和	可能会因为细节过多而重点不突出，让学员迷失在细节当中，逻辑不强而让学员容易忘记培训过的内容；不要企图满足所有学员的不同需要，不要被学员带跑；时间长会有点闷；不控场，要留意加强主导性

"一千个人眼中有一千个哈姆雷特"，一千个培训师当然也会有一千种培训风格。虽然实际操作中的种种因素就让培训千差万别，但培训的主题风格和思维导向还是可以明确树立的。确立好适合自己的培训风格，就相当于为将军配了好枪，为舵手配了好桨。

将自己的优势发挥到极致，将自己的风格独树一帜，学员就会更快地接近你，了解你，认同你，追随你。培训师一旦得到学员的肯定，培训效果也将不可同日而语。

与主型匹配的优势课程

不知道各位领导者是否验过人课合一的情况？那时讲课者的眼睛是发亮的，你会带着极大的热情去传播你的专业。

要做到这点，需要向内探索找到自己的主型，在践行中，你可能会发现自己的人生使命。只有本色课程，才会在更短时间内建立起我们的竞争优势，更容易让我们人课合一，精彩纷呈。不同型号的培训者都可以讲同一门课程，但讲出来的味道完全不同。

想必大家有类似的经历吧：明明是位 6 号领导，自己创新不足，却来教我们"创新学在企业的运用"，结果学员听得浑浑噩噩，似乎懂了很多道理，却不知道如何落地。所以了解自己是影响别人的前提，我们要知道自己的突出点和薄弱点，扬长避短。

让 1 号去讲细节，2 号去诉说爱，3 号去讲效率，4 号去传感受，5 号来说定律，6 号来讲严谨，7 号灵活而擅长交际，可以讲创新与公关，8 号气场强大，领导力非凡，可以讲管理讲谈判，9 号爱好和平，处事淡然，会是茶道、养生方面最好的老师。

术业有专攻，培训师根本不用在多个领域面面俱到，就像马云演讲时会去讲互联网而不去讲热门的房地产，王健林演讲中喜欢用自己当兵的经历鼓励年轻人多吃苦一样，只有当培训者真正爱自己所讲，懂自己所讲时，才会有热情去感染你的学员，这才会是一次成功的有意义的培训。

下面我们就来具体看一看与主型匹配的优势课程吧（见表 7-4）。

表 7-4 九种主型的优势课程

主型	优势课程
1 号	细节决定成败、质量管理、运营管理、财务管理、体系建设、精细化管理、精益生产、合同评审、执行力、流程管理、问题分析和解决、时间管理、传统文化、弟子规、道德经、商业礼仪、PTT、程序设计、OFFICE 技巧
2 号	微笑礼仪、商务礼仪、服装设计、人性化管理、人际交往、客户服务、HR、服务营销、媒体公关、感恩教育、爱的真谛、亲子教育、心理学、公益培训、彩妆

表7-4（续）

主型	优势课程
3号	绝对成交、演讲与口才、金牌销售、电话行销、绩效管理、时间管理、财务管理、商务礼仪、服装设计、公共关系、广告传播、成功学、励志类、执行力、员工心态、情绪压力管理、职业素养、PTT、教练技术、引导技术、彩妆
4号	心理学、塔罗牌等神秘灵修类、心灵成长、心理学类课程；瑜伽、乐器、绘画、插花等艺术类课程、商务礼仪、室内/服装/礼品/PPT设计、彩妆、创新学
5号	易经命理、奇门遁甲、股票/期货分析、投资分析、宏观经济学、系统管理、商业模式、企业战略、哲学、五项修炼、全脑思维、数据分析模型、IT项目管理、TTT、程序设计、OFFICE技巧
6号	易经命理、奇门遁甲、法律、风险防范控制、危机管理、合同评审、股票/期货分析、投资分析、国学、企业战略、从历史学管理、IT项目管理、RFID应用策略、情绪压力管理、谋略战术、厚黑学、全脑思维、引导技术、程序设计、OFFICE技巧、HR、九型人格
7号	创新思维、媒体公关、导游、服装设计、PPT设计、手语的创意表达、引导技术、拓展训练、美食鉴赏
8号	领袖气质、战略管理、变革管理、扩张经营、兼并重组、成功学、励志类、商业谈判、大客户销售、创业学、风险投资、武术、拓展训练
9号	和谐之道、沟通与倾听、非暴力沟通、老庄哲学、国学、易经命理、养生健康、太极拳、茶道、香道、心理学、生产排程

古有田忌赛马，下马对上马，上马对中马，中马对下马，取长补短。很多事情都有章可循，认清自己比认清别人更重要。

人人有才，人无全才，扬长避短，人人成才。领导者要做的第一步就是认清自己，知己短长，确定适合自己的培训课程，找到适合自己的培训方法，树立自己的培训风格，有针对性地对不同的学员进行不同的培训，每个人也许都是出色的领导者。

培训后的辅导与跟踪

培训是一门系统的、连贯的艺术。培训后的辅导和跟踪同课堂上的培训同样重要，做好培训后的回访调查和针对性辅导是将培训效果进一步巩固和升华的必经之路。

那么，如何去做培训后的回访调查？人之性格如此复杂，又该如何有针对性地进行辅导？如何跟踪调查以知晓辅导后的效果？下面让我们层层剥茧，一一解答。

培训回访一般分为两大类别，一种是从"面"上了解，另一种是从"点"上深入。所谓"面"上了解就是网络培训满意度调查、开展实地座谈会等形式，了解学员回到岗位后将所学知识用于工作实践和在当地发挥辐射作用的情况；而在"点"上深入是到部分学员的工作岗位上对个体进行实地的调查和分析。

根据回访调查的结果与九型人格的性格特点，即可制定相应的辅导，辅导时与培训时有很大的不同，它更需要我们熟练掌握与九种性格间的交流沟通技巧。具体如下。

1号：专业有礼

对1号进行辅导时可以选择一个相对轻松的环境，尽量避免在办公室与1号交流。在交谈时要保持基本的礼仪。多说"请、谢谢、不客气"之类的敬语，这会让1号感到你是专业和礼貌的。1号虽然有点严肃，但是一些无伤大雅的玩笑他们是可以接受的，只要你记得保持微笑，玩笑将会是调节气氛的良品。不要害怕与1号争执，只要你是对的，1号会虚心接受你的意见，当然前提是你可以说服他。

2号：赞美肯定

无论是培训过程还是辅导过程，必要的赞美和肯定对2号来说都是不可或缺的。他山之石，可以攻玉，多多赞美2号的长处会让他不自觉地对你产生亲近感，或者用你的缺点来衬托一下2号的优点，让他觉得自己是不可替代的和被需要的，这样会让后面的辅导展开得十分顺利。

3号：倾听与恭维

对于3号来说失败是难以接受的，他们习惯优秀，也享受被赞美、被恭维。他们喜欢突出自己，无论是行为还是语言。所以与3号进行交流，对其进行辅导时，一定要学会倾听与恭维。他们渴望成就，喜欢炫耀，期待被认可，所以不妨多说一些"你很了不起，只有你可以"之类的话。要注意的是，3号很聪明，你的恭维一定要言之有物，不要过于浮夸，这样3号就会对你敞开心扉，才有利于你的辅导。

4号：从心出发

4号是极有个性的悲情艺术者，特别注重内心的感受，他们喜欢从心出发，去感知事物。对4号进行辅导时，请尽量幽默些。听觉上的快乐会让他们对你说的内容产生兴趣，你不断冒出来的新鲜点子才会抓住他们的心。4号虽然感性，却不代表你和他们对话便可以毫无逻辑，有重点、有逻辑的对话才会让他们心里真正舒服。对他们进行辅导时一定注意不要说错话，否则他们肯定会对你之前所说全盘否定，辅导也就前功尽弃。

5号：寻找共鸣点

婉转地把话说"浅"，是搞定冷静思考者的不二法门。5号的性格看起来比较孤僻，有时甚至看起来有些迟钝，但他们之所以这样是因为他们对你所说的完全没有兴趣，如果能找到一两个与5号共同的话题，减少你们之间的距离感，辅导就会变得简单得多。5号很喜欢思考，所以在对5号进行辅导时，可以多说几个"差不多"让话变得委婉而含糊，语速尽量不变，谈话内容也尽量简短，让5号没法在鸡蛋里挑骨头。

6号：亲切坦诚

面带微笑，亲切坦诚，少说"我"多说"我们"，会让怀疑论者慢慢地亲近你、信任你。在对他们进行辅导时，也要多找些共同话题，与5号不同，共同话题不是为了提起他们的兴趣，而是为了给他们安全感，多说利少说弊，要将"相信我"变成你的口头禅，尽量消除他们的疑虑。尤其要注意的是，你发出的观点一定是可以自圆其说的，否则他们将会更加疑神疑鬼，你的辅导效果也不会太好。你要学会以退为进，适度地说"算了"往往会起到出人意料的效果。

7 号：风趣幽默

对待 7 号这种典型的享乐主义者，最为忌讳的就是沉闷枯燥。7 号不喜欢等待和沉默，在和他们的交流中，没有玩笑与调侃是万万不行的，你要学会张嘴释放快乐，让他们因为你的讲话而感到愉悦，学会自我调侃，会让他们快速和你亲近起来，这样你的辅导会在轻松活跃的气氛中高效进行。7 号的专注力不够，所以你要时刻抓住他的关心点，不要让他神游太虚。

8 号：赢得认可

8 号是霸道强势的领导者，对 8 号进行辅导，得到 8 号的认可是难点中的难点。和 8 号交流要尽量用洪亮的声音，避免 8 号散发出来的强大气场将你压垮。和他交流时要直接一点，坦诚一点，8 号不喜欢浪费时间的兜圈子，礼貌而又显示出强悍的一面至关重要，否则 8 号可能会不悦或者轻视你，而这两点都会导致辅导最后的失败。同 1 号一样，我们与腹中心主导的性格人群交流时，必要的争吵是谈话的助力，你们会在相互切磋中产生共鸣，拉近距离。

9 号：温柔谦和

与 8 号相反，9 号不喜欢针锋相对，你的尖锐会让 9 号产生逃避心理与迎合想法。9 号不喜欢因争执而破坏和谐，哪怕是当他们认为自己是正确的时候，他们不对你敞开心扉，你就无法了解他们真正的想法，那么辅导将会流于形式，无法解决问题。所以，请温和谦逊地与 9 号交谈，用建议去化解异议，得理也要饶人，让 9 号觉得舒服，以此来提高强化培训的效果。

正确有效的方法是辅导的重中之重，辅导课程结束之后，我们也要对辅导效果进行反馈跟踪，充分听取学员的意见，认识自己的不足，改正自己的缺点，发扬自己的长处，并且建立跟踪档案，这些数据档案将是我们今后工作的宝贵财富。

人的性格复杂难懂，不是简单的九种类型就可以说得清，道得明的，但是将性格大致分类，用不同的方法对待不同性格的人群，可以说是给我们在与人相处、与人共事这本深奥难懂的书里提供了一个索引。我们要做到知己知彼才可以无往不利。

第 **8** 章

团队建设：用九型领导力打造高绩效团队

要想在企业中打造一个高效率的团队，要求领导者不仅仅善于企业规划，更要知人善任，了解人才，尊重人才。所谓"千里马常有，而伯乐不常有"，一个真正卓越的领导者，需要有一双伯乐的眼睛，让每一个员工在适合他的岗位上熠熠发光。了解九型人格，明辨九种人在职场上的优劣长短，可以帮助领导者快速定位，准确把控，因材设岗，人尽其用，打造一支高绩效的工作团队！

你的团队需要哪种人才

作为一名领导者，真正决定你自身成败的不是个人业绩，而是整个团队的综合绩效，想要打造一支高效益的团队，先要做到心中有数。所谓的"数"，是领导者对自身团队的了解，它包括团队应设有哪些岗位、在岗人员需要哪些能力、团队人员各具有哪些优势和挑战。领导者一定要清楚团队中什么人可用，什么人不可用，可用之人如何去用，这是打造高绩效团队的前提。

目标（Objective）和相互依存关系（Interdependence）决定每个人在团队中的任务角色和关系角色。任务角色就是直接指向工作本身的行为，关系角色包含感受、关系，以及团队运行产生的行为，如做决策、解决冲突。领导者要学会识别员工的任务角色，帮他们梳理好在团队中的关系角色，有意识地调整团队角色，这会让团队战斗力发生质的变化。

也就是说，我们可以让下属有意识地利用相反的任务角色和相反的关系角色，来拓展新的团队角色，在挑战中会给团队带来新的体验，让团队行为发生戏剧性的变化，这些团队角色往往与通常的任务角色和关系角色相反。比如：1号下属习惯于规划任务、提供意见，还有提出有关规范的建议。此时，让他挑战一下自我，在团队中扮演相反的角色，去索取信息和促使冲突得到积极解决。你会发现，1号的能力有了提升，团队动力发生了改变。

九型领导力理论，帮你识别九种不同智慧的人才。了解九种不同的人格秉性和其能力特点，为你找到各个岗位的最佳人选，打造一支强悍铁军。各个型号在团队中具体角色见表8-1。

表8-1 各个型号在团队中的角色

型号	通常的任务角色	相反的任务角色	通常的关系角色	相反的关系角色
1号	规划任务、提供意见	索取信息	提出有关规范的建议	促使冲突得到积极解决
2号	索取信息	提供自己观点	鼓励参与	推动团队不断发展

表 8-1（续）

型号	通常的任务角色	相反的任务角色	通常的关系角色	相反的关系角色
3 号	定义目标及方针来完成任务	管理议事日程	推动团队不断发展	鼓励参与
4 号	管理议事日程	定义目标及方针来完成任务	表达内心感受	提供自己观点
5 号	管理资源	设定更大目标	提供自己观点	表达内心感受
6 号	对别人的信息评估	详细阐述自己观点	争辩时故意持反对意见	缓解紧张局势
7 号	详细阐述自己观点	规划任务	缓解紧张局势	争辩时故意持反对意见
8 号	设定更大目标	管理资源	勇于挑战	协调人与人之间发展
9 号	提供自己信息	对别人的信息评估	协调人与人之间发展	勇于挑战

聪明的读者不难发现，相反的任务角色和相反的关系角色，主要是根据侧翼、安全—压力状态和心理防御机制设计的。比如：1 号相反的任务角色"索取信息"，就是开发他的 2 号侧翼；6 号相反的关系角色"缓解紧张局势"，就是 9 号安全状态；7 号相反的任务角色"规划任务"，就是 1 号压力状态；5 号相反的关系角色"表达内心感受"，就是为了挑战 5 号的心理防御机制"情感隔离"。

领导者要明确团队有哪些岗位，在这个岗位上的人需要哪些能力，什么样的人适合这个岗位。知己知彼，百战不殆，千万不要雾里看花。

所谓天生我才必有用，很多团队其实并不缺少人才，只是很多时候他们并没有被安排在合适的位置。知人很难，若是要判断一个人的综合能力，则更加艰难。有些人德才兼备，有些人有德无才，也有些人有才无德。偏才、全才，如何取舍，才能更好地利用，往往至关重要。用错了人，不仅仅无法使他们能力完全发挥，也会影响团队效益。更甚者，影响了他人工作态度，就会造成难以估计的损失了。

了解九种不同的人格特点，可以帮助你迅速定位，深入了解人才能力的长处和短处，及时改善，合理安排。懂得对人才进行合理利用，势必会增强企业团队的作战能力，提高企业竞争力，从而增加整体效益。

尊重个性差异，构建完美团队

金无足赤，人无完人，无论哪种人格，都会有属于自己的一些小缺点，如何最大限度地发挥各个性格之所长，并将其带来的副作用降到最低，就显得尤为重要。此话说来容易，但实施起来并不简单，它要求领导者做到合理安排、搭配，使员工优势互补，密切配合，共同进步。

九型领导力理论给企业领导者构建团队上提供有效建议和技术支持。实际上，很多领导者在团队管理上都有一些误区，他们会认为，每一个员工在想法、行为，甚至是价值感、道德观上，都应该和自己一样。这是不正确的，每一个人都有自己的特点，优势以及弊端，作为企业员工的领导者，如若不能清楚和接受这些个体差异，而是一味地按照自己的想法和价值观来执行，势必会造成很多人的心理抵触和反感，致使很多优秀人才的能力无法发挥，甚至导致人心涣散，业绩下滑。

这个时候，领导者就必须考虑个性差异的存在。人与人之间，在价值观和人格品质上都有着许多不同。有的人追求生活，擅长维护人际关系；有的人努力工作，渴望成功；有的人奋力拼搏，全力以赴；但他们共同追求的都是一种稳定和谐并且有利于提升自我能力或职位的工作环境。如果我们可以认识到这一点，就会明白在团队建设过程中，如何去搭配他们，才能扬长避短。各取所长，并肩作战，风雨兼程的团队，才会是企业最核心的力量。

尊重个性差异，才能更好地构建完美团队。我们从功能出发，就会发现在一个团队中，各个型号的员工之间既存在相互替代，也存在互补的关系。（见表8-1）尊重个体差异，进行优势互补，就可以搭建更为强大的团队。这同时带来了一个新的挑战，作为领导者，"你有足够的领导力去领导这个性格迥异的团队吗"？

表 8-2 型号之间替代和互补关系

	6号	3号	9号	1号	4号	2号	8号	5号	7号
替代	1号 2号 9号	8号	1号 2号 6号	5号 6号 9号	7号	3号 4号 6号 7号	1号 3号 6号	1号 6号	4号
互补	3号 7号 8号	2号 5号 7号	3号 5号 6号 7号	3号 7号 8号 9号	1号 2号 9号	1号 9号	1号 7号 9号	2号 3号 7号 8号	1号 6号 9号

在此基础上，如果我们应用了素质模型的评估，再用 STAR（S：Situation情景、T：Task 任务、A：Action 行动、R：Result 结果）原则，建立结构化面试问题库，就可以既绕开 EEO（Equal Employment Opportunity，平等就业机会）的漩涡，又建立自己公司的面试题库。具体请参见下表：

表 8-3 性格素质模型及评估实例（6号）

核心素质	素质定义	素质评级	面试对应问题
反恐	容易发现潜在风险和隐患，并做出预防性措施和准备	5＿＿＿ 4＿＿＿ 3＿＿＿ 2＿＿＿ 1＿＿＿	· 事前做好计划对你来说有多重要？ · 哪些事情你会担心呢？ · 你会对可能出错的地方、潜在的问题保持警觉吗？

识别人才，需要从其个性特点、品行、志向、学识、能力等多角度出发考虑。九型人格的出现，可以帮助领导者更加快速，更加清晰准确地确定人才的位置。人无完人，每个人或多或少都会存在一些缺陷，有些人贪婪，有些人懒惰，有些人缺少宏观视野，也有些人不懂得为人处世……而领导者要做的就是尊重个性差异，并将其进行合理的搭配，让团队中不同性格的人做到人格互补，"用人如器，各取所长"。这样才能有效增强团队的凝聚力与战斗力，让自己的团队尽善尽美，无懈可击，打造一支无懈可击的高绩效团队。

型岗匹配，人尽其用

周文王拜姜太公为相，刘备三请诸葛亮，这些知人善任的典故流传至今。而在快速发展的现代社会中，知人善任依然是领导者的必修课，让不同型号的人才，发挥各自所长，在合适的岗位尽情地展现其能力，才能实现高绩效团队的打造。

型号与岗位之间是不可以错乱匹配的，每个主型基于自己独特的动机和价值观，会拥有一些核心素质，这些核心素质在一定的岗位上会使员工具备核心优势，但若在相反的岗位上，却会有不可避免的劣势。

只有将型号与岗位进行恰当的匹配，才可以让员工充分发挥其潜能，快速提升自我能力，处理问题时如虎添翼；如果型号和岗位匹配不合理，无异于埋下了一颗离职的定时炸弹，员工若不发自内心地喜欢自己从事的工作，就很容易产生倦怠心理，这种心理还会快速蔓延，一传十，十传百，让整个团队处于消极状态，以致与高绩效失之交臂。

举个例子，5 号员工可能处于自身的战略分析阶段，为了补足自己的短板而选择做销售，但是 5 号本身最讨厌的事情就是与人打交道，所以事倍功半，在职业发展的道路上非常坎坷。那么领导者应该如何为不同型号的员工分配适合其发展的岗位呢？现在让我们分型号一一道来。

1 号

1 号的核心素质	1 号适合的典型岗位
遵纪守法	法官、警察、法律合规人员
制定制度	国家公务员、议员、QA
监督实施	纪律 / 安全检查员、施工监理、审计师
伦理道德	礼仪专家、伦理家、评论家
认真仔细	精算师、薪资绩效人员、医生
好为人师	培训师、教师、牧师

2 号

2 号的核心素质	2 号适合的典型岗位
善于交际	服务导向销售 / 市场人员、公共 / 传媒 / 广告人员
了解需求	人力资源管理人员、员工关系人员、心理咨询师 / 治疗师
在意形象	形象 / 服装设计师、色彩顾问、美容师
乐于助人	工会主席、红娘、NGO 人员
VIP 助手	副（总）经理、助理 / 秘书、行政文员
服务达人	护士、客服人员、空乘人员
展示魅力	培训师、演员、歌手

3 号

3 号的核心素质	3 号适合的典型岗位
喜欢挑战	业绩导向销售 / 市场人员、猎头、创业者
喜欢出名	演员、模特、主持人
善于交际	公关 / 传媒 / 广告人员、政客（西方）
在意形象	形象 / 服装设计师、美容师、空乘人员
好为人师	培训师、教师、牧师
善于监控	管理人员、主管、监工
数字敏感	财务人员、薪资绩效人员、统计员
爆发力强	游泳选手、网球选手、健美运动员
一心二用	同声传译、导游

4 号

4 号的核心素质	4 号适合的典型岗位
在意形象	形象 / 服装设计师、色彩顾问、美容师
创新创意	广告创意师、装潢 / 包装设计师、市场策划

（续）

4 号的核心素质	4 号适合的典型岗位
身体训练	（芭蕾舞）演员、杂志模特、画家
艺术气息	歌手、诗人、古董 / 艺术品收藏家
洞察人心	心理咨询师 / 治疗师、HR、教练
渴望自由	创业者、自由职业者

5 号

5 号的核心素质	5 号适合的典型岗位
思想巨人	思想家、哲学家、科学家
知识渊博	教授、教师、学者
专业研究	咨询 / 法律顾问、软硬件工程师、古董鉴定师
冷静客观	绩效评估人员、机场调度、法医
独立工作	自由职业者、股票 / 期货操盘手、电脑程序员
另类思想	漫画家、（科幻、恐怖、黑色幽默）小说家、编剧

6 号

6 号的核心素质	6 号适合的典型岗位
稳定安全	政府公务员、医生、大企业员工
知识渊博	（战略 / 管理）咨询顾问、知识类 / 技术性 / 工业品销售人员、工程师
风险规避	律师、风险控制人员、审计师
平衡能力 + 团队精神	管理人员、办公室主任、客服人员
乐于助人 + 甘当助手	NGO 人员、助理 / 秘书、部队参谋
好为人师	培训师、教师、牧师
反恐	刑侦人员、保安、创业者

7号

7号的核心素质	7号适合的典型岗位
善于交际	销售 / 市场人员、公关 / 传媒 / 广告人员、大堂经理
创新创意	广告创意师、服装 / 家居设计师、跨学科研究的带头人
快乐天使	喜剧演员、娱乐节目主持、工会主席
常换常新	试吃员、美食评论家、游戏应用测试师
到处旅行	空乘人员、旅游记者、跨国买手
崇尚自由	自由职业者、网络编辑、自由撰稿人

8号

8号的核心素质	8号适合的典型岗位
绝对控制	军官、法官、典狱长
自留地	创业者、自由职业者、管理人员
谈判天才	工会主席（西方）、销售人员、A/R 催收人员
爆发力强	（对抗项目）教练、（举重）运动员
挑战危险	飞行员、潜水员、赛车手

9号

9号的核心素质	9号适合的典型岗位
稳定重复	工厂主管、邮递员、高低柜操作人员
关注细节	调研人员、助理 / 秘书、书记员
和平使者	办公室主任、软件测试员、工会主席
擅长服务	保姆、护士、客服人员
心如明镜	HR、心理咨询师 / 治理师、教练
关注养生	按摩师、医生、营养师
融入作品	歌手、音乐家、画家
亲近自然	航海家、园丁、茶商

从以上表格不难看出，不同型号的人可以从事同一种工作，只是工作风格不同；同一型号也可以从事不同的工作，关键看用人方处于企业生命周期的哪个阶段，需要这个型号哪一方面的核心优势。这就体现出了学习九型领导力的重要意义：通过九型领导力不断的深入学习，可以帮助领导者高效地定义职位特点，并选择合适人才，做到人尽其用，成功打造一支高绩效、高战斗力团队。

用九型领导力组建"高绩效铁军"

现代企业无处不面临着激烈的市场竞争，而高绩效无疑是支撑企业生存、提升企业竞争力的重要条件之一。一支高绩效团队，可以提高员工的工作质量，并有效满足市场和顾客需求，增加企业持续作战的能力。因此，如何打造高绩效团队，就成了企业间热门的话题。下面，就让我们结合九型全面解析这个问题，看领导者应该如何组建一支无往不胜的"高绩效铁军"！

为了实现高绩效，团队必须有工作以外的共同目标和相互依存关系，追求高质量的产品和服务。下面就让我们通过模型（见图8-1）来学习一下打造高绩效团队的诀窍。

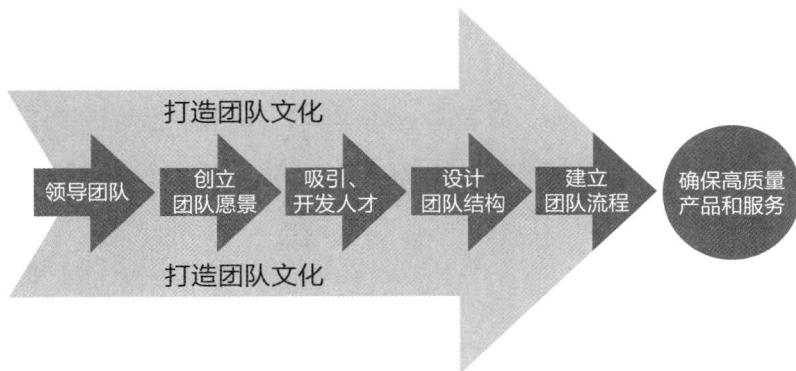

[来源：金杰·拉皮德－伯格达的《你是哪种类型的领导》（What Type of Leader Are You），2007]

图8-1 "领导高绩效团队"素质模型（经拉皮德－伯格达博士授权使用）

从图8-1中，我们可以看出"领导高绩效团队"素质模型主要包括6个大模块。

1. 领导团队

展示领导风格的多样性，同时保持团队方向的一致性，公平睿智地使用权力。

九种性格的领导者各有其独特的领导风格：1号沉着干练；2号慷慨认真；3号自信，有目标；4号敏锐，富有激情；5号睿智，有条理；6号才思敏捷，有责任心；7号乐观，有创造力；8号自信权威，有大将之风；9号稳定、包容，有全局意识。

每一种风格的领导，都有其优势也有其弊端，领导者学会扬长避短，公平睿智地使用权力，方可成就一番事业。各型领导者应如何发挥自己的领导艺术，在本书第9章会做详细说明，在此不赘述。

2. 创立团队愿景

开发出协作的、振奋人心的、共同的团队愿景，愿景、使命、战略、战术一致会让团队更具凝聚力，自然可形成高效团队。据有关调查，团队中70%的人最希望领导给予的就是目标和方向，员工们有了目标和方向，才可以规划自己的行动，每一次努力都让自己可以清楚地看见朝着成功又迈进一步，他们才会更有动力工作，团队才会有更高的绩效。

没有共同目标的团队就是一盘散沙，经不起一丝风浪。领导者若想打造高效团队，就一定要明确给予员工令人振奋的共同愿景。在创立团队愿景的过程中，领导者一定要针对九型人格不同的性格特征，循序渐进地与其分别沟通，引导他们表达内心的真实想法，根据员工真实想法创立出来的愿景才真正振奋人心。

3. 吸引、开发团队人才

成为人才渴望工作的地方，并给人才成长的潜力。

高绩效的团队一定存在某种因素，可以吸引员工去不断努力竞争以赢得在岗位上继续工作的机会。高绩效的团队必定是人才渴望待下去的地方，在其岗位上工作，也必定可以提升员工自身能力，让员工不断成长。

领导者可以根据九种型号的特点，知人善任，这样可以让每一个员工发挥其最大的价值，在合适的岗位上积极认真地工作，激发他们最大的潜能，为团队贡献他们最大的光和热。

4.设计团队结构和建立团队流程

领导者要设计工作的方方面面——从组织架构到工作流程，到针对团队和个人的奖励制度，让员工不会混淆权责，或遇到不必要的障碍，从而用最佳的状态去工作。

有规矩才成方圆，每个企业都需要严格的制度。九种性格的员工都有其性格的先天缺失。1、8、9号腹中心的员工或者过分挑剔，或者过分强势，不愿服从制度，或者拒绝变化；5、6、7号脑中心的员工有些死板固执，有些不懂灵活变通，为制度所困，有些总在打政策擦边球；2、3、4号心中心的员工难免散漫自由，忽视制度。领导者不能放任自流，也不能厚此薄彼，落人话柄，否则会让领导者失去应有的信任度与威望。不为员工信服的领导者，根本无法打造出高效能的团队。

5.打造团队文化

领导者要通过语言和行动打造成员感觉有价值的文化，让他们的优势得以发挥，团队成员互相支持，共同发展。优秀的团队文化可以营造积极向上的团队氛围，提高团队中的每一分子的文化素养和道德水平，让团队具有精神力量，这样的团队怎么可能不高效呢？

打造有价值的文化同样离不开九型人格方法论的指导，只有了解员工的性格，才能用有针对性的语言和行动去影响不同的员工，让其被领导者的价值文化吸引、打动，并贯彻到自己的思想中。

6.确保高质量产品和服务

领导者要为员工灌输顾客至上的思想，保证每个人都把客户放在最重要的地位，同时让你的团队与供应商和分销商建立良好关系。

在生意场上，每个人都需要团队，不能单打独斗，每个团队也需要左右逢源，与上下游建立良好的合作关系。这就需要我们在产品上严格把关，让自己的团队成为"好品质"的代表；在服务上，领导者也可借鉴九型人格，要求自己的员工，学习"差别对待"，用每个客户、每个厂商喜欢的方式去和他们相处，提高服务质量，建立良好合作关系。

领导高绩效团队素质模型，可以帮助领导者将宏观愿景分解为可视化的小目标，层层击破，步步为营，帮助领导者快速组建精锐之师。在实际应用上，九型人格理论可以帮助领导者确立自己的领导风格，树立团队目标和团队文化，制定合理的团队制度，教会领导者知人善任，让团队以最好的一面面对客户，使客户真正满意。一个让客户真正满意的团队，将在商场的角逐拼杀中攻无不克，所向披靡。

九型员工激励技巧

作为一名普通员工，工作中难免会因为各种各样的原因产生一定的压力或是消极的态度，而这些压力和态度有些是他们能够自我消化的，有些则是需要领导者及时给他们以正确的引导，配合他们消化。一个良好的工作状态，不仅仅可以增加员工的工作热情，也会增加员工对企业的热爱。相反，这种不良情绪如果没有得到及时抑制，任其发展，势必造成一些负面影响。轻者，影响员工的工作态度和热情；重者，造成工作氛围整体不愉悦，使团队失去士气与战斗力。

因此，员工的激励政策就显得尤为重要。合适有效的激励能够帮助员工赶走负面情绪，在工作中充满动力，提高业绩，让整个团队焕发活力。

想要做到有效激励并不是一件轻而易举的事情，随着追求个性的90后开始在职场崭露头角，激励变得越来越具有挑战性，传统的方式越来越没有效力——加薪仅具有短期效果，而且会造成整体人力成本上涨的压力；升职随着组织结构的扁平化、中层管理者越来越少而不具操作性；领导者在职业生涯规划中，如果仅仅是站在组织角度的整体设计上考量，没有照顾到下属的个性，同样会被下属弃之如敝屣。

真正有效的激励应该是因人而异的激励，运用有针对性的方法，准确出击，才能做到最大效益的激励。在这里，九型领导力理论针对九种不同人格提供了各自不同的激励方法。

1号：赞许尊重

对于事事讲求真理，是非对错有着严格划分的 1 号，激励时，领导者要适当采取赞许的方式，对他们的工作方式和卓越绩效给予肯定，并尊重其理想及远见。若出现工作进度偶有拖延的情况，领导者不妨婉转表达，将批判转化为建议，赞许他们工作时勤奋、认真的态度，以及对工作整体程序及框架的清晰辨识，适当提醒工作重点。对他们给予足够的赞许和尊重，会让他们认为是对自我能力的肯定，从而激发工作积极性。同时，为 1 号下属安排提升灵活性、创新性和接受性的培训或进修会是很好的选择。

2号：价值沟通

喜好帮助，渴望提升自我价值是 2 号的最常表现，领导者不妨借此进行一对一的鼓励，有效避免彼此嫌隙。领导者不要过多干涉他们工作中的人际交往，并留给他们充裕的时间和足够的资料学习新事物。让他们觉得自身伟大，真切地感受到自我价值有所提升，这会充分激发他们工作的积极性。当然，必要时也要让他们明白付出的未必是别人需要的。安排任务时需要注意，不要安排 2 号下属过量的工作任务，不要在工作过程中不断加码，否则 2 号会在压抑中爆发，走向 8 号压力状态。

肖强是一名地产销售员，一直以来业绩都不错，工作也很有激情。然而，有一段时间公司发现，其业绩急速下滑，且个人情绪和工作态度也都显得十分消极。了解后发现，原来是肖强看到其他同事由于业绩差而苦恼不已，同时为了体现自己所在团队的整体优势，竟将自己的主要客户让给他人。因此，导致肖强自身业绩受到严重影响，收入降低，情绪也自然变得十分不稳定。

了解到这些情况后，公司主管及时找他沟通，直接肯定了肖强在团队中的价值后并告诫他，自我价值提升不是成全他人，耽误自己；帮助他人，也不是一味的委曲求全，这样做，只会让别人丧失自己本能，坐享其成，也会影响自己生活。适当放手，也是对他人成长的锻炼。肖强听后豁然开朗，从那以后，他又积极投入工作，通过对自我能力的提升，最终赢得了公司其他同事的一致赞许。

肖强之所以一开始出现工作懈怠、积极性不高的状况，就是因为 2 号性格的先天软肋。过分为别人付出，导致自己工作的延误与业绩下滑，使他无法看到自己的价值。领导者通过肯定肖强的付出，肯定肖强的价值，使肖强信心大增，干劲十足。所以对于2号性格的员工，领导者要学会通过肯定其价值来激励他们，掌握激励他们的方法，让他们全身心投入到工作中，才会让团队绩效节节攀高。

3号：支持认可

对于工作的过分投入，使得3号难免会有身心疲惫、焦虑不安的时候。而领导者则要及时帮助他们移开眼前障碍，令他们可以看到前途光明，当然，也要支持他们工作时的干练，认可他们工作中的认真态度，针对其不同阶段的需求进行奖励，可以更好地提高他们工作的激情。不但如此，领导者还需帮助其适当反省、直面错误，不要让他们犯错后马上投入新的工作，不然只会加重其心中的包袱。平常可以给予3号下属挑战性的任务，描述清晰的目标，给他们一定的自由度去发挥，关注结果和时间节点即可；在3号事业低迷时，你为他们提供人性化的支持，会一下子拉近你与他们的心理距离，让他们成为你忠诚的追随者。

4号：欣赏鼓励

注重内心感受、喜好感知的4号，时常会显得十分脆弱。因此，领导者在给4号安排工作前，最好先进行情感沟通，避免生硬布置。领导者可以用愿景和梦想去激励他们，鼓励其善加利用自己的直觉能力和分析能力，用创意赶走枯燥。领导者应学会欣赏他们的美感、品味，以及细腻处理工作细节的态度，但也要适当提醒他们尊重别人的时间。有一点非常重要，无论4号下属的工作表现如何，都要对他的为人表示肯定。

5号：包容协助

5号的学识和分析能力往往十分出众，追求真理的他们，有时会显得呆板、木讷，因此，领导者应当为其留有足够的空间及时间去探索专业知识，协助他们完成与同事间的互动，邀请他们评价其他同事的表现，同时也要让他们了解，自己冷冰冰的态度对他人的影响。容许他们有私人时间，但也要让他们明白思想和行动的区别，焦点应放在结果上。在对其进行激励时，要循序渐进，切忌过分情绪化，否则往往会适得其反。我们可以给 5 号下属机会发表对部门和公司工作的系统化思考和合理化建议。

6 号：以身作则

6 号大多是怀疑论者，事事都会考虑再三，仔细分析，因此在被 6 号质疑时，领导者要学会保持友善的态度，帮助他们找到答案，切忌含糊不清，以免造成更多误会。一旦顾虑消除，他们会绝对忠心。领导者要以身作则、信守承诺、言行一致，赞许其分析能力以及真诚平实的品行。在开始行动和完成计划前，帮助他们克服内心困扰。时常称赞、表扬，同时要有理有据，可以有效激励 6 号下属的工作热情和积极性，让其成为领导者最有力的助手。

7 号：指引肯定

7 号是典型的乐观主义者，因此切勿让他们感觉到束缚。领导者要懂得欣赏他们工作中的激情和乐观态度，给予他们更多关注，增加他们人际沟通机会。学会欣赏他们在工作中迸发的创意和奇思，不限制他们工作方法的种种尝试，指引 7 号下属完成对未来的计划，落实实施细节也是领导者激励他们积极工作的方法之一。在沟通过程中，领导者不要有凌驾的态度，不然会让他们感到压力与束缚。对工作激情和乐观天性的肯定，更能激励他们努力前行。

8 号：公平公正

领导者应尊重 8 号强势的态度，不要在公开场合进行批评，或是对他们的看法提出反对意见。因为在高压下，他们容易变得心胸狭隘。对 8 号提出建议时，应用清晰、直接、肯定的方式，聚焦工作结果，并要让他们明白，团队力量永远胜过个人。8 号会替自己和朋友争取权益，因此领导者要通过具体的管理水平和工作成就来树立威信，而不是口头强调自己是上司。公平、公正的竞争才会建立起 8 号下属的信任感，也会激发他们的斗志，提高工作效率。

9 号：信任耐心

谦逊的 9 号喜好安静的环境，厌恶争吵。因此，领导者要帮助他们意识到身边人的需求，才能使他们更好地投入工作，同时还可以帮助其整理出工作的轻重缓急，让他们的工作更有条理。9 号往往有大理想，领导者若能将它分解成小目标，逐一完成，有条不紊地工作，会极大地提高他们的工作兴趣。足够的耐心，可以避免激发情绪的不安；信任、鼓励和欣赏，可以有效提高他们的工作能力和自觉性。作为上司，不要简单地对 9 号下属施加压力，而要令 9 号意识到个人需求，帮助他们拒绝他人的不合理要求。要奖惩分明，给予 9 号下属他们所需要的完备程序和明确的指挥体系。

成功的企业，往往是由一个甚至是多个高绩效团队组成的。对于团队建设，九型领导力从各角度全面解析，以个人人格为出发点，由点及面。领导者首先要识别九种不同智慧的人才，从中选择适合自己团队发展的人才，尊重个性差异，合理利用替换、互补的方式方法使之达成相互的包容合作。发挥下属各自的优势，弥补下属的不足。

其次，让他们在最适合自己的领域各自发展，在团队中发挥出足够的力量，提高工作效率。当然，也要考虑到员工的个人情绪，通过激励技巧帮助他们消散自身压力以及不良情绪，避免人员的流失，也减少培养人才花费的精力与财力，从而使自己的团队更有凝聚力和上进心，成为一支无往不利的高效战队，让企业立于不败境地。

第**9**章

卓越领导力：九种领导力，造就企业九种不同命运

领导力是一个企业领导素质的核心，越来越多人开始意识到领导力在企业中的重要影响和作用。在我看来，领导力是一门包含了宏观决策、管理行为和个人品质等多个范畴内容的综合性艺术，是一个企业组织想要取得成功的重要因素。从九型人格分析，九种不同类型的人通常会形成九种不同的领导力，而九种不同的领导力又往往会造就企业九种不同的命运。

九种型号的杰出领袖

首先，让我们通过九种型号的杰出代表来感知不同的领导方式，他们在一定程度上已经超越了自己的型号，达到了更高的情绪健康层级，但同时依然受着性格模式的限制。

1. 美国最伟大的总统 1 号亚伯拉罕·林肯

图 9-1　亚伯拉罕·林肯

究竟是什么样的人生经历会成就美国最伟大的总统呢？林肯曾经 11 次被雇主辞退，两次做生意失败，26 岁妻子去世，南北战争时他的第三个儿子威廉病故。

我们先来认识一下"诚实的林肯"。

21 岁那年，林肯在朋友开的一家商店里当店员。有一天，一位老妇来买纺织品，多付了 12 美分。林肯当时没有发觉，结账时发现多了钱之后，当晚就步行赶了 6 英里路，把多收的钱退给了那位老妇。又有一次，一位女顾客来买茶叶，林肯少称了 4 盎司，为此他又跑了好长一段路把少给的茶叶补上。所以附近的居民都很尊敬和喜爱这个瘦瘦高高的年轻人。

林肯仅受过 18 个月的非正规教育，但他通过勤奋自学，在 1836 年成为律师。他的幽默感经常感染大家。有一次出庭，对方律师把一个简单的论据翻来覆去陈述了两个多小时，讲得听众都不耐烦了。好不容易才轮到林肯上台替被告辩护。他走上讲台，先把外衣脱下放在桌上，然后拿起玻璃杯喝了两口水，接着重新穿上外衣，然后再脱下外衣放在桌上，又再喝水，再穿衣，这样反反复复了五六次，法庭上的听众笑得前俯后仰。林肯一言不发，在笑声过后才开始他的辩护演说。

林肯在1860年当选为美国第16任总统之前，两次竞选参议员失败。由于暗杀的威胁，他只有偷偷地溜进华盛顿参加就职仪式。他在上任后不久，有一次将六个幕僚召集在一起开会。林肯提出了一个重要法案，而幕僚们的看法并不统一，于是七个人便热烈地争论起来。林肯在仔细听取六个人的意见后，仍感到自己是正确的。在最后决策的时候，六个幕僚一致反对林肯的意见，但林肯依然坚持自己的观点，他说："虽然只有我一个人赞成但我仍要宣布，这个法案通过了。"

在重重压力下，林肯亲自起草了《解放黑人奴隶宣言》，由于国会对解放黑奴的阻挠，他以军事命令的方式颁布了划时代的宣言。他给黑奴带来了希望和勇气，许多黑奴脱离了南方军队，参加了北方军，为内战胜利扫清了障碍。因为他坚信历史存在一种道德模式，奴隶制就是民族苦难的来源。

南北战争期间，林肯开始选用的是没有什么缺点的将领做统帅，但战绩很糟糕。林肯非常不解，经过深入分析，他发现南方将领大都缺点、优点都非常明显，统帅罗伯特·李将军却能扬长避短，因而战果辉煌。林肯受到极大的启示，他大胆任命与他性格不合的格兰特将军为总司令，发挥他"善统兵打仗、可决胜千里之外"的帅才优势，而容忍他"嗜酒贪杯"的弱点。南北战争的历史证实了林肯选择的正确性。

林肯的胸怀非常宽广，在他被枪杀的那一天，他还强烈要求内阁成员欢迎南方邦联军队总司令罗伯特·李（南方"战神"，连续打败了北方六位统帅）等人回归联盟的怀抱。

林肯毕生致力于推进"美国式民主试验"，他相信美国是其他国家的民主典范。他在葛底斯堡演说提出："我们这个民有、民治、民享的政府将永存于世上。"

林肯的不幸逝世引起了国内外的巨大震动，美国人民深切哀悼他，有700多万人立在道路两旁向出殡的行列致哀，有150万人瞻仰了林肯的遗容。

2.以人为本的 2 号玫琳凯·艾施

图 9-2 玫琳凯·艾施

1963 年 9 月 13 日，在美国达拉斯，玫琳凯·艾施女士用所有的积蓄 5000 美金，创立了玫琳凯化妆品公司。公司成立伊始，玫琳凯就以"丰富女性人生"为己任，致力于创建一个"全球女性共享的事业"，她想要提供妇女别处没有的机会。

新进雇员，会得到刻有该公司"金科玉律"铭文的大理石。上面写着"你愿意别人怎样待你，你也要怎样待别人"。力求公正、平等待人，从下属的角度来考虑问题。她也要求公司雇员从顾客的角度考虑问题。

玫琳凯在公司内实行了一种在当时非常奇特的领养计划。该计划规定，一个美容师可以在芝加哥工作，但他还可以到佛罗里达或匹兹堡等别的地方招募新手，并把这位新手交给当地的美容指导师给予训练。今后不管这位新招募的人员住在哪里，只要向公司批货、推销商品，这位远在芝加哥的美容师即可从中抽取佣金。同样，这位美容师也要花上大量时间与精力，无偿地训练别人招募来的新手作为回报。

玫琳凯常说："在展销我们的化妆品时，我们不喜欢一个美容顾问这样想：'我能够向这些女人卖出多少商品？'相反，我们强调的是：'我怎样才能使这些女人今天离开这里时满意而归？我怎样帮助她们把自己打扮得好看一些？'"人才是一家公司最重要的资产。"只要有人加入我们公司，我们就会千方百计挽留。如果他们似乎不能在某一部门发挥出自己的才干，我们尽量为他们调换工作。"每个人都有自己的专长，经理们首先是要倾听他们的意见，让他们知道你尊重他们的想法，让他们发表自己的见解。其次是既要他们承担责任，又要向他们授权，不授权会毁掉他们的自尊心。最后，应该用语言和行动明确地告诉他们，他们是受到领导的赞赏和器重的。应多以表扬的方式鼓励人们去取得成功，必须是诚心诚意的表扬，如口头赞扬，奖给绶带，请被表扬人士上台接受众人的祝贺，在刊物上公布先进人物的名单与事迹等。有时精神鼓励胜过物质奖励。

3. 商界女英雄 3 号卡莉·菲奥莉娜

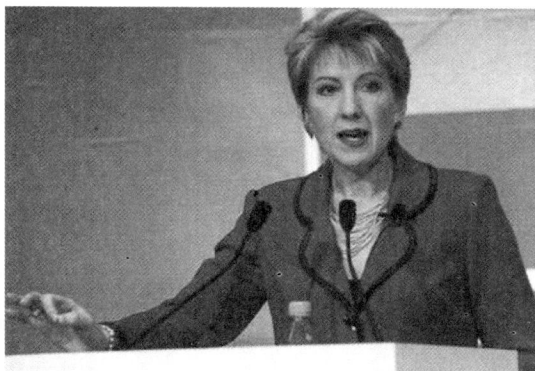

图 9-3　卡莉·菲奥莉娜

菲奥莉娜的经历就像美国的经典励志故事：她从秘书做起，后来到大学教书，然后投身 AT&T 的销售电话服务，35 岁做到 AT&T 远程部门首位女性CEO。1996 年该部门独立成立了朗讯公司，菲奥莉娜担任全球服务供应部门总裁，该部门占全公司销售收入的六成以上。1999 年菲奥莉娜出任惠普公司首席执行官，成为道琼斯工业指数成分股企业中唯一的女性总裁。2001 年惠普与康柏公司达成总值高达 250 亿美元的并购交易，菲奥莉娜出任新惠普公司首席执行官。

只要是她曾效力过的地方就会留下辉煌的一页。她的一位同事说："卡莉·菲奥莉娜似乎永远都能把别人的要求和目标记得一清二楚。在她的字典里，定义一个问题与解决一个问题并无区别。"

作为 AT&T 的业务员，到韩国办事时，她令东道主惊讶。面对男性同行必须应付的烈酒、应酬、阿谀奉承，菲奥莉娜应付得游刃有余。一开始还怕因为对其性别考虑不周而失之怠慢的韩方工作人员事后对其大加赞赏。卡莉回忆道："他们几乎改变了所有的形容词。一开始的'漂亮''美丽''风度'到最后都不见了。"

卡莉·菲奥莉娜的丈夫弗兰克是AT&T公司的副总裁，现在已提前退休，心甘情愿地担当着"家庭妇男"的角色。弗兰克常说的一句话就是："嘿，这就是现实——我娶了一位能当CEO的老婆。"

菲奥莉娜在惠普就任后，将向市场推销惠普公司的产品创新列为头等大事，并着力于树立HP"一站式服务"的互联网公司的形象。

她有着干练的短发、优雅合体的服饰，强悍、精力旺盛、坚持。她的领导风格强势但不僵硬，市场营销娴熟而不混乱。与过去强调"尊重"和"信任"的惠普之道不同，咄咄逼人的卡莉要赋予新惠普公司更快的速度，更多的灵活性、进攻性，以最大的能量释放惠普公司的想象力。

她一年就削减了35亿美元的投资成本。她还一手策划、完成了惠普对康柏并购，成为全球第一商界女强人。在产业萧条，必须转型时，卡莉对新惠普公司进行了大刀阔斧的改革，一上台就把测量检验仪器的部门分割出去成立新公司安捷伦，并且把资源集中到主机服务器与跟网络服务相关的新部门，再次向世人传达了她不达目的誓不罢休的决心。她根据两家公司的优势重组了各个事业部，并在利润最丰富的IT服务领域获得了前所未有的成功——打败IBM从宝洁公司获得10年30亿美元的外包合同。

2006年2月9日，菲奥莉娜被迫从惠普董事会主席兼首席执行官的职位上辞职，遣散费高达4200万美元，也打破了当年CEO离职费用的记录。

4. 硅谷传奇4号史蒂夫·乔布斯

图9-4　史蒂夫·乔布斯

特别的人生才会有特别的领袖诞生，我们来看一下乔布斯的生平。

1955年2月24日，史蒂夫·乔布斯出生在旧金山，是叙利亚籍美国人后裔，一出生便被生母送人，因为她是未婚先孕，生父坚称对此毫不知情。好心的保罗·乔布斯和克拉拉·乔布斯收养了他。

1972年，他在里德学院就读，学校学费昂贵，养父母乔布斯夫妇为他凑齐了学费，但史蒂夫半年后就离开了大学。

1976年，乔布斯和初中好友斯蒂夫·盖瑞·沃兹尼亚克在自家的车库里创建了苹果公司，开始了大起大伏的生涯。1983年，乔布斯从百事公司挖来了约翰·斯库利，打动对方的是这句话："你想卖一辈子糖水，还是想跟我一起改变整个世界。"可是IBM公司推出个人电脑，苹果公司业绩下滑，1985年董事会支持斯库利，解雇了乔布斯。

1986年乔布斯花1000万美元收购了Lucas Film旗下的电脑动画效果工作室，并成立独立公司皮克斯动画工作室。该公司1995年推出全球首部全3D立体动画电影《玩具总动员》。公司在2006年被迪斯尼收购，乔布斯也因此成为迪斯尼最大个人股东。

与此同时，1996年苹果公司经营陷入困局，其市场份额由鼎盛的16%跌到4%。在此危难之中，1997年乔布斯重返苹果公司担任CEO，大刀阔斧地改革，开始了苹果的第二个"乔布斯时代"。他领导和推出了Macintosh、iMac、iPod、iPhone、iPad等风靡全球的电子产品，深刻地改变了现代通讯、娱乐、生活方式。2011年11月5日，史蒂夫·乔布斯因患胰腺癌去世，此时苹果公司已经成为世界上市值最高的高科技企业。

乔布斯是非常有个性的人，他不修边幅，可以穿着拖鞋在办公室，在董事会咆哮，在外界也总是黑色上衣配蓝色牛仔裤的打扮。他的名言有着鲜明的个人特色："你的一生使命是必须找到你所爱的东西。""你的时间有限所以不要为别人而活。""活着就是要改变世界，难道还有其他原因吗？""我愿把所有科技换取和苏格拉底相处的一个下午。"

创新为魂、愿景为先也许是对乔布斯管理理念的最好解读。乔布斯认为创新是无极限的，有限的是想象力，创新决定了你是领袖还是跟随者。乔布斯个人被授予专利总数就有458项之多。他还认为打动消费者的不是产品本身，而是产品代表的涵义，苹果只出售梦想而非产品。

乔布斯的私生活同样体现了他的率性而为：23岁时在里德学院读书时，

他让自己的第一个孩子丽莎·乔布斯成为私生女。丽莎两岁前，乔布斯拒不承认这个孩子，甚至不惜在法庭做证自己"并无生育能力"，柯里珊只好独自抚养女儿，丽莎也一辈子没有认自己的父亲。

5. 地球上最成功的商人 5 号比尔·盖茨

图 9-5　比尔·盖茨

比尔·盖茨 1955 年出生于西雅图的精英世家，在乡村俱乐部、私立学校的环境中长大。他安静、害羞，不愿与人交流，沉迷于对技术的研究。

盖茨在哈佛大学读书时记忆力很好，但是经常逃课、不爱洗澡、在编程或玩牌时就只吃比萨饼，喝苏打水。从哈佛大学辍学后，盖茨与保罗·艾伦合伙创办了微软。

他 13 岁开始编程，并预言自己将在 25 岁成为百万富翁，结果 39 岁便成为世界首富，并在 1995 ～ 2007 年连续 13 年登上福布斯富豪榜榜首的位置，他一个人的财富要比全世界最贫穷的 50% 的人口财富总额还要多。

作为超级富豪，他是非常抠门的。一次比尔和一位朋友同车前往希尔顿饭店开会，由于去迟了，找不到车位。他的朋友建议把车停在饭店的贵客车位，盖茨不同意，因为贵客车位要多付 12 美元停车费，盖茨认为那是"超值收费"。他的朋友说"我来付"，盖茨还是不同意。作为一位天才商人，比尔认为："花钱像炒菜加盐一样，要恰到好处。盐少了，菜淡而无味，盐多了，苦咸难咽。哪怕只是几元钱甚至几分钱，也要让每一分钱发挥出最大的效益。"一年夏天，32 位世界级企业家（其总资产超过英国一年的国民经济总收入）举办一次"夏日派对"，比尔应邀出席这个盛会，他身穿的一套服装，是在泰国菩提岛休假时花了不到 10 美元买的，还抵不上歌星、影星干洗一次衣服所花的钱。盖茨说，一个人只有当他用好了他的每一分钱，他才能做到事业有成，生活幸福。

作为技术宅，盖茨的豪宅就是技术试验场，它占地约两公顷，总值约 1.13 亿美金，每年缴纳的税金超过 100 万美元。客厅摆放了一个水族宫，大到足够举行一场 150 人的鸡尾酒会。家是智能化的典范，来访者通过出口，就会生成其个人信息，包括他的指纹等，这些信息会被作为来访资料储存到计算机中。大门装有气象情况感知器，可以根据各项气象指标，控制室内的温度和通风的情况。住宅门口安装了微型摄像机，除主人外，其他人欲进入门内，必须由摄像机通知主人。每个来宾必须佩戴专门的胸针，否则访客就会被系统确认为入侵者，计算机就会通过网络报警。这个胸针还告诉房屋的计算机控制中心，访客对于房间温度、电视节目和电影的爱好。一旦选定后，就算是在水池中，也会从池底"冒出"如影随形的音乐。

盖茨的职业生涯是非常具有 5 号特色的：2000 年，44 岁的盖茨任命他的老朋友史蒂夫·鲍尔默为当时市值最高的微软公司 CEO，而自己任董事长和"首席软件架构设计师"。2008 年盖茨隐退并辞去首席软件架构设计师一职，并不再参与微软的管理事务。隐退后的盖茨专心于"比尔与美琳达盖茨基金会"，盖茨在遗嘱中宣布拿出 98% 的财富捐献给这个慈善基金会，用于研究艾滋病和疟疾的疫苗，并为世界贫穷国家提供援助，并且表示将只留几百万美元给他的三个孩子。

6. 经济沙皇 6 号艾伦·格林斯潘

图 9-6　艾伦·格林斯潘

美国对政府官员的挑剔可谓世界第一。一朝天子一朝臣，历届总统当选后，第一件事就是将内阁换上自己的人马。格林斯潘竟然是"三朝元老"，从里根到克林顿到小布什总统都担任经济大管家。他从 1987 年起连任美国联邦储备委员会主席 18.5 年，打破了两项纪录：一、美国史上最年长的主席；二、联邦储备委员会设立 86 年来任期最长的主席。他被称为全球的"经济沙皇""美元总统"，他的公文包里藏着当时美国乃至全球"经济引擎"的秘密，许多人将其与美国总统的核按钮相提并论。

　　格林斯潘 1926 年出生于纽约，4 岁起由离婚的母亲抚养成人。1954 年毕业于纽约州立大学，在华尔街与朋友合伙创办汤森－格林斯潘咨询公司，担任总裁，成为华尔街最精明的证券商人。他还游走于华盛顿官场。1987 年美联储主席沃尔克退休，里根总统钦定格林斯潘为美联储主席。这在当时引起了很大的争议。因为以前主席都是内部提拔的。然而格林斯潘以超凡的工作能力，回应了别人对他的怀疑。刚刚走马上任，就是 1987 年的美国股市的"黑色星期一"，许多投资者走上绝路。里根总统和格林斯潘的能力均面临公众的不信任考问。此时，格林斯潘以一个资深经济学家的敏锐，在最短时间内放松银根，中止了股市继续恶性发展。他的冷静出手，稳稳地拨正了美国经济这条大船的航向，也使里根总统免受弹劾之苦。从此，格林斯潘与美联储，在美国广为传颂。

　　1994 年他一次接一次地提高利率，被人视为"简直疯狂"；1998 年的亚洲金融危机中他沉着应战，三次削减利率，最终遏制住那次危机在美国蔓延的势头。一次次的辉煌使他被媒体称为"金融之神"。很多时候，人们分不清他与美国总统谁是谁的代言人。但大家都知道，只有格林斯潘才是股市的最大庄家。他一直紧盯美国的通货膨胀率：经济指标过热，他就做出调高利率的暗示，为过热的股市降温；一旦经济开始衰退，他就挺身而出，既给投资者吃定心丸，又有效遏制美国经济的滑坡。

　　美国一家电视台透露，美联储开会时，他们会派两个摄制组守在门外。一台摄像机用来拍摄格林斯潘的言谈举止，另一台专门拍摄他的公文包。如果公文包比较单薄，利率就不会调整；如果公文包鼓鼓囊囊，就预示着格林斯潘"有话要说"。全球金融界流传着这样两句话："格林斯潘一开口，全球投资人就要竖起耳朵。""格林斯潘打个喷嚏，全球投资人都要伤风。"

　　格林斯潘工作兢兢业业，从不张扬。他外表极其朴素，更像一位老学究：永远穿着一套深色西服，永远戴着一副黑边眼镜，讲起话来永远慢条斯理，没有太多的感情色彩。华尔街的投资者花了很大气力去研究格林斯潘的每次讲话，希望捕捉到一点蛛丝马迹，但总是非常失望。因为格林斯潘讲话总是模棱两可、语义暧昧。格林斯潘说："我花了不少时间努力回避问题，因为我担心自己说话过于直白。最后，我终于学会了美联储语言——含糊其辞。"

这种"美联储语言"还差点断送了格林斯潘的黄昏恋。格林斯潘与 NBC 高级女记者 3 号安德拉·米切尔交往了 12 年，然而由于他习惯性地使用"太多充满暗示"的语言，前后求了三次婚，对方才终于明白了他的心意。直到 1997 年婚姻才修成正果。

他深感自己的一言一行对美国投资市场关系重大，所以在办公桌上放了一块牌子——"钱从这里滚出来"。格林斯潘不炒股，大部分积蓄都投资在几乎没有风险的美国政府债券上（240 万美元）。他年薪 13.67 万美元，每年向外界公布自己的收入。

7. 商界嬉皮士 7 号理查德·布兰森

图 9-7　理查德·布兰森

看看，中间这位穿着红色西装、裙子，描眉画眼的"空姐"就是理查德·布兰森！他拿名下的维珍车队，与亚航老板托尼·费尔南德斯的莲花车队打赌，并约定谁的车队输了，谁就要在赢家的航空公司航班上扮成"空姐"服务旅客。结果他的维珍车队在一级方程式赛车中输了，所以 2013 年 5 月 12 日，从澳大利亚珀斯飞往马来西亚吉隆坡的 D7237 次航班上，布兰森在那趟慈善包机上充当"空姐"，提供一天的服务。包机安排 160 名乘客，其中一名乘客将竞拍得到一把剃刀，帮助布兰森刮腿毛，价高者得，起拍价 65 万美元。善款向澳大利亚星光儿童基金会捐献。

即使是平时，布兰森也是一头披肩长发，终日休闲打扮，玩世不恭，更像摇滚明星，而不是穿着西装的企业家。作为一个探险家，他还是"水陆两栖跑车成功穿越英吉利海峡""帆船跨越大西洋""热气球飞越大西洋""热气球飞越太平洋"的世界纪录保持者。布兰森的交际广泛，朋友不止有商务人士，也有政治家、慈善家、环境学者等等，比如克林顿、戈尔。

他创立的"维珍"品牌，在英国深入人心，认知度达到了"骇人听闻"的96%。这个品牌质高价廉，时刻引领时尚潮流，始终受到年轻一代的狂热追随。现在维珍集团是英国最大的私有企业，旗下拥有200多家公司，雇员约5万名，涉足的行业包括航空、电信、铁路、娱乐、旅游、百货、金融等。布兰森说："如果有谁愿意的话，他可以这样度过一生——喝着'维珍可乐''维珍果汁'长大，到'维珍唱片大卖场'买'维珍电台'上放过的唱片，去'维珍院线'看电影，通过网络交上一个女朋友，和她坐'维珍航空公司'的班机去度假，享受'维珍假日'无微不至的服务，然后由'维珍新娘'安排一场盛大的婚礼，幸福地消费大量'维珍避孕套'，直到最后拿着'维珍养老保险'进坟墓。如果还不够幸福的话，维珍还提供了大量的伏特加供你选择。"

布兰森就是传奇故事的代表，现在我们就来看看他是如何在美国推出维珍可乐的吧？世界上最大的可口可乐瓶在纽约时代广场，它20米高，13.7米宽，瓶盖会啪的一声打开，同时一支粗大的吸管从瓶中伸出来，随后瓶里的可口可乐神秘消失。1998年5月，纽约时代广场迎来了布兰森。他驾驶着一辆带有维珍可乐标志的二战英式坦克，辗过可口可乐罐垒成的围墙，并朝着可口可乐的标志牌"开火"（前一天晚上，维珍烟火专家偷偷地接通电源，布兰森一按开关，可口可乐的标志牌看起来就会出现被烧得化为乌有的效果），宣布维珍集团正式向可口可乐宣战。布兰森一脸坏笑，一脸得意……全世界各地媒体竞相报道了这一事件。维珍可乐也一度在美国市场占有率达18.5%。

对布兰森来说，众生平等、没有等级差异是非常重要的。公司里每个人对布兰森都直呼其名。在维珍创立初期，每一位新员工都会得到布兰森家的电话号码，布兰森鼓励他们，若有任何好的想法，或者有何不满，可随时打电话给他，可以来他的私人住所，甚至在狂欢中布兰森被员工戏弄的事也常有发生。维珍航空在与英航官司中胜诉并获得61万英镑赔偿后，布兰森将这笔钱平均分给每一位员工，每人都分到166英镑的"英航奖金"。这就等于传递了一个信息，是全体员工共同打赢了这场大胜仗。布兰森曾花费 500 万澳元买下了澳大利亚东部面积 10 公顷的一座小岛，专供自己公司的员工度假之用。

8.IT 业的巴顿将军 8 号史蒂夫·鲍尔默

图 9-8　史蒂夫·鲍尔默

与"含着金汤匙出生"的比尔·盖茨不同，史蒂夫·鲍尔默在底特律的郊区长大，父亲是瑞士移民，从会计做到福特汽车公司的中层。鲍尔默在哈佛大学是盖茨的室友兼好友。两人都精力充沛，喜欢数学，爱逃课，但考试时成绩很好。盖茨称鲍尔默"是个夸夸其谈的社交动物"，他好动、爱社交、气质上佳，一直喜欢管理，在哈佛大学就管理过运动队和学生报纸。哈佛毕业后去了宝洁做产品经理，一年后去斯坦福大学读 MBA，读了不到一年即在盖茨游说下于 1980 年加盟微软。

盖茨游说鲍尔默加盟是因为当时微软管理混乱，对招聘和产品定价等摸不着头脑，自己的精力被太多的琐事消耗殆尽。"我现在需要你，快来帮我一下吧，然后你可以回到世界 500 强企业去工作。"从未接触过 PC 的鲍尔默成了微软第 28 位员工——微软第一位非技术人才。鲍尔默性格外向、作风强悍，但为人十分持重、低调。

作为"异质元素"，刚加盟时，老员工并不喜欢鲍尔默，因为他们发现鲍尔默享有比他们技术天才更高的待遇。这使鲍尔默推行的薪酬改革计划流产。鲍尔默进入微软一个月，就与盖茨就招聘新员工事宜频繁争吵。鲍尔默说公司要招聘 40 名新员工，而目睹很多客户破产的盖茨吼叫："公司最好在银行里储备大量现金，而不是疯狂扩张。我让你从商学院辍学到这里，不是想让你把微软弄破产的！"鲍尔默不是选择闭嘴，而是愤怒地顶撞盖茨。最终双方达成的协议是：还是招聘新员工，但要非常挑剔。微软公司独特的招聘策略开始了。

作为"救火队长"，鲍尔默从西雅图电脑产品公司手里收购了DOS操作系统，成功推销了WINDOWS 95，建立了微软的全球销售体系。他同英特尔公司和IBM谈判，招聘高素质的管理人员，管理重要的研发团队。鲍尔默很快证明了自己的价值，并成为公司总裁候选人之一。1997年鲍尔默的母亲去世，鲍尔默受到沉重打击，他请了3个月的长假回家照顾同样患肺癌的父亲。大嗓门的鲍尔默出奇地安静。他已萌生退意，盖茨用总裁的职位才将他挽留下来。

到1998年7月鲍尔默才被聘为微软总裁。此时除了首席技术官向盖茨汇报外，包括首席运营官都开始向鲍尔默汇报。因为董事会顾虑的是他的激烈个性：他在高兴或发怒时，都会发出电击般的大吼。他爱向下属提出一针见血、令人难堪的问题，让自控力差的员工如坐针毡。他会头脑发热，冲动行事：1997年司法部表示要对微软的垄断行为起诉时，鲍尔默当众对记者们说"让雷诺（美国司法部长）见鬼去吧！"这句话迅速成为美国报刊头条，被美国媒体描述为"坏家伙"。

鲍尔默身材魁梧，大嗓门，激情四溢，肢体语言丰富，具有极强的激励才能。他讲话时需要把麦克风别在比一般人低很多的位置，否则声音会太大而刺耳。公司年会上，他上台前从台下过道跑去，途中和员工一路击掌。到了台上已是气喘吁吁、大汗淋漓，仍然声嘶力竭地喊出："I Love the company！"引发万人热血沸腾，起立鼓掌，场面极富感染力。在一次全球销售会议上，他高喊："Windows! Windows!"用力过大，把声带喊破了，只好去做声带修复手术。

同时他不乏理智、魄力与风度。他会将竞争对手置于死地，人们还是敬重他，喜欢与他打交道。担任总裁后，盖茨说："鲍尔默是我最好的朋友。我们热爱共同的工作，一起迎接挑战。我们彼此信任并理解对方的想象。"鲍尔默动情地说："我们的友谊与日俱增，这有点像婚姻，彼此都想证明自己的忠贞。"

1999年3月，鲍尔默与盖茨推出了"VV2"重组计划。这是对微软文化的彻底改变，将"以产品为中心"的工程师文化，向"以客户为中心、以技术为中心、以服务为中心"的开放文化转变。盖茨营造的"相互挑剔、相互竞争、相互超越，对竞争对手的毫不留情"的企业文化，走向鲍尔默提倡的"激发个人潜能，实现企业潜力"、公开辩论、互相尊重的企业文化。微软公司变得更加和善可亲，员工能够获得更多尊重。微软被分成八个享有一定自主权的部门。员工开始走出办公室拜访客户，投诉电话的解决效率也纳入部门的盈亏报告。

2000年1月，44岁的盖茨任命好友鲍尔默为微软公司CEO，自己任董事长和首席软件架构设计师。盖茨的公开亮相仅限于讨论微软的新技术方向。此时IT业一片萧条，公司员工饱受司法部官司的折磨，几十位经验丰富的经理和工程师离开了微软。

鲍尔默是个典型的控制狂，痴迷于销售、成本控制和市场推广的全部业务细节。他发现微软在线业务严重亏损，就将办公室搬到微软在线业务总部附近，花费一年时间来负责业务运作。他要求业务利润、市场占有率、客户满意度等必须靠数字说话。

2013年9月26日，微软CEO史蒂夫·鲍尔默在最后一次作为CEO出席的公司会议上与微软做了道别。在演讲中，鲍尔默一度落泪，大声告诉员工"我们会再次改变世界"，并感谢员工对微软的贡献。

9. 被逼上梁山的留学教父9号俞敏洪

图9-9　俞敏洪

家中有孩子的人，也许没有听说过俞敏洪，但是对新东方一定不会陌生，而且可能有送自己孩子去新东方学习的经验，因为这是个累计培训学员1200余万人次的机构。

新东方教育科技集团的掌舵人到底是什么样的呢？请看《俞敏洪传奇：从草根到精英的完美奋斗历程》的评价："从一名初中毕业的乡村拖拉机手，到一名乡村教师；从高考三次不中，到北京大学的高材生；从校园里内向自卑的丑小鸭，到英语系里耀眼的单词王；从被北大扫地出门的穷酸教师，到名动大江南北的培训界领军人物；从大街小巷刷广告的个体户，到亿万身家的上市公司老总；从付不起学费无缘出国的可怜虫，到学员遍布美国的'留学教父'。"

听起来似乎有传奇人生的感觉，其实如果有选择，不到被逼无奈的份上，9号是不会选择创业的。我们慢慢道来。

俞敏洪自己在北京大学2008年开学典礼上说："我的英语水平很差，在农村既不会听也不会说，只会背语法和单词。我们北大分班的时候，50个同学分成3个班，因为我的英语考试分数不错，就被分到了A班，但是一个月以后，我就被调到了C班。C班叫做'语音语调及听力障碍班'。"但是俞敏洪就是能下功夫，决定死记单词。"你只要比别人多努力一点就行。别人一天学习10个小时，你一天学习11个小时，这样一年下来，你就比别人多学习365个小时，也就是说你比别人多学习了近两个月的时间。别人一天背100个单词，你一天背110个，这样一年下来，你就比别人多背了3650个，最后别人的词汇量是无法和你相比的。"大学期间他的词汇量在班里绝对无人能比。

从北京大学毕业后，俞敏洪留校任教。当时正是留学潮兴起的时候，俞敏洪的许多同学都出国留学去了，他看得心里痒痒的，也拼着命考TOEFL、考GRE，为出国留学作准备，结果拖沓三年半出国未果。而当俞敏洪在外从事第二职业时，北大毫不留情地给予他行政处分。而最后弃教从商的决定，在一定程度上要归功于妻子没完没了的唠叨。

俞敏洪这样形容当时的情况："身无分文，联系出国，实在没有太大的希望，我的老婆有时会在我身边说，某某又走了，某某又走了，你真窝囊，到现在还没有出去。像这样的话，尽管不算骂你，但是作为一个男人，男人做事应该顶天立地，当你听到这样的话，发现自己无能的时候，你的心肯定在流血，所以你就不得不去奋斗。也就是因为这样的推动力，导致了今天新东方的萌芽。"

1993年，北京的首家新东方学校就在这样的背景下诞生了。创业初期，为了开办GRE班，俞敏洪备课时翻破了两本《朗文高阶英汉双解词典》。他在大街上遇到朋友时，会两眼放光，激动万分，不顾川流不息的车流、人流的阻隔，冲上前去，紧紧握住对方的手，良久蹦出一句"考我单词吧"，并且有"不把我考倒不让你走"的架势。其实谁考得倒老俞啊……市面上已买不到他能用的单词书了，全背完了呀！他便自己编写了一本GRE词汇书，绝对是地地道道的"God Read English"。里面的单词到了什么样的地步啊，有人看到一只从墙角爬出来的虫子，就问老俞这家伙英语怎么说。老俞看了一眼，竟说了一句"阿斑斯特食草蜘蛛"……

我们再来看看俞敏洪是怎么面对各种冲突的。1997年，俞敏洪的母亲在新东方学校附近办起了餐馆，为新东方学员提供盒饭，后来还将提供空磁带的业务也包揽下来。老太太精明能干，将生意做到了1000万元的规模。母亲的天性就是护子，在老太太看来，徐小平、王强都在欺负儿子。她对王强说："你回来是因为敏洪待你厚，可是你待敏洪薄。"老太太的话，经常气得王强想飞回纽约。俞敏洪非常孝顺，王强成为CEO后，俞敏洪豪爽地对他说："你当CEO，想炒谁就炒谁。"王强立刻反问："也包括你妈？"俞敏洪说："当然包括我妈。"但过了10分钟，俞敏洪又说："王强，你炒谁都行，希望对我妈手下留情。"有一次，俞敏洪为了平息母亲的怒气，当着大家的面，扑通一声跪在了老太太面前。

2001年8月，在新东方股东大会上，王强提出辞职。第二天，徐小平也向俞敏洪递交了辞呈。这对俞敏洪来说就如同晴天霹雳，当时新东方有"三驾马车"，即徐小平、王强、俞敏洪，三驾去其二，还会有新东方吗？没办法，俞敏洪只好又一次妥协。他说："我希望王强和（徐）小平留下来，对新东方有好处。如果以我一段时间的离开或者彻底离开，能换来新东方团队的团结，我愿意。如果能以我的离开换来新东方的发展，我会高兴一百倍一千倍。我愿意用个人换回新东方，用生命换回新东方。"

2006年9月7日，新东方在美国纽约证券交易所成功上市了。当天，有员工跑到他的办公室，没大没小地直接问道："老俞，公司牛了，我们是不是该涨工资啦？"在新东方，没有人害怕俞敏洪，关于损他的各种段子倒是层出不穷。新东方上上下下没有人喊他老板。但是俞敏洪是有底线的——"凡是不符合我价值观的钱我都不赚。"

随着国际融资、国际化改造，还有全国的布点布局，俞敏洪开心了吗？我们来看看他的反思："当时野心太大了，现在留给我的是难以承受之重。当你发现自己给自己制定一个难以承受之重的目标后，煎熬和痛苦便呼啸而至。新东方是一条不归路，让我不得不走下去。"

"做得特别累的时候，我很想关掉新东方，都没有做到，因为我发现要为4000员工负责，为股东负责，为自己负责。我有时候想，假如新东方没有了，人家会把新东方和我收到全国所有的MBA案例中，那时我还是会出名，但那是负面教材了。"

这就是俞敏洪，一个善于在演讲中激励学生的"圆梦大师"，一个没有一点架子、任由员工"开涮"的亿万富豪，一个让创业伙伴不得不服气的校长。

领袖，顾名思义是做出表率、带领大家创造杰出成就的人。事实上，从九型人格的角度来看，无论我们属于哪种类型的人，我们的身上都存在许多不同的优秀品质，但是如果不能对其加以正确利用，那么就只能平凡度过此生，难有作为。反之，如果我们能够对自身有深层洞悉，然后扬长避短，就极有可能创造一个属于自己的奇迹。以人为镜可以知得失，在此，希望通过对九种型号的杰出领袖事迹的介绍，让在领导路上摸索前行的你有所感悟，在他们的身上寻找自己的影子，成长为一名卓越领导者。

九种领导艺术的体现

前文分享的九位杰出领袖，代表了九种截然不同的领导艺术。下面，我把它们分型号做更为细化的总结和讲解，以便大家对九种不同类型的领导艺术有一个全面的了解。

1号的领导艺术

（1）强硬正直的领袖，以强硬的手腕与属下分享心中的想法；

（2）非常乐意去更正他人，在着手批判下属绩效或其他表现时，从不怯懦；

（3）借助不厌其烦地解说计划、系统及程序来领导，也喜欢接受正确详尽的汇报，不善授权，容易忽略全局，缺少创新意识；

（4）会建立普遍可行的道德氛围。

2号的领导艺术

（1）毫不迟疑地怂恿权威人士加入事业；

（2）人道主义的管理方式，将金字塔型的组织形态翻转过来；

（3）积极的干涉主义者；

（4）授权他人，使他人忙碌，启发他人；

（5）真正的成功以他们对客户及员工造成的影响来评估。

3号的领导艺术

（1）喜欢复制成功，并进行出色的包装，独创性不太在行；

（2）擅长适应的功利主义者，只要你能把事情做好，他们都能忍受；

（3）相信努力工作者、承担义务者以及成功者才能生存，喜欢唯才是用；

（4）擅长快速决策、设定清晰目标、分配责任，在团结他人、培养团队时显得有点急功近利；

（5）会干掉任何不重视自己工作的人。

4号的领导艺术

（1）浪漫、热情而任性的明星，有着强烈的个人意愿，靠自我性格的力量领导；

（2）可能广受赞扬、有影响力，也可能专制而无法接近，关键在于他的心情；

（3）在创意中独断专行；

（4）努力地追寻无懈可击的梦想，他认为不重要的细节，会被完全搁置在一边。

5号的领导艺术

（1）喜欢掌控，野心勃勃，甚至冷漠无情地追求控制权及战利品；

（2）重视在数据、信息分析基础上决策，能巧妙处理许多复杂情况，在思想及研究的天地里纵横驰骋；

（3）专注于自己的世界时，不喜欢被干扰；

（4）掌握资讯，权威来自他们的专业、知识或技能；

（5）既不干涉他人，也不建立人际关系，不喜欢监督下属。

6号的领导艺术

（1）善于团结一切可以团结的人一致对外；

（2）对鼓舞人心的领导方式不在行；

（3）洞察力强，能发现、预测潜在的问题；

（4）面对重大决策时，担心最坏的结果，在自我怀疑和焦虑中，容易优柔寡断；

（5）努力避免责备他人，可能以口头命令代替文书，承诺模糊而且留有余地；

（6）当他决定肩负起责任时，会思虑周密，意志坚定，谨慎使用权威，忠诚而体贴地对待同事和下属。

7号的领导艺术

（1）靠新点子和四处游荡来管理；

（2）思维发散、决策多变，下属很难适应；

（3）反对集权的平等主义者，善于授权；

（4）平易近人，不断地支持下属；

（5）承担责任时借口很多，似乎没有担当；

（6）经常抗拒世俗对成就的计算方式。

8号的领导艺术

（1）天生的暴君，以火爆脾气及强硬恐吓、制造报复的恐怖氛围来管理；

（2）宁愿以命令管理，也不愿依赖现行制度、程序；

（3）大胆地利用财力及权势去追求利益，同时也是建立默契的功臣；

（4）有效地驯服不安定的对象及改变未知的环境，因此坚强的意志力，甚至无礼粗鲁都是必要的。

9号的领导艺术

（1）亲切、不直接指示，也不激进，靠建立一致的默契来激励人心、进行管控；

（2）通过与员工持续交流，了解员工心中对工作的看法；

（3）避免与员工正面冲突，不去指责特定的员工；

（4）重视过程而不是问题本身，甚至试图逃避问题。

领导艺术是领导者个人素质的综合反映。黑格尔曾说过："世界上没有完全相同的两片叶子。"人也一样。不同性格的领导者，都有各自不同的领导艺术。事实上，每种领导艺术之间并不存在所谓的高低优劣，真正存在高低优劣的是领导者本身。

真正出色的领导者，永远知道如何清楚地辨别自己的性格类型，以深入自己的内心，对自己有一个全面而深刻的认识；真正出色的领导者永远不会被表面的现象所迷惑，知道如何准确地找到真正适合自己的领导艺术，且将自己的风格发挥到极致，让自己成为旗帜和图腾，成为凝聚力本身。

主型不同带来的领导优势和挑战

不同人格造就截然不同的九种主型，而主型不同的领导者，其自身优势和面临的挑战也各有不同。九型人格是一门深奥的学问，需要我们潜心去研究和探索，一个人的性格对于这个人未来的成长有着难以忽略的影响，因此，在领导力的培养过程中，我们要对自身所属主型有一个全面的认识。真正认识自己，了解自身所存在的优劣势，才能更好地成长。

不同主型往往会带来截然不同的领导风格，我们需要客观理性地对待自己的领导优势和挑战，这样才能有效地扬长避短，成长为一个卓越的领导者。为了让大家对自身有一个更好的认识，下面我就以表格的形式对九种主型的领导优势和挑战做一个详细的介绍。

1 号的领导优势和挑战

优势	挑战
使用实例进行引导	对刺激易起反应
努力追求质量	过于挑剔
追求完美	受到批评就开始自我辩护
有组织	意识不到自己的愤怒
稳定	过于关注细节
感觉敏锐	受控制
诚实	固执己见

2 号的领导优势和挑战

优势	挑战
建立出色的人际关系	予人方便
认同、理解别人的感受	不够直率
支持他人、慷慨	很难拒绝别人
乐观	不受赏识时变得愤怒
讨人喜欢	意识不到自己的需要
负责、认真工作	过于强调人际关系
洞察他人的需要	当他人被错误对待时感到愤怒
激励他人	意识不到自己给予是为了索取

3 号的领导优势和挑战

优势	挑战
以成功为导向	过于喜欢竞争
精力旺盛	不总是非常友善
很好地理解听众的心声	生硬
善于解决问题	隐藏内心的感受
乐观	过于分散自己的精力
具有企业家精神	没有足够时间关注人际关系
自信	对他人的感受觉得不耐烦
达成结果	相信自身形象真实反映自己

4 号的领导优势和挑战

优势	挑战
通过人际关系寻找意义	紧张
充满激情	过于关注自我

优势	挑战
有创造力	情绪化
好内省	容易感到无聊
有直觉力	被羞愧感折磨
富有同情心	很难接受批评
追求卓越	醒悟过后又开始批评别人

5 号的领导优势和挑战

优势	挑战
爱分析	割裂
有洞察力	冷淡
客观	过于独立
有条理	有所保留
充分规划	对人际关系不够重视
紧要关头有卓越表现	不愿意和他人分享信息
坚持	顽固
老练	对他人挑剔

6 号的领导优势和挑战

优势	挑战
对公司和员工忠诚	保持警惕
负责任	忧虑
有实际经验	过于顺从或过于挑衅
团队合作	不喜欢模棱两可
具有战略思维	分析能力会暂时瘫痪
才思敏捷	把自己的想法归因于他人

优势	挑战
坚定不移	防御性
善于预见问题	牺牲自我

7 号的领导优势和挑战

优势	挑战
富有想象力、创造力	冲动
充满热情	对他人的情感前后不一致
好奇	反叛
投入	回避痛苦的感觉
多任务处理能力	精力不集中
乐观	对负面反馈反应过度
思维敏捷	为自己的行为辩护
可以接受完全不同的资料	对他人挑剔

8 号的领导优势和挑战

优势	挑战
直接	爱控制
自信、权威	苛求
高度战略导向	对自己和他人期待过高
克服困难	没耐心
精力充沛	别人速度慢会非常生气
保护他人	若别人不按预期行事，就觉得被利用
推动项目向前发展	瞧不起软弱的人
支持别人的成功	过于耗费精力

9号的领导优势和挑战

优势	挑战
老练	避免冲突
通过运作细节走向更大格局	有所保留
悠闲	分不清轻重缓急
稳定	过于拖拉
包容、协助	面对压力时消极抵抗
发展持久人际关系	优柔寡断
耐心	不确定
支持别人	精力不充沛

　　这个世界上不存在完美的人，也自然不存在完美的领导者，每一个领导者在享有其性格带来的优势的同时，也必须接受其性格本身所带来的挑战。而我们要做的就是在对自己的主型有一个深刻的了解之后，尽自己所能地克服性格上的缺陷，发挥优势，做到扬长避短，以最为饱满的状态迎接生活赋予的每一个挑战。

九种领导艺术提升的方式

　　领导力的高低直接影响企业的未来。从某种意义上来讲，领导力的实现其实就是一个培养自身能力、令别人信服的过程。领导者可以借用这种力量，调动企业上下共同为完成领导者所期望的目标而奋斗。但是，需要注意的是，领导力并不单纯是权势的代表，二者不能混为一谈。领导力主要来自两个方面：一是职位本身所赋予的权力，别人只能被动服从；另一个则来自领导者本身，是指领导者依靠个人魅力使下属产生主动跟随的行为。

　　因此，虽然很多时候，领导者是凭借他们的权势服众，但是并不是所有当权者都真正具备领导能力。很多人认为领导力只可意会不可言传，这是一种天生的东西。但是事实却并非如此，领导力其实是每一个人都可以具备的能力，是可以经过后天培养而得来的。事实上，只要我们能够把自己和他人的最好状态都能够有效地激发出来，我们自身的领导力就能够得到很好的释放，就能成就非凡的事业。

古语云："一屋不扫，何以扫天下？"但问题在于扫掉什么，当一个人被内在主观的认识所填满时，是无法做出正确判断的，而主观认识和主观判断，恰恰受我们性格模式的支配。因此，认识自身性格中的盲点，是领导者提升的关键，而这也恰恰是很多领导者都忽略的一环，而领导者的觉醒程度，恰恰对团队的管理效率具有决定性的作用。基于此，下面我们就根据九个型号领导者的不同特点，来分别提出相应的提升建议。

1号领导者

把有效代替正确作为衡量标准；把工作更多授权给下属；放松，让工作充满更多乐趣。

张明是一家酒厂的老板，也是一个典型的1号性格的人。对于工作，张明有着非常严谨的要求，登门拜访、产品推销、后期维护……事无巨细，公司的每一件事情他都喜欢亲自过问，然而忙碌的工作却并没能给酒厂带来更快的发展。相反，长期以来的工作习惯养成了员工们对他的过度依赖，相对于这个领导，员工却显得格外清闲，管理层形同虚设，不仅使管理人员成长缓慢，还使他们产生了一种不被信任的感觉，人员流失格外严重。

更为重要的是由于分身乏术，张明很少有时间去思考酒厂的未来，酒厂经营情况反而每况愈下。由于付出和回报远远不成比例，张明的压力也越来越大，工作起来也越来越力不从心，工作对于张明来说已经成为一种沉重的负担，当初创业的激情和乐趣早已消失得无影无踪，酒厂最终还是无奈关门了。

身为一名领导者，总是以自己认为正确的价值观去工作，而不授权给下属，是造成张明最后凄惨结局的直接原因。张明的案例告诉我们，身为一名领导者，不能疲于奔波，而是要懂得适当放手，学会享受工作带来的乐趣，享受工作。并不是所有的付出都会得到回报，用错了方式，一切都只能是徒劳。

2 号领导者

学会说"不";减少公司对自己的依赖;领导时多一分客观,少一分情绪化。

欣欣是个热心肠,平日里见到有人遇到困难,总会伸出援手,做些力所能及的事,因此,无论是工作还是生活中,都有很好的人缘。

但是情况却在她升职为主管之后发生了很大改变。升职,本来是件好事,为了证明自己,欣欣工作起来更加主动积极,那些别人不愿意做的脏活累活,她都会主动揽下来。起初,大家都很高兴。可是渐渐地,公司就习惯性地将别人不愿意做的工作交给她,即便有时会安排不开,欣欣也不好意思拒绝,认为那是公司对她的信任。

然而,由于这些大多是些复杂且收益较低的工作,为了完成任务,大家不得不采取不分昼夜的工作模式,加班成了家常便饭。长此以往,欣欣手下的员工积怨不断累积,终有一日,出现了欣欣组员大规模的罢工事件,欣欣也因此不得不引咎辞职。

欣欣作为领导者,为了公司增加业绩,愿意帮助公司承担一些难题本是好事,但是由于其不懂得把握尺度,不会拒绝,反而弄巧成拙。这是 2 号领导者普遍存在的一些困扰,如果你是 2 号类型的人,记住,一定要学会说"不",客观地面对事情,避免情绪化,才能有建树地领导团队。

3 号领导者

多关注自己对别人的影响;减轻竞争意识,建立高效团队;有意识地了解真实的自己。

李春是个好强的人,极度渴望成功,在工作时经常显得有些忘我,"工作狂"是大家对他的普遍评价。为了提升整体业绩,公司作出决定,将现有团队分为两个小组,李春和另一位同事,分别带领。每个月,公司都会按照团队业绩进行评选,丰厚的奖金,以及象征荣誉的"流动红旗",成了大家奋斗的目标。李春对于工作的热情,很好地带动了组员,首次评选,便拿到了销售冠军,看着门前的"流动红旗",感觉那是自我价值的体现。

然而,另一组的实力也不容小觑,很快,销售冠军的位置便失守了。一连数月的角逐，两组实力不分上下，各有输赢。渐渐地，为了得到荣誉，李春显得越发焦躁，不断训斥业绩不好的组员，使得大家敢怒不敢言。同时他又擅自压低市场价格，争抢客源。但是恶性竞争导致了市场价格的混乱，使公司丢失了许多客户，最终，李春迎来的不是荣誉，而是公司的辞退决定。

不可否认，李春本来是一名非常优秀的员工，然而作为领导者的他，却由于缺乏对自我清晰的认知，过分强调竞争意识，使其最终丧失自我，从而引发了悲剧。在这里，提醒广大 3 号领导者们一定要注意团队意识，不要过分在意个人成绩，多多听取员工建议，才能提升自己的领导艺术。

4 号领导者

多关注别人，而不是自己；降低自我表达的意愿 50%；学会宽恕和放下。

张霞是某杂志社的编辑部主任，喜好观察，敏感的个性以及对美感的表现，使她出版了许多有影响力的文章。后来，公司为了配合她更好地完成工作，特意高薪聘请了一名前线记者玲玲。玲玲五官精致，身材高挑，并且有着多年的采访经验，工作能力十分突出。但是一向喜欢以自我为中心的张霞却不以为然，即使玲玲多次出色地完成任务，在张霞眼中，她仍然"差得远"。对于玲玲采访的资料和建议，张霞总是喜欢选择忽视，仍然一意孤行地按照自己的意见处理问题，渐渐地，张霞出版的刊物文章，引起诸多客户的不满。

一味地以自我为中心，不关注他人的能力，自恃清高，是以张霞为代表的 4 号领导者存在的最大的问题。对于这部分人来讲，学会降低自我表达的意愿，适当放下，多关注他人是非常关键的一课。

5 号领导者

关注团队协作的改善；关注公司政治的影响；停止制定战略，开始行动。

某公司成立之初，面对企业管理问题，特聘请世强为总经理助理、企业顾问。世强任职期间，针对公司管理问题，出台诸多管理方案，改进公司薪酬制度，设立绩效考核制度。起初，新的绩效考核很大地改善了员工的工作态度，并很好地调动了工作积极性，对此，总经理颇为满意。

然而，虽然世强制定的薪酬制度非常完善，但是实施的效果却并不好。原来，新的薪酬制度实施后不久，员工的工作效益得到了大幅度的改善，这使刚就职不久的世强感到了新的担忧：公司收益没有明显增加，反而在薪水开销方面多了一大笔支出。因此，他开始对薪酬制度进行不断的改革。制度的朝令夕改和执行力的缺乏很快便引发了公司内部的不满，员工们的工作态度也越发消极。看到如此反应，世强及时与总经理沟通，并通过自我反省，终于意识到自身错误。他开始改变思想，更多地关注团队协作，减少战略制定，努力提高团队凝聚力。现在和谐的气氛以及公司收益的增加，是对他最好的肯定。

5 号领导者老练、客观，在紧要关头常常能够表现出非同一般的领导力，但是，如同世强一样，他们不善交际，在团队协作方面有所欠缺，思想积极，行动力不够。想要成为一名优秀的领导者，5 号必须加强这个方面的锻炼。

6 号领导者

处理好自己与权威人物的关系；学会控制自己的焦虑和怀疑；培养旗鼓相当的对手。

良好的工作态度使得赵鹏被提升为公司的项目经理，他高兴的同时又显得十分焦虑：自己又没有什么作为，却被如此提拔，会不会是公司的有意嘲讽，或是什么暗示。他开始不断怀疑自己，对一切事情都产生了质疑，甚至怀疑领导是有意给他找难题想要他主动离开，因此在后来的几次会议上，他都对领导层的安排表示不满。

然而，事实证明，虽然他平时的抱怨牢骚很多，但是所带领的团队却是十分有效益的，稳扎稳打，不仅能完成公司指派的工作任务，并能够很好地给出反馈意见，也正是在这样的工作中，他才意识到了自己的价值。对自己的肯定，使他理解了领导层当初的安排，原来不是自己没有能力，只是自己没有意识到。渐渐地，他不再显得那么焦躁，会议上，也显得谦逊很多，虽然偶尔也会提出异议，但也都是十分有价值的意见。并且，他将目光放在了更高的职位上，并为此努力。

焦虑和怀疑是一个人能力的最大杀手，对于一名领导者来说，学会适当管控自己的情绪是非常重要的。案例中赵鹏就是由于及时管控好了自己焦虑的情绪，不再怀疑自己，并且能够主动改善与领导层的关系，树立目标，才最终成了一个合格的领导者。所以，6号性格的人群，若想提升自己的领导艺术，就一定要注意克服自己过分怀疑与焦虑的缺点。

7号领导者

放慢自己速度的50%；学会发现批评中的正确观点；完成自己的任务。

陈浩是个天生乐观者，敏锐的洞察力和思考力，使他在职场上如鱼得水，游刃有余，很快被提升到了部门经理的位置。然而，上任之后，由于过于追求速度，急于求成，反而使部门业绩停滞不前，陈浩对此很是苦恼。经人指点，陈浩逐渐意识到自己性格中的缺点，并且积极改善，向行业前辈虚心请教。面对决策上的错误，虚心接受他人的批评，及时改正。通过自身的不断完善，他不仅仅在业内赢得了一致好评，更是令自己手下员工十分信服，终于在生意场上，做出一番成绩。

一时的小聪明，远远不如长久的大智慧。人终会犯错，难得的是可以虚心接受他人的批评，并及时改正。对于陈浩这样的7号领导者来说，一定要记住：只要你能够学会沉住气，静下心，一步一个脚印，用正确的态度面对工作和生活，就一定会实现自己心中的理想。

8号领导者

工作时永远不要大声吼叫；责备别人时要非常小心；考虑与自己不同的观点。

充满诱惑力的股票市场，虽然成就了一些人的梦想，却泯灭了更多人的幻想。马瑞作为一家股票公司的技术领导，果断、强势的性格，使他拥有非凡的成绩。但是，他也有自己的苦恼：他的人际关系非常糟糕。性格强势的他对技术员的要求十分严格，常常因为他人一不小心的失误或买卖时的犹豫，而大声责备，使得众人一看到他，就变得十分紧张不安。长此以往，同事们都不愿意和他打交道，甚至会不自觉地疏远他。他的工作业绩也因此有了大幅度的下降，最终在众人的排挤下，马瑞不得不离开了公司。

马瑞的性格太过强势，领导者虽然要有一定的气场与威慑力，但也要控制好分寸，过度的强势，只会让领导者失去礼貌与风度，失去下属的拥护。所以，对于8号领导者，我要提醒的是：一定要学会控制自己的情绪，让自己温和一点，永远不要在工作时大声吼叫，想要赢得别人的尊重，首先要学会尊重别人。

9号领导者

更多地表达自己的观点；强调最重要的目标和任务而不是细节；完成办公桌上积压下来的工作。

亲切、不直接指示、注重员工内心想法、避免与员工正面冲突是9号领导者最为明显的领导艺术表现，而杨磊就是这样的一个人。他是某广告公司的设计总监，他所领导的团队是公司内最为和睦的一个，常常让其他部门羡慕。他对手下的每一名员工的性格和状态都了如指掌，一旦发现有人情绪不好，便会亲切询问。一看到大家工作疲累的时候，便会临时放假，组织大家出去聚会、聚餐，这样的领导，这样的工作氛围自然是让人羡慕的。

然而，这样做的弊端也很快浮出水面。由于过于注重细节，他的工作组是工作量积压最严重的，工作进度也常常无法跟上其他部门。在多次受到领导批评后，他开始自我反省，终于意识到这样下去后果的严重性。于是，第二天，他召集所有下属，郑重宣布，一定要在规定的时间内完成工作任务和目标，只有完成了正常的工作，才可以做其他的事，完不成的，则要按未完成的工作量进行处罚，并扣除奖金。事实证明这一政策的实施确实是非常有效的，在众人的努力下，他们终于能够及时赶上其他部门的进度，并且成功完成了公司交代的任务目标。

9号领导人十分善于体察他人，这的确是好领导的必备条件，但需要提醒的是，做事要能够分清轻重缓急，过分强调细节而忘记最重要的目标和任务就得不偿失了。

最后，我想再次强调的是，领导力并不是与生俱来的，它是可以通过后天的学习逐步培养起来的。目前，已经有越来越多的公司开始重视领导力的开发和培养工作，在企业内部设立一系列的管理培训课程，但是需要注意的是，领导艺术的提升并不是一个课程，它更多体现的是一种文化，一种重视人才的文化。人才是企业的资产和灵魂，企业必须重视人才的培养工作。对于领导者来说，只有快速认清自身管理上的不足，对自己和他人都有一个更深层次的认识，才能更好地提升自身的领导能力，在管理工作中游刃有余。决策决定成败，让我们先从自身的改变开始，努力成为一名优秀的领导者。

第 **10** 章

战略性思维：九型人格的战略定位

战略性思维是对组织层面产生影响的重要能力，是决定组织前途命运的核心能力。
然而，目前国内的企业家和职业经理人普遍缺乏系统制定战略的实践，即使是世界
500 强企业参与全球化战略制定的机会也相对较少，所以，加强国内企业该项能
力的培养至关重要。而不同性格的领导者在战略性思维和行动上有着不一样的看法，
因此在培养和实战过程中也不能一概而论，对症下药才能取得良好效果。

高明的棋手，要能够筹划全盘

要看清大趋势、大方向，就要登高望远。联想创始人柳传志曾经说过："第一你要站得高，站在高处看风景；还要看得远，远一些才能看到发展的态势，才能从中捕捉到趋势的变化。"企业经营发展，首先就要解决企业从何处来、到何处去的问题。企业领导者要能登高望远，在落子之前，已经谋划全局、胸有乾坤。

高瞻远瞩，谋定而后动，这是下棋的所有讲究。对于领导者来说，企业就是一盘棋，讲究的是举棋落子、有进无悔。这就要求领导者胸有大乾坤、大气象，运筹帷幄之中，决胜千里之外，筹谋全局，将企业提升到新的战略高度。

在给大中型企业做管理培训时，我几乎和每一家企业的领导者都会谈论该企业的战略经营和管理问题，因为我认为一家企业的未来发展如何，前景如何，从它的企业战略经营和管理上就可以得知。企业战略绝不是空洞、虚无的东西，它在企业发展过程中发挥着极为重要的决策参照的作用，能对企业的资源配置和发展方向加以约束，最终保障企业顺利实现自己的目标。

企业战略管理的鼻祖伊戈尔·安索夫（Igor Ansoff）最初在其 1976 年出版的《从战略规划到战略管理》一书中提出了"企业战略管理"一词，并在书中指出："企业的战略管理是指将企业的日常业务决策同长期计划决策相结合而形成的一系列经营管理业务。"其实，通俗一点讲，企业战略管理是确定企业使命，根据企业外部环境和内部经营要素确定企业目标，保证目标的正确落实并使企业使命最终得以实现的一个动态过程。

进入互联网时代之后，一种观点甚嚣尘上：企业家要关心的是产品，而不是战略，要成为乔布斯那样的产品经理而不是战略家。对于这种说法我并不同意！乔布斯之所以伟大，是因为他的 4 号人格，帮助他成为苹果公司的精神领袖，带领着苹果公司起死回生，从胜利走向胜利，而不仅是因为他是苹果产品的管理者。

此外，产品只是整体战略的一个子要素，不可以只有树木而忘却了整个森林。需要注意的是，当今世界，技术进步造成产品生命周期越来越短，产品淘汰的速度越来越快，如何才能在激烈竞争中脱颖而出，进而赢得市场？在产品功能的基础上，加入审美情调、情感体验这些人文主义要素成了产品差异化的核心关键。让我们来看看下面这个石匠的故事。

有个人经过一个建筑工地，问那里的石匠们在干什么，三个石匠有三个不同的答案。

第一个石匠回答："我在做养家糊口的事，混口饭吃。"

第二个石匠回答："我在做整个国家最出色的石匠工作。"

第三个石匠回答："我正在建造一座大教堂。"

不难发现：第一位做石匠是为了养家糊口，是短期目标导向的人，只考虑自己的生理需求，没有大的抱负；第二位做石匠是为了成为全国最出色的匠人，是职能思维导向的人，做工作时往往只考虑本职工作和专业提升，很少考虑组织的要求；第三位是管理思维导向的人，他会把自己的工作和组织的目标关联，从组织价值的角度看待自己的发展，这样的员工才会获得更大的发展。

各位企业家和职业经理人，你们第三个石匠那样的下属多吗？再让我们看看下面这个故事。

有个人要挂一幅画，他找来了锤子和钉子，却发现这个小钉子无法承受画的重量，需要再找一个小木头楔子。于是他去找来了木头，然后找邻居借斧子。借来斧子后，这个人发现劈出来的木头楔子难以保持规则的形状，于是又去另一个更远的邻居家借锯子。一轮一轮地折腾下来，等到凑齐了所有的东西，他早已将最初的目的抛诸脑后。

在这个故事中，无论是找锤子、钉子、木头，借斧子还是借锯子，这个人的最终目的只有一个，那就是成功地将画挂上，然而在这个过程中，他却因为过于关注步骤中一些子要素而忘记了其最终的目的。就像黎巴嫩诗人纪伯伦说的那样："我们已经走得太远，以至于我们忘记了为什么而出发。"毫无疑问，企业战略性思维对于企业的发展有着较为深远的影响，明确整体战略是领导者必须重视的话题。一家企业，只有对自己的经营战略做出了正确的选择，才能够取得长久高效的发展，反之，如果在战略选择上出现了偏差，那么，失败只是早晚的事情。

互联网品牌三只松鼠的创始人章燎原早在企业成立之初就和自己的团队制定了战略规划，他们的企业战略目的是打造一个互联网时代的农业生态产业链，战略的核心思想是让企业离消费者更近，并为企业定下了四个基本点和四个现代化的战略模式。

四个基本点分别为：

1. 品牌。让消费者认识三只松鼠品牌。

2. 速度。让产品到达消费者手中的速度更快。

3. 服务。让客户得到最具个性化的服务。

4. 品质。让产品品质更稳定更安全。

四个现代化分别为：

1. 品牌动漫化。让新媒体时代与客户进行更具互动化的沟通。

2. 数据信息平台化。自主研发建立完善的数据信息系统平台。

3. 物流仓储智能化。设置物流可控制节点，完善全国物流仓储规划。

4. 产品信息可追溯化。让产品信息可以追溯到源头，建立产品信息的系统化机制。

就在这种企业战略规划的指导下，三只松鼠煞费苦心地经营着自己的产品和市场。如果你订购过三只松鼠品牌的零食，你就会感受到它的魅力所在。三只松鼠带有品牌卡通形象的包裹、开箱器、快递大哥寄语、坚果包装袋、封口夹、垃圾袋、传递品牌理念的微杂志、卡通钥匙链、湿巾等等，这些极具创意的赠品都会让消费者对这个品牌记忆尤深。

我们都网购过不少商品，但很少有商品能像三只松鼠这个品牌让人心动，让人难忘。这就是三只松鼠的过人之处。它以一种超前、全面的战略规划奠定了企业的高度，并在企业发展的过程中严格按照企业战略经营理念来管理企业，最终赢得了消费者的认可和市场的尊重，也让自己从竞争激烈的电商行业中脱颖而出。

企业战略最能体现一个领导者的眼界。真正合格的领导者是什么样的呢？我在做企业管理培训时，常常会对我的学员们说："合格的领导者，会把企业战略放在企业经营和管理的第一位，并在企业发展的过程中长期坚定不移地坚持战略实施。"前文中提到的 1 号美国最伟大的总统亚伯拉罕·林肯、4 号硅谷传奇史蒂夫·乔布斯以及 5 号地球上最成功的商人比尔·盖茨等，都是结合自身人格潜质，充分利用"战略性思维"，完成了自己的事业奇迹。

没有战略，企业就是一个静止不动的壳，有了战略的填充，企业才由静止变得鲜活。在这个意义上，战略不仅决定了企业能站多高，也决定了企业能走多远。作为企业领导者，你一定要明白这一点。如果你连企业的战略都不清楚，或者有战略，但只是一种口号，从未真正去实践，那只能说明你不是一个合格的领导者。

"战略化思维和行动"素质模型

有了掌握全盘的意识，那么就要对自我有一定提升。战略化思维和行动，对于一名出色的领导者，可以说是必须具备的能力。为了帮助我们在远行前设定终极目标，下面，就让我们先从"战略化思维和行动"素质模型（见图10-1）开始，对自己目前的水平和状况有一个大概的了解。

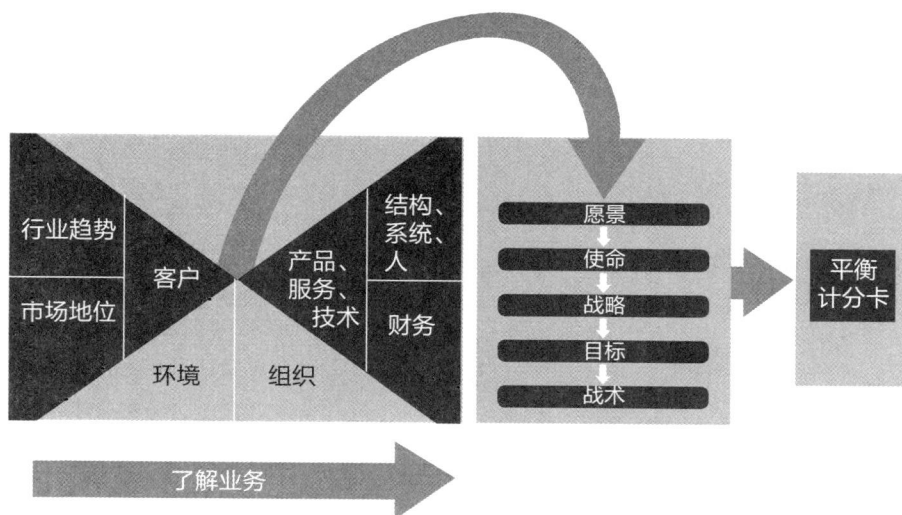

[来源：金杰·拉皮德 – 伯格达的《你是哪种类型的领导》（What Type of Leader Are You），2007]

图10-1　"战略化思维和行动"素质模型（经拉皮德 – 伯格达博士授权使用）

需要注意的是，各个层级的领导者都需要充分理解公司业务，能够持续进行战略性思维和行动。现在公司的外部环境变化非常快；客户对如何获得产品和服务有了更多的选择；有才能的员工对到哪里工作，如何工作有了很多选择。在 11 个能力素质方面都很优秀的领导者，可以帮助组织达到最高的绩效、有效性和效率。这 11 个能力素质分为四个部分：外部环境、内部资源、组织宪章和战略到战术。

1. 外部环境包括 3 种能力素质

（1）了解行业发展趋势。

了解核心的环境要素，了解行业发展趋势，与组织外的专家保持联系。

（2）了解市场地位。

了解市场、竞争者、组织的优势和劣势。

（3）了解客户需求。

根据客户等级和细分市场，了解客户需求和期望，有效回应客户当下和未来的需求。

2. 内部资源包括 3 种能力素质

（1）了解组织结构、系统和人。

全面了解组织的各个方面是如何分工协作的，能够成功了解整个系统，设计组织的基础结构，支持工作的开展。

（2）了解产品、服务和技术。

对组织提供的产品和服务，及其支持性技术保持了解，并且有前瞻性，在需要时主动、聪明地改进。

（3）了解财务状况。

了解和运用一系列财务工具开展管理，有效使用组织资源。

3. 组织宪章包括 2 种能力素质

（1）创造强有力的共同愿景。

开发基于价值观的、鼓舞人心的、现实的愿景，让愿景吸引员工，成为前进路上的指示牌。

（2）定义可行的使命。

将使命建立在组织或业务单元的愿景、优劣势，以及现在和未来客户群需求的基础上。

4. 战略到战术包括 3 种能力素质

（1）开发协同战略。

制定一系列完整、协同战略，帮助组织实现使命，做出有效决策。

（2）制订量化目标。

制订现实的定量目标，帮助人们拓展能力，实现战略。

（3）设计成功战术。

为实现每个目标，设计行动方案和活动。可能的话，运用这些活动支持一个以上的目标。开发有效的执行方案。

某 KTV 坐落在该市"大学城"附近，自营业以来经常亏损，少有盈利，后管理层决定更换店长。王富是一位完美主义者，做事讲究效率，且认真、严密、有纪律性；在他的世界里只有对错，没有人情。临危受命之初，他到这家 KTV，什么也不说，什么也不做，只是如同常人一般，四处游荡。店内上下开始时对他还有所敬畏，但是时间久了，发现他并没有什么作为，也就不把他当回事了。

就职一个多月后，他终于发话了。将店内经理、主管全都叫到办公室，进行了长久的谈话交流，店内员工也开始沸腾了，纷纷揣测会议内容。在临近下班的时候，几位经理人连同王富出现在众人面前。作为店长的他，就任以来第一次下达自己的指令。

"公司两位经理，从即刻起，给予长假休整并无限期地停薪留职；主管留任，但薪资减半，恢复日期暂定；其余员工依旧留在各自岗位。"随后，又做出一些新的规定和薪酬制度。薪酬制度变得多样化，奖惩分明，增加提成，减少底薪，并做出明确规定，一切以公司利益为重，严禁"黑单"现象，如有发现，无论是谁，一律开除。

随后，他又从自己之前店内调来两位经理，进行辅助管理。又根据周围环境，出台许多优惠活动，如学生凭借学生证可享受会员待遇，并有学生套餐；储存卡模式，存钱返利；午夜场酒水特惠，房费减免等等。随后又抓了几个有典型"黑单"情况的店员，进行开除处罚。慢慢地，店内上下员工行为越来越规范，服务态度也有所提升。而且店内不同人群的客流量也明显增加，当然，盈利也越来越明显，很快，便在城内开设了第二家分店。

在此，不难发现，王富是我们九型领导力体系中典型的1号领导者，他根据自身特点，结合企业的"战略化思维"进行管理行动。进入这家KTV，他并没有着急去烧自己刚上任的那"三把火"，而是通过一段时间的观察，了解店内组织结构、系统、财务状况和人，进行一系列的管理改革，调整人员、奖惩力度等；后又了解市场，根据公司特点，发展趋势，做出针对性的优惠活动来吸引客流；最后完成指定目标、企业战略，从而增加店内收益，提高盈利点，创造利润。

作为一名出色的领导者，在了解各自人格的优缺点之外，还要进行统一的自我能力强化，完全理解战略化思维和行动素质模型之后，加以利用，日后作为管理者才会更加得心应手。

素质模型与九型人格的关系

每个型号的领导者在"战略化思维和行动"方面都会有不同的表现，了解了"战略化思维和行动"素质模型之后，下面我就分型号为大家进行具体的介绍，看看素质模型和九型人格到底有哪些联系。

1号领导者

外部环境	1号喜欢投身实践，在实践中熟练分析和解决错综复杂的行业、市场和客户的问题
内部资源	1号吸收组织的深层信息，包括企业产品、服务和技术，还有组织系统、结构、人员、财务方面的信息。对了解和组织系统和流程兴奋，因为符合1号改变现状的愿望，让人们在符合逻辑和条理的程序中按计划采取行动。彻底了解企业太困难，可能1号只关注了自己认为最重要的方面，而忽视了全面掌握其他能力，将整个系统组合成一个整体
组织宪章	1号没有时间和精力开发清晰的共同愿景和使命，制定详细、明确的战略，并且沟通让它们被高度接纳

战略到战术	1号喜欢接受不断的、复杂的挑战，喜欢承担有明确目标、实际、可执行的任务。选择与目标一致的可管理的战术，让自己和他人为按时、保质地执行战术承担责任。1号勤奋努力、关注细节，监督执行的方方面面

2号领导者

外部环境	2号关心如何满足客户需要，及如何成为行业最佳，所以会强调行业发展趋势、对市场的分析，也会全面了解客户
内部资源	2号关注客户，所以会了解企业状况，特别是产品、服务、技术，来满足客户需要。关注人和联合人，所以把通过组织结构和系统发展员工当作自己的责任。因为给很多人提供帮助，有很好的人际网络，所以很懂得如何加速流程让事情完成。可能过多关注如何取悦客户，让员工感到快乐、受到激励，却忽视客户是否有长期价值，忽视制订最适合工作的架构和流程，可能忽视财务的稳定性，等潜在问题逼近才担心不已
组织宪章	2号能够理智地把自己投入到愿景当中，直觉地知道如何联合人们实现计划。富有远见，擅长感召别人，经常为直觉感知的使命和战略工作
战略到战术	2号需要向员工清晰表达使命和战略，减少员工对日常指导的依赖。把主要精力放在建立有意义的目标，和为他人提供支持上。有规律地检查，确认每件事都进展良好，确保团队成员受到激励和支持，并努力实现组织目标

3号领导者

外部环境	3号利用行业、市场、目前和潜在的客户，去进行商业运作。在专业会议上解释市场和行业趋势很常见，经常关注竞争对手
内部资源	从客户需要、市场和行业趋势出发规划目标，再组织与目标相关的架构、系统、人员和财务。对3号来说，花时间了解企业是个挑战，当产品不能满足客户需要、服务不达标、客户抱怨，或者组织系统、结构、人员、财务对达成目标造成障碍时，3号会有挫败感
组织宪章	3号可能没有足够关注开发共同愿景，获得战略的一致性，甚至会对愿景或战略相关的目标和战术有误解
战略到战术	3号首要关注的是目标和有效战术，因为注意力在明确的行动上，喜欢制订工作计划，采用从A到B的捷径。擅长根据需要变化战术，达不成结果会重新考虑目标。制订目标的能力与经验正相关

4号领导者

外部环境	4号凭直觉判断行业发展趋势和客户需求
内部资源	4号喜欢了解他们认为重要的每一件事，因为他们喜欢复杂的挑战，并愿意付出巨大的努力。有经验的4号会关注组织的全部基础，包括产品、服务、技术、系统、结构、人员、财务

组织宪章	4号能够统揽全局，描绘出未来的画面，强调设立共同愿景，带来意义重大、目标远大的感觉。有了清晰愿景时，会苦于把画面、感受和经验用文字描绘出来，仔细考虑措辞，多次修改，这个过程可能会让他最想激励的员工感到困扰。价值观与企业价值观一致，企业工作对他们有意义特别重要
战略到战术	4号让其他人自由按照自己愿望制订目标、采取行动，没意识到有些人是不被愿景推动的，需要被分配明确的目标和任务

5 号领导者

外部环境	5号有很强的好奇心，不只分析客户最新趋势和需要
内部资源	5号是企业产品、服务、技术、财务的信息库，着迷于企业各个组成部分和相互关联。在变化的市场环境中，采取行动前要了解一切数据，也可能带来挫败感
组织宪章	除了理智分析，了解自己和他人的感受，本能地知道什么是最重要的，企业要向什么方向发展也同样重要。5号可能在发展共同愿景上关注不够，主要关注使命。但没有共同愿景，员工很难明白做什么，或者日常工作有什么不同
战略到战术	5号可能混淆战略和战术，运作公司就像做项目管理一样，但是公司会更复杂，有更多不可预测的变化因素

6 号领导者

外部环境	6号想要完全了解行业、市场、客户，复杂的挑战就是消除潜在障碍，促进商业成功的机会，或者既焦虑又有压力，宁愿主动进攻
内部资源	6号也把了解和发展企业作为自己的工作，尤其在问题成为障碍之前预测和解决问题。对系统结构逐渐了解，特别是对组织内人员的了解是个令他畏缩的任务，建立关系需要时间，因为不完全相信别人，直到亲眼看到可被信任的证据
组织宪章	6号不喜欢模棱两可，用很多精力去理清使命和价值观，耗时同时开发了通观全局、前瞻、清晰的战略，特别关注责任和权威
战略到战术	6号用团队导向的方式，根据战略制定可行性目标和战术，强调用多种方法解决问题。经常关注目标和战术，因为明确、可预见，可能在战略上犹豫不决

7 号领导者

外部环境	7号了解企业环境很容易，他们精力旺盛，能跟上最新趋势和客户需求，能快速处理数据、合成信息、形成创意，也可能会忽视重要的事实和问题

内部资源	7号对了解企业产品、服务、技术也很感兴趣，致力于开发新品和创新产品。他们不仅关注企业架构、系统和财务，而且会通过迷人的人际沟通方式，了解组织内的其他人
组织宪章	7号关注愿景和战略，有远见，喜欢幻想未来的可能景象，着迷于组织未来的可能性，但是缺少实践经验。人们很难跟上不断变化的愿景，而且变化的愿景也无法成为开发使命、价值观的稳定基础。他们的热情也会感召其他人
战略到战术	7号更愿意把目标和战术交给其他人，这样可以解放自己，投身到更多的冒险当中。喜欢集体讨论，会冒出大量有关战略、目标和策略的想法，其中有些聪明有效，有些与实际行动不紧密相关。团队成员不知道哪些只是灵光乍现，哪些是真正希望落地执行的

8号领导者

外部环境	8号尽可能地吸收行业和市场发展趋势，把了解关键客户作为工作。一旦认为自己知道了真相，让他们改变观点是个挑战。当团队和环境快速变化时，8号会制造麻烦
内部资源	8号了解外部环境后，会关注企业产品、服务、技术，确保客户的任何需求，同时确保组织系统、结构、人员、财务的整体运作。8号花很大精力保证合适的人做合适的事，给有能力、值得信任的人大量自由，这样可以不用紧密监督而各司其职，同时把认为必须紧盯的人放在了对立面。8号经常用早期印象确定他人能力和品质，即使对方已经有了调整
组织宪章	8号通过愿景领导，本能告诉他们要盯住正确的方向，使命也常在脑海里徘徊
战略到战术	8号充满雄心壮志，喜欢战略艺术，没时间处理细节，没耐心面对失败，希望他人开发和执行目标和战术，与组织战略一致。制订目标是大局观的一部分，但是战术只是执行层面的。愿意受到诚实、及时的进度报告，而不愿被卷入常规工作中。喜欢安排重要的事情，喜欢快速行动，不愿意做小的、预备性的步骤。当事情没有像预期那样快速推进时，他们会失去耐心，勃然大怒

9号领导者

外部环境	9号喜欢了解企业的全部方面,包括行业、市场和客户,去进行商业运作。在专业会议上解释市场和行业趋势很常见，经常关注竞争对手
内部资源	喜欢了解企业的全部方面，包括企业产品、服务和技术的微妙之处和复杂所在。9号渴望和谐融洽的气氛，喜欢一致、设计良好、合理、有清晰结构和秩序的团队。很容易建立人际关系，把人际互动当作乐趣而不是任务。认为财务很重要，制订流程，使流程尽可能与财务一致
组织宪章	9号注意力放在使命上，经常通过目标识别和战术选择，把隐形的战略直观地显示出来

战略到战术	更喜欢工作的细节，经常沉浸在为目标和战术忙碌中。9 号为了获得更广阔的视野关注细节，花费时间太长，可能让自己左右为难。员工可能希望把握重点和整体方向，但 9 号喜欢慢慢来，不喜欢在准备好行动之前，被迫决策或者采取强势

相信大家在看完以上表格后，对于九种不同型号的领导者在"战略化思维和行动"方面的特点会有一个大体的了解。而针对每个型号的不同特点，我也总结出了一些提升战略性领导能力的相关建议。

1 号领导者

在最前方保持大局观；从愿景出发领导大家；从最高的战略层面进行战略性领导。

2 号领导者

挑战自己成为企业运作的专家；小心谨慎，关注财务；让你的战略过程明确清晰。

3 号领导者

用一些时间去了解企业运作；设定愿景，澄清使命，规划战略，在三者指导下前进；频繁地与每个人沟通。

4 号领导者

更加清晰地知道你想要沟通的事情；诚实选择你不想做的事情，然后对它们全神贯注；从愿景、使命和战略开始创造和工作，关注战略和执行情况。

5 号领导者

像运用智商一样，运用感受和本能；推动发展共同愿景；与人们谈话。

6 号领导者

承担能有效发展你能力的工作；确保在向目标和战术进军时，已经制定了愿景和战略；用正面的方式反馈自己的意见。

7 号领导者

深入挖掘；将自己的立场坚持到底；慢下来。

8 号领导者

发挥你的幽默感；更加灵活；要有耐心。

9 号领导者

战略化思考；清晰直言自己的愿景、使命和战略；确定行动的优先次序，并遵守它。

说了这么多，相信大家对于素质模型和九型人格之间的关系已经有了一定的了解，如果你足够资深，经历过企业的风风雨雨，你会欣喜地发现，有些部分自己已经做得很好，而另一些部分还需继续努力。扬长避短，不断学习和进步是每个企业领导者都必备的素质。

战略规划定位 = 战略目标 + 战略竞争 + 战略职能

太多的企业高层曾经在我给他们做培训时问我："孙老师，战略规划如此重要，那战略规划到底应该如何定位呢？"这个问题问得非常好，一个企业的领导者要想为自己的企业制定一个正确的战略规划，他就必须懂得如何定位战略规划。我的理念是，战略规划作为一种长期性的核心能力，它必须能够保证企业在激烈的市场竞争中立于不败之地。所以，它应该囊括企业的战略目标、战略竞争和战略职能这三个重要方面，这三个方面作为战略规划的核心，在很大程度上决定了战略规划的成败和企业的前景。

GE（美国的通用电气公司）是世界上知名度最大的企业之一，它是世界上最大的提供技术和服务业务的跨国公司，并且历经百余年的发展依然傲立群雄。GE 的成功，在于它有着明确的战略目标，即成为世界上竞争力最强的企业。在这一战略目标的指导下，杰克·韦尔奇要求公司的每项业务都必须在市场上占据前两名的位置。虽然当时 GE 还不是行业中的佼佼者，但为了实现这个战略目标，公司采取了一系列的整改措施和技术革新。就这样，企业上下为实现这个战略目标付出了不懈的努力，终于使 GE 成为行业中的中流砥柱。GE 企业中的每项业务，也迅速走向全球化。面对今天在全球市场上叱咤风云的 GE，韦尔奇回忆说，如果没有当年的战略目标的指引，GE 不可能取得今天的成绩。

企业战略目标的设定，即是对企业宗旨的展开和具体化，它能帮助企业对在既定的战略经营领域展开战略经营活动所要达到的水平做出规定。我们也可以这样理解，企业战略目标指引着企业的发展方向，它是企业奋然前行的灯塔。下面我们来看一个关于企业战略竞争的故事。

如今中国奶业有两家企业的名字可以说是无人不知无人不晓，它们分别是蒙牛和伊利。蒙牛集团在 1999 年刚进入市场时，伊利已经在市场上存在了六个年头，并且知名度很高，所以，初入市场的蒙牛充其量只是伊利的追随者。不过，牛根生已经制定好了企业战略竞争机制，他为了提高蒙牛的知名度和销售额，巧妙地避开了中高端市场上的激烈交锋，而是走迂回进攻的线路，先发展低端市场。同时，蒙牛的广告语也充分体现了牛根生的战略竞争智慧。当时的蒙牛广告语是："伊利第一，蒙牛第二，蒙牛永远向伊利学习！"他利用捆绑行业龙头伊利来打响自己的品牌，借用社会资本来充实和壮大自己的实力，借用工厂实施"虚拟联合"来快速占领市场。

在往后的市场竞争中，牛根生都把伊利当成自己的主要竞争对手，并在不断地向伊利发起挑战的过程中完善自身。当蒙牛在市场上站稳了脚跟后，牛根生总裁又大刀阔斧地将蒙牛集团的优势集中到了市场拓展、技术创新上。再看如今的蒙牛集团，早已成为可以和伊利分庭抗礼的奶业巨头，它在和伊利的激烈交锋中，可谓赚得盆满钵满。

从九型领导力的角度来看，蒙牛集团领导者牛根生颇有 8 号的大将之风，不受制于他人，是个十足的掌舵者，却又有着 9 号的谦卑性格，避免正面矛盾的爆发，主动屈居第二的谦卑态度，很容易被消费者所接受，且产生共鸣。因此可见，蒙牛集团的成功绝非偶然，它和领导者牛根生制定的战略竞争机制有着必然的联系。牛根生知道蒙牛的真正竞争对手是谁，也知道要想使企业生存下来，就得承受竞争对手带来的压力和阻碍，并在竞争中强大自身，战胜对手。就像三只松鼠的总裁章燎原所说的、"即便如今三只松鼠是食品电商行业的冠军，也绝不能松懈，三只松鼠面临的挑战和竞争才刚刚开始。"

每一个合格的领导者，都必须让自己的企业拥有战略目标和战略竞争，如此，才能拥有正确的战略职能。因为战略职能是按照总体战略或业务战略对企业内各方面职能活动进行的谋划，只有企业拥有了明确的战略目标和战略竞争，战略职能才能得到有效实施。这三者的合力，构成了企业的战略规划。

格兰仕集团在微波炉营销市场制定了完善的战略规划，通过赠送微波炉食谱、在报刊亭开设专栏等方式，来培养中国的微波炉市场；又通过与各地代理商的合作，建立全国性的营销网络，来启动市场；无论是价格战还是赠送活动，都让格兰仕在后来很好地占领了市场，打造了格兰仕集团的一片天地。它又通过不断的技术革新、后期维护来巩固市场，从而建立了自己的"微波炉帝国"。

了解了公司的战略目标，以及充分配合战略竞争，公司各部门充分发挥自身战略职能。格兰仕集团的财务部门，为适应国际化经营的战略目标，于1998年重金聘请安达信（Andersen）公司为财务顾问，要知道该公司可是全世界著名的财务咨询公司，这在当时的中国企业，尤其是乡镇企业中是极其罕见的。由此可见，格兰仕公司的整体战略目标和战略竞争得以实现，其财务部门的战略职能起到了巨大的推动作用。

人力部门也很好地配合了公司的整体战略规划，大胆引用人才，以推动公司的战略竞争目标。1991年，格兰仕集团就聘请了来自上海的五名中国微波炉专家，而正是这五名高级工程师的加入，打造了格兰仕微波炉技术的核心队伍，奠定了未来与外国技术合作的扎实基础。1993年和1998年，格兰仕又分别聘请了日本团队从事生产、韩国人担任国际销售主管。由此可见，为了实现本公司的国际化战略，其人力部门的战略职能，起到了举足轻重的关键性作用！

纵观格兰仕的成功，我们不难发现九型领导力在其中的作用，知才善用，把不同人格的人应用在不同岗位，再配合公司的整体战略目标，那么，便会使企业更快地步入成功者的行列。

总而言之，企业战略规划定位不能只是空泛的，其战略目标、战略竞争和战略职能要在企业的发展中落到实处，并形成企业的战略核心。当然，最重要的是企业战略规划定位还应该有一个相应的运营系统，而非单单倚靠某个人或某几个人。这一点，企业的领导者一定要注意，只有懂得了这一点，才能将企业的长远发展和现实利益统一到企业的战略规划定位上来。

战略制定实战流程

在九型领导力体系中，战略管理方面涉及的概念较多，容易混淆。在传统的 MBA 教育中，也只是教授战略管理相关概念和模型，无法让受训者切实学会自己制定战略。所以，通过以下我设计的模型（见图10-2），可以帮助大家深入理解战略管理全流程，进而掌握制定企业战略的方法与技巧。

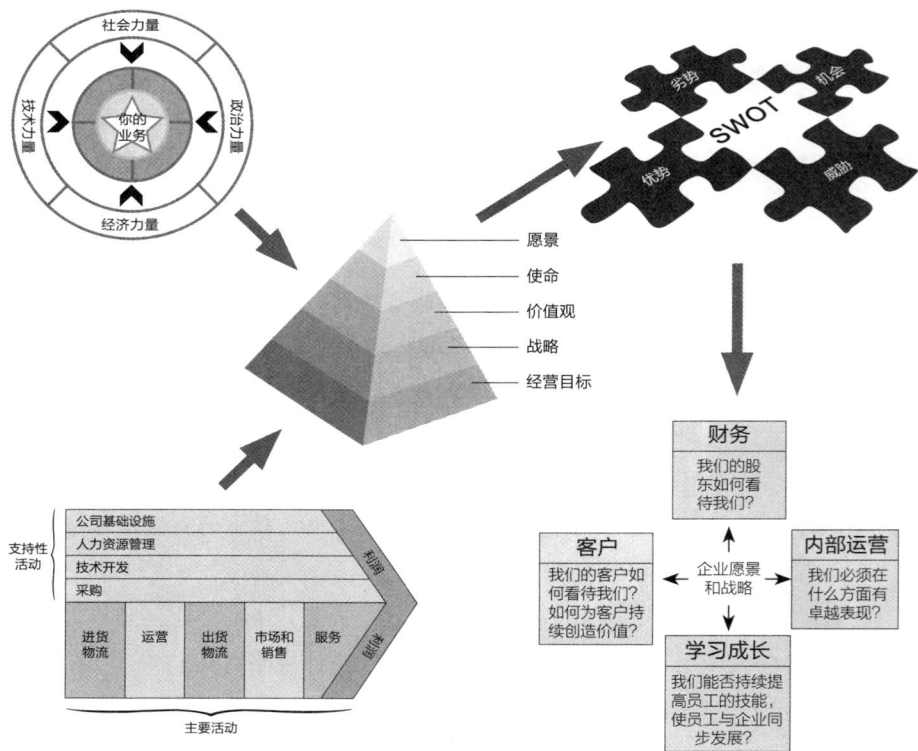

图 10-2　战略管理流程

不难看出，图10-2中的这个模型与"战略化思维和行动"素质模型一一对应：外部环境的扫描通过PEST分析（见下文），内部资源盘点通过价值链分析展开，内外部分析是为了确认组织定位，解决"我们在哪里"的问题；组织宪章包括愿景、使命和价值观，解决"我们要去哪里"的问题；战略制定通过SWOT（见下文）分析，战略到战术通过BSC（见下文）承上启下，解决"我们如何去"的问题。从PEST分析到BSC，就是战略制定的完整流程，随着战略执行会发现内外部环境的变化，再开启战略审核、战略制定的PDCA循环。这就是战略管理的全流程。

1.PEST分析

PEST分析是指外部宏观环境分析，即影响一切行业和企业的各种宏观因素的分析。PEST是政治（Political）、经济（Economic）、社会（Social）和技术（Technological）四大类影响企业外部环境因素的首字母缩写。（见图10-3）

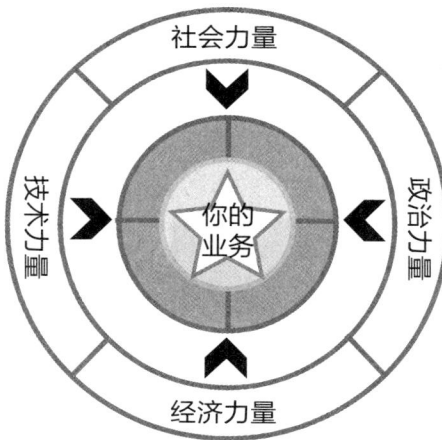

图10-3　外部环境扫描PEST分析

（1）政治力量

政府的政策广泛影响着企业的经营行为，即使在市场经济中较为发达的国家，政府对市场和企业的干预似乎也是有增无减，如反垄断、最低工资限制、劳动保护、社会福利等方面。

（2）经济力量

经济环境主要包括宏观和微观两个方面的内容。

（3）社会力量

社会文化环境包括一个国家或地区的居民教育程度和文化水平、宗教信仰、风俗习惯、审美观点、价值观念等。

（4）技术力量

企业所处领域的活动直接相关的技术手段的发展变化，以及国家技术动态。

大型企业往往有自己的行业研究部门，支持自己的外部环境分析。

2. 价值链分析

价值链是由美国麦肯锡咨询公司提出，哈佛商学院教授迈克尔·波特（Michael E. Porter）在《竞争优势》一书中发扬光大的。价值链分析视企业为一系列的输入、转换与输出的活动序列集合，每个活动都有可能相对于最终产品产生增值行为，从而增强企业的竞争地位（见图10-4）。

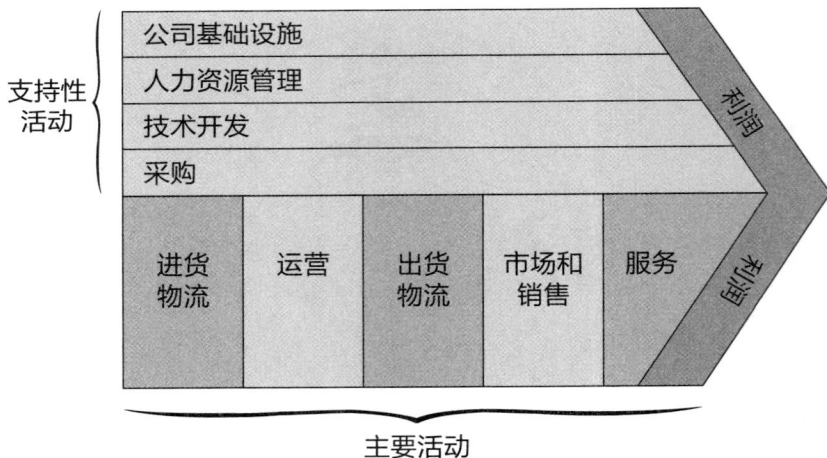

图10-4　内部资源盘点——价值链分析

图10-4包括以下三层含义：

（1）价值链分析的基础是价值活动分析。

价值是买方愿意为企业提供给他们的产品/服务所支付的价格。

（2）价值活动可分为两种活动：主要活动和支持性活动。

主要活动是原料供应、生产加工、成品储运、市场营销和售后服务五种活动。这些活动与商品实体的加工流转直接相关，是企业的基本增值活动。支持性活动，如采购、技术、人力资源支持整个价值链的运行，而不与每项主要活动直接发生联系。

（3）价值链展示了总价值。

价值链除了价值活动外，还包括利润，利润是总价值与从事各种价值活动的总成本之差。

价值链分析，需要身为企业灵魂人物的企业家和职业经理人具备相当水平的组织领导与管理能力。

3. 组织宪章

组织宪章是企业的顶层设计和最高指导原则，就像国家的基本大法宪法一样，指导着组织的发展方向，包括愿景、使命和价值观（见图10-5）。由于中西方文化差异，再加上催化技术没有被运用到组织宪章制定，潜意识没有被激发、应用，没有更多的企业人员参与组织宪章产生的过程，于是在中国，愿景宣言、使命宣言和价值观宣言成了形式主义，出现在墙上、海报上、卡片上、年度报告中，就是没有发挥出应有的效力——唤起创造力和热情，达成共识，激发出勇气，培养长期的奉献……

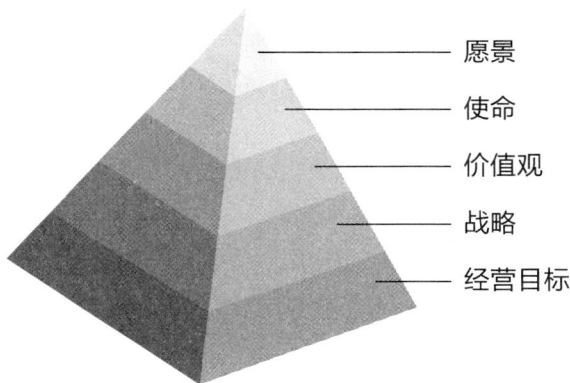

愿景

使命

价值观

战略

经营目标

图 10-5　组织宪章

（1）愿景。

如果成功实现使命，组织的发展方向、前景、图像和展望可以延续很多年。

（2）使命。

组织存在的原因和意义，从事的业务，除非环境剧变，使命一直是稳定不变的。

（3）价值观。

组织实现使命的过程中要遵循的原则和信念，处理矛盾的依据，未必建立在有效性基础上。

4.SWOT 分析

SWOT 分析又称态势分析法，由美国麦肯锡咨询公司提出，是常用的战略规划工具，通过分析帮助企业把资源和行动聚焦在优势和有最多机会的地方。SWOT 代表企业优势（Strength）、劣势（Weakness）、机会（Opportunity）和威胁（Threats）的首字母缩写。（见图 10-6）

图 10-6　战略制订——SWOT 分析

SWOT 的排列组合形成了战略地位评价矩阵（见图 10-7）。

外部分析　　内部分析	优势 S 列出优势	劣势 W 列出劣势
机会 O 列出机会	SO 战略 发挥优势 利用机会	WO 战略 克服劣势 利用机会
威胁 T 列出威胁	ST 战略 利用优势 回避威胁	WT 战略 减少劣势 回避威胁

图 10-7　SWOT 分析制订战略——战略地位评价矩阵

图中共有四种战略，分别是 SO 战略、WO 战略、ST 战略、WT 战略。

（1）优势 + 机会形成 SO 增长性战略。

杠杆效应产生于内部优势与外部机会相互一致和适应时。

（2）劣势 + 机会形成 WO 扭转性战略。

当环境提供的机会与企业内部资源优势不相适合，或者不能相互重叠时，企业的优势再大也将得不到发挥。

（3）优势 + 威胁形成 ST 多种经营战略。

当环境状况对公司优势构成威胁时，优势得不到充分发挥，出现优势不优的脆弱局面。

（4）劣势 + 威胁形成 WT 防御性战略。

当企业内部劣势与企业外部威胁相遇时，企业存在内忧外患，面临着严峻挑战，如果处理不当，可能直接威胁到企业的生死存亡。

5. 平衡计分卡（Balanced Scorecard，简称 BSC）

BSC 是哈佛大学教授罗伯特·卡普兰（Robert S.Kaplan）与诺朗诺顿研究院的执行长大卫·诺顿（David Norton）提出的。它的内核是愿景和战略，从财务、客户、内部运营、学习与成长四个维度，将组织的战略落实为可操作的衡量指标和目标值的一种新型绩效管理体系（见图 10-8）。设计 BSC 的目的就是要建立"实现战略导向"的绩效管理系统，从而保证企业战略得到有效的执行。

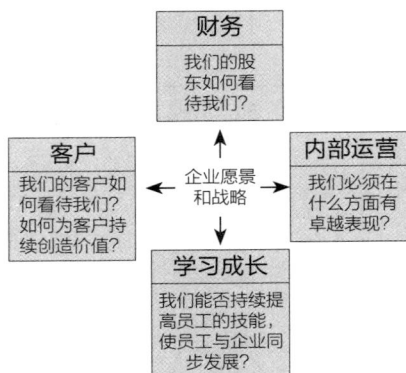

图 10-8　平衡记分卡

现在我们来展开这四个维度：以前西方管理者满脑子就是股东利益最大化。随着竞争越来越激烈，他们又懂得了要让顾客满意企业才能挣钱的道理，所以才有了顾客是上帝的说法。后来他们又发现要让顾客满意就必须让组织的内部管理流程优化，而内部管理流程优化又需要员工满意，特别是基层员工，所以需要学习和成长帮助他们实现绩效。

因为西方国家的服务业越来越发达，比如美国服务业的产值超过 GDP 的 70%。服务业很重要的特点就是基层员工与顾客有很多互动，他们就是产品的一部分。一个工人在装配手机的时候有没有微笑，你不会在乎；但是一位餐厅服务员、一位空姐有没有微笑，你就会在意。

至此，九型领导力的论述就告一段落了，我们不但描述了九型不同人格的各自能力，也对企业管理以及领导力进行了一定的阐述。本章节主要针对企业战略性思维进行详细说明，学习掌握这些技能对企业日后发展，以及个人管理能力提升有所帮助。

提升篇

附　录

九型领导力 Q & A

九型领导力提升，必须通过自身实践，结合自己过往的经验和体会，才能真正学会。在这个过程中，随着反思的深入，自身发展层级的提高，不断会有新的问题产生。故将多年实践的 Q & A，分为"九型人格方面"和"九型领导力方面"两大类，管中窥豹，供大家查阅。

九型人格方面

与九型人格相关的其他学问

问：究竟有哪些性格学方面的学问？

答： 可以简单分为心理评测和心理工具两大类。心理评测包括 DISC 个性测验、菲尔人格测试、PDP 性格测试、PPA 测试、MBTI 性格测试、卡特尔 16PF 测验，讲究将性格分类；心理工具包括笔迹鉴定、血型学、属相、占星、生命密码等等，其中生命密码与九型人格在历史起源上有一点相同——毕达哥拉斯的占数术；占星也与原始九型图有关。更多的请参考《九型人格与性格心理评测的对比》：http://blog.sina.com.cn/s/blog_676786d40100y6hj.html。

问：这些学问与九型人格有什么区别？

答： 全面的性格即使用最科学的量表也难以准确测量。九型人格是一种帮助我们从外在行为入手，从动机层面探索核心性格规律的学问。所有的心理评测都解决不了三个问题：价值观评测、主观意愿评测和专业技能评测。九型人格恰恰是关于价值观和深层动机的，不可能通过心理评测获得，评测得到的仅仅是当下的行为，而行为是随着角色和心理状态不断改变的，九型人格的动态变化恰恰是精华、最有价值的部分。九型人格既简单易学、实用有效，又是一个极其复杂的动态体系。

问：性格到底是如何形成的？

答： 根据九型人格"三的定律"，人格特质的形成，包括三个部分：第一是生理基础，即先天的遗传，一出生就有了，九型人格的主型就是天生的，出生后第二到第三个月就可以辨认出。第二个是原生家庭的影响，即孩子在童年应对环境，寻找最适合自己生存方式的结果。父母爱我们的方式可以加强或减弱我们的主型，调整我们的侧翼、副型和发展层级。第三个部分是后天的学习、教育、经验、经历，及其他重大事件带来的反思和感悟。

问：九型人格属于心理学范畴吗？

答： 九型是心理学和灵性成长的桥梁，没有觉察、仅停留在心理分析的时候属于人格心理学的范畴，觉察开始后是灵性成长、超越自我之路！如果你把九型人格当做人格心理学来学，当做一种性格分类工具来用是可以的，也会很好用。此时你会更加注重找到对方型号这个结果。如果你把它当做超个人心理学，开启觉察后提升自己，当做领导力提升的工具，会更有价值。这样你会更加关注探索自身型号的过程，在这个过程中你慢慢摘下了自己的有色眼镜，对别人的型号也了解得更加透彻。

问：关于你说的脑、心、腹，我觉得出发点不对，是不是需要自我—超我—本我呢，因为心—3—自我，脑—6—超我，腹—9—本我？

答：精神分析与九型人格是两个体系，没有直接的逻辑关联，我建议学过精神分析的同学，放下它，否则你在九型人格学习中会进展缓慢，因为会偏执在头脑这个部分。九型人格的方向是走向脑、心、腹的整合与合一，开发另外三分之二的潜能。精神分析是心理学概念，九型人格是灵修概念，是心理学和灵性成长的桥梁，其中最内核的区别在于是否有导师帮助学员自我觉察，不然还是纸上谈兵。

问：我有种感觉，是不是译者把国外的文献里一些本来中性词汇表达的人格特质选择用负面词汇翻译？比如，孤僻＝"喜欢独处"，情绪不稳定或者喜怒无常＝"情绪起落相对大"。喜欢独处未必是坏事，这样的人往往知识渊博或者喜欢深钻一门知识。情绪起落大未必坏，这样的敏感特质或许比起情绪稳定的人更适合从事文学、艺术、教师、心理学研究等职业。如果原版的英文词汇本身是负面的，或许研究人员还在用贴负面标签的方法去定义一个人，而缺乏站在不带价值评判的立场和角度。

答：是的，再补充一个原因，很多心理咨询师、治疗师受职业影响，容易看任何人都是病人，所以用词就是负面的。但是对九型人格的发展层级来说，只有7、8、9三个层级才是神经官能症、精神病患者，5、6、7三个层级是正常人，1、2、3三个层级是有高层德行的人。而九型人格图、型号命名及相关性格描述，也经历过从负面到中性的历史过程。

问：九型人格的学习最终会到达哪里？

答：九型人格是灵修之道，是心理学和灵性成长的桥梁，走向性格与高层境界的平衡；九型人格是要达到脑、心、腹的合一；九型商业应用就是以九型为工具解决企业问题，或者说人性化的管理、人性化的领导艺术。

问：九型和血型有关吗？我血型＋型号，会不会与血型＋星座一样，更清晰明了？

答：完全没有关系，是两个体系。我的经验是对九型体系不是很熟的情况下，两个体系叠加可以看出更多线索，共同参详可以得出更为准确的结论。如果对某个体系很熟（九型或星座），用你熟悉的就很好了。比如：刚开始招聘时，我用血型叠加九型来研判型号，因为我研判不准，后来在实践中就彻底放弃血型了。

问：Satir 冰山模型和九型的基本欲望、恐惧是对应的吗？

答：Satir 冰山模型不对应九型人格的基本欲望和恐惧，但是你可以借这个模型解释九型的腹心脑和主型。腹对应外在的行为，感受对应心，观点、期待、渴望对应脑；主型难以找到因为我们要探索到冰山最下面的"我是谁"，即脑、心、腹背后的动机和价值观。

九型人格宏观方面的学问

问：什么是九型人格？

答：九型人格是一种深层次了解人的方法和学问，它按照人们的思维、情绪和行为，将人分为九种：怀疑论者（Devil's Advocate, 6 号）、实干者（Performer, 3 号）、调停者（Mediator, 9 号）、完美主义者（Perfectionist, 1 号）、浪漫主义者（Tragic Romantic, 4 号）、给与者（Giver, 2 号）、保护者（Boss, 8 号）、观察者（Observer, 5 号）和享乐主义者（Epicure, 7 号）。九型人格不仅可以描述和预测人们的行为，还指导着人们如何改变自己的行为。九型人格是提高 EQ 的利器，它是古老的人类开发体系，已有 4500 多年的历史。

问：我学习九型人格有什么用啊？

答：九型人格带给个人的优势或价值包括个人和人际互动两个方面。

一、个人方面：通过心理缓冲带了解自己的状态，认识自己的优劣势，从而克服缺点，发扬优点，接纳、提升自我，使自己达到最优状态；通过自我治疗走向本我，在心灵成长的过程中开发自身的能量、职业定位和职业规划。

二、人际互动方面：由己度人，更清晰地认识他人；更能体察、理解和体谅别人的行为，接受各种各样的人的存在，从而更好地协调方方面面的关系；进行同频率沟通，从而提高沟通质量和交际水平（包括上下级、同事、客户、学生、家人等等）；更顺利地找到人生的另一半；帮助他人改善生活。

九型人格带给企业客户的服务包括人力资源和非人力资源两个方面。

一、人力资源方面：在招聘时的性格研判，从而使录取的员工更加符合应聘的岗位和组织的文化，降低流失率；在团队建设、接班人计划和领导班子搭建时的应用，保证团队绩效和组织绩效最大化；在领导力开发方面的应用，开发领导者的潜能，使领导魅力产生效用；在教练下属方面的应用，量体裁衣的辅导带来下属绩效的提升；在职业生涯规划方面的应用，帮助员工建立合理、有效的职业生涯通道。

二、非人力资源方面：提高自我推销的成功率，直接提升销售业绩；提高管理的有效性，使人性化管理落地；提供心理咨询和指导，开展个案治疗。

问：现在九型人格席卷全球，许多人也著书立说，编写测试题，网上视频也很多，我为什么要上九型人格的课程呢？

答： 九型人格大师海伦·帕尔默（Helen Palmer）建议最好的学习方法是参加九型人格的专业培训，并且在培训后加入交流分享的团队互助小组。我们无法透过看书来学习九型人格，因为书本描述更多的是外在行为。因此看书时，我们可能会觉得自己九种类型的特质都具备，于是就怀疑自己是多重性格。其实，九型人格揭示的是人们行为背后的内在动机，这是需要通过实际案例、真人分享、导师提问、深入探索才能发现的。学习型组织之父彼得·圣吉（Peter M. Senge）告诉我们"团队学习是最好的学习方法"，因为只有团队学习才能充分发挥团队动力学的优势——遇到问题可以共同面对，平时心智模式不同的团队成员之间的讨论可以激发出更多的创新和成长。

问：如果你把自己固定在某一个型号上，任何事情你都先想自己是几号怎么样，你怎么可能还有其他变化啊？不会换位思考自然就看不懂其他人的思维了。

答： 如果你的自我觉察足够，一定会发现自己的主型决定自己的一生，也是其他变化的起始点。九型人格最复杂的是动态变化，包括安全—压力状态、侧翼、副型和发展层级，所以是一辈子的体验和修炼。但最核心的是找到你是谁，否则你在原本的有色眼镜基础上，又套上了九型的有色眼镜，是否更加错误和混乱了呢？拿7做个例子吧，如果找到了自己的基本型号是7，7号可以以此为"深层动机"的基础，探索自己5和1（安全—压力状态）、6和8（侧翼）的"行为"，然后再探索副型、发展层级的变化，再加上领导力开发的行为技术，就是九型与领导力开发的体系核心。

问：人是很复杂的，怎么可以肯定9种型号可以涵盖所有的特征呢？为什么我发现同一型号的人仍然有差异？

答： 不知道，但你的实践可以证明这一点。九型绝对不止9种，因为这只是主型，动机层面上的9种。九型人格一代宗师海伦·帕尔默曾经说过："学会九型人格的基本型号，对人性的了解大概有50%～60%，当你学习了九型人格的副型，对人的了解就会增加到95%。"

九型的精妙之处在于动态变化，还包括安全—压力状态、侧翼、发展层级，学术上提出486种变化，其实还要多得多，大家可以通过体验一点点掌握。既然如此，同一主型人还有差异就是正常的，如：你是一般层级的2号，说到不健康层级的2号你自然没有感觉。变化是基于主型内核的，九种型号的内在生命观点，所以要先找到自己的型号再行拓展。九型就像中药，是验方。

问：学习九型人格要注意什么？

答：一、九型人格不分性别、种族、宗教、文化、国家，阿拉伯数字国际通用，中英文名字是后人加的，代表了某些核心特征，但无法代表这个型号本身，所以切不可望文生义。

二、你必然属于九型人格中的一个类型，主型终身不会改变。

三、关于某一型格的典型描述，不见得全部符合每一个人，因为每个人都是独一无二的，成长环境、社会文化不同，受动态变化（安全—压力状态，健康、一般、不健康状态，侧翼和副型）的影响。

四、不要把型号和人画等号，因为他们是他们自己，不是一种类型。

五、型号无好坏（在某一文化圈里，有些类型会比其他类型更受喜爱，但不是因为它们更有价值），因为每一型的人都各有其优缺点。

六、型号研判需要避免刻板印象，不要随便贴标签，因为标签往往与偏见并存，容易触犯别人性格里的禁忌。

七、务必尊重别人的隐私和个人空间。

八、别用型号为自己找借口或者挑剔别人，比如，拒绝领导的指挥，因为每个人都是能提升的，除非你自己不愿意。

九、人格完全提升的人是具备该型号健康时所有特点的人。

十、学习九型人格是需要努力、付出时间、全情投入的。可以学习九型人格以外的资源来帮助自己提升。

十一、学习过后要立刻学以致用，无论是否能够研判准确。（个人认为这是最重要的一条，因为九型人格无用论就是因为没有使用它）

问：我发现有些人学了九型后更容易给自己理由开脱，比如碰到一个 1 号，他总说是 1 号，他就是标准，怎么理解这种行为呢？

答：记得课程上说"大家一听就懂，一做就错"的几条吗？——别用型号为自己找借口或者挑剔别人，因为每个人都是能提升的，除非你自己不愿意。

找借口是我们的解读，这个解读也可以有另外一种理解：终于明白为何自己会有这样的行为，至于自己是否需要去做改变和调整，取决于自己的选择。这引出了三个相关话题：

一、纯九型与九型商业应用的不同。纯九型，或者是灵修层面，如何选择是自己的事。九型商业应用是围绕着具体场景，需要采取行动的，我们需要走得更远。如果时间允许，领导可以接纳、宽容，给下属更多的时间调整、改变；如果时间不允许，领导可以先尝试九型技术，帮助对方提升绩效，如果无法奏效，可能会将对方扫地出门，毕竟机会成本和沉没成本都太高，团队绩效更重要。

二、选择。九型人格是通过觉察性格模式——呼吸打断模式限制——选择有意识的行动。这是务实的选择，人们可能因为决定而受伤，但选择不存在好坏、对错。高阶领导需要平衡，既慈悲、关怀又坚强、果断。

三、改变/企业变革。改变或企业变革没有发生，不是改变的价值没有足够的吸引力，就是现状的痛苦还不够大。各位朋友，你们可以做什么呢？

问：不贴标签怎么用九型啊？

答：先有招后无招。

一、贴标签也是好事，这证明在使用、在试错，贴标签但不要强加于人是正途。先要有判断，再放下它。比如：看到一个人，觉得他是 1 号，如果对方不懂九型，不必告诉他，就用适合 1 号的方式与他沟通、教他、管理他、解决冲突就是了。如果他了解九型，但自我认知不对，认为你说的不对，不必坚持自己的观点，以开放的心态看看还有什么可能性。如果认为自己是对的，对方错误，继续用 1 号的方式与他相处就是；如果自己错了，对方是 6 号，自己改就是了，保持自己的弹性。

二、行为是线索，从行为走到动机和价值观才是型号研判的标准。行为是通过角色和身份改变的，比如：我是女人，在外人面前要给老公面子，但工作中作为管理者可能就不是这样了。

三、注意场合。在微信群、QQ 群、懂得九型人格的圈子里做照片研判的讨论可以，在其他地方千万不要这样，不见本人不下结论是行规。

四、名人型号。在课程中给的名人案例是有价值的，因为比较容易从外在表现体验到同类型的人。下一个阶段，这个也要放下，因为每个人都是有差异的，你可能会产生刻板印象成偏见。另外，不可夸大名人案例的作用，它只是帮助我们理解性格特质的工具而已。

问：有没有男九型和女九型啊，两者差别非常大呀？

答：九型人格是不分男女的，因为人性的本质是稳定不变的，而性别角色和气质是文化期望和习得的产物，并非本性所固有的。所以同一型号的朋友，无论男女，动机层面是一致的，虽然行为层面会有较大的区别。比如：中国的女 3 号可能表现得没有那么咄咄逼人，因为她从小被教育要与人为善，但是等到工作时遇到竞争，她本性就复燃了。

问：动机和价值观会不会改变？或者说九型人格的主型可以改吗？

答：动机和价值观相对稳定，但是重大事件，或者长期的训练会扩大自己的舒适区，使你走向爱与慈悲。如果动机和价值观有所扩展，更加接纳、圆融，我就要恭喜你了！

主型一辈子不会改变，你可以通过自己的实践去发现，但是发展层级上可以提升，动态变化上可以运用。

问：我的型号终其一生不能再变了吗？

答：你我都拥有九种型号的元素，但是只有一种是主要性格类型（主型）。它支配着我们的思想和行为反应，主宰着我们生活的类型。

主型终身不变，但我们可以通过领导力的修炼让自己沿着发展层级逐级而上，还可以将其他八种型号的"优势行为"发展出来。我们每个人就像一棵树一样，有主干，有枝叶。主干就是我们的主型，这个是一辈子不变的；枝叶，就是在生长过程中，遇到的不同情况，发展出的不同行为表象。表面上看起来和别的树差不多，但是心理动机是不一样的。遇到好的年份，长得快些，遇到不好的年份，就有疤、有结。在树干的年轮上，都清楚地记录着一切。等哪天树被砍倒了，外人才看得到这个年轮。

问：国际九型人格共有几大流派啊？

答：国际九型人格在中国流行的主要有两大流派，即海伦·帕尔默和戴维·丹尼尔斯（David Daniels）流派以及唐·理查德·里索和拉斯·赫德森流派。海伦·帕尔默和戴维·丹尼尔斯流派的经典著作为戴维·丹尼尔斯与弗吉尼亚·普赖斯（Virginia Price）合著的《九型人格：自我发现与提升手册》、海伦·帕尔默的《九型人格》及《职场和恋爱中的九型人格》；唐·理查德·里索和拉斯·赫德森流派的经典著作为两者合著的《九型人格：了解自我、洞悉他人的秘诀》及《九型人格2：发现你的人格类型》《九型人格的智慧》。

两大流派在九型人格主型一致的前提下侧重有所不同：前一流派主张九型人格是艺术的观点，更强调副型的作用，书中给出了较多的案例供一般人学习，主张利用座谈小组来让真人呈现人的差异；后一流派主张九型人格是科学的观点，更强调侧翼和发展层级，书更具学术性而缺少体验，更适合专业的心理人士研修。

问：学九型难道不是应该跟人板学吗？跟人群板学或者城市板学是无法解读、无法核对的。

答：人板（找准了自己的型号，有过一段时间学习和提升，同时愿意在培训现场分享的学员）+座谈小组在帮助直观感受不同型号性格特征时，确实是很好的九型人格培训方式，但不是唯一方式。因为人板可以帮助大家动态学习，在人际互动中学习人的学问。然而人板无法代替型号本身，必然只处于发展层级的某一阶段，他的自我觉察是受限的，如：由于时间的原因，由于他表达的清晰程度，由于导师引导的深度，大家接受、理解的信息必定有限。而且人板对自己的型号体察也未必正确，我就遇到过几起人板发现自己型号误判的情况，比如 6 号把自己误认为是 1 号。人板也存在不够系统，无法表达出一些精细差异的挑战。

另一方面，还有视频教学、剧场、能量展示、教练技术等教学方式，弥补人板教学的不足。

最后再简单解释一下九型人格与文化的关系——这是个团体动力学的关系。相同或不同型号的人组成自己的家庭，家庭之间的互动组成了社区，社区之间的互动组成了城市，城市之间的互动组成了省/州，省/州之间的互动组成了国家。互动的过程形成了文化。大至国家文化都是可以用九型人格分析的，因为社会的主流文化就是认可某一型号的文化，亚文化就是另一型号的文化在某一地域的体现。然后大家为了更好地生存，就根据当地主流文化的期望，习得、调整自己的行为。

以美国为例，美国原来是 8 号文化，开发大西部、掘金、圈地、牛仔、乡村音乐，充满了霸气、进攻性，锐不可当、无所畏惧。现在美国演变成了 3 号文化，独立进取、形象导向、追求成功和成名。君不见，美国的企业管理通过 MBA 教育走向世界，这一发轫于军队管理的理论，到处都体现着 3、8 特征吗？积极主动、以终为始、凡事第一，是否很熟悉呢？所以我们可以有自己的判断，也许这个判断未必正确，但确实可以帮助我们学习九型。

对此感兴趣的可以阅读《中国文化的九型解读》（上）：http://blog.sina.com.cn/s/blog_676786d40100prvo.html；《中国文化的九型解读》（下）：http://blog.sina.com.cn/s/blog_676786d40100pw0x.html。

九型人格微观方面的学问

问：三的定律是什么意思？

答：三的定律或者叫三元法（Trinity），代表宇宙万物的动态平衡，是指万物发生阶段的三股能量。6 号是破坏怀疑的能量，能量向后；3 号是主动积极的能量，能量向前；在两者冲突时，9 号作为协调整合的能量，会起平衡作用。比如：三角形的稳定性。

问：七的定律是什么意思？

答：七的定律或者叫七元法（Law of Seven），代表事物出现后起作用的规律，1—4—2—8—5—7—1，告诉我们宇宙万物都是在不断变化的。在东西方文化中 7 都是变数，比如：西方音乐中"八音律"产生一个变化；中国国画中赤橙黄绿青蓝紫，也是一个变数。

问：三力法制和八度音阶是什么意思？

答：就是三的定律和七的定律，再加上一的定律，就是完整的九型人格图。

问：腹区的本能到底是什么意思？

答： 简单地说是不学就会的下意识的行为或反应，比如：婴儿刚出生就会吸奶，小鸭刚诞生就会游泳。人类的本能是起源于生物本能的，包括求生存的本能和攻击性本能。

问：内在观察者就是自我觉察吗？

答： 不是，内在观察者（Inner Observer）是九型人格特殊的冥想方式，同时觉察自己的脑、心、腹。自我觉察的概念远远大于内在观察者，因为我们随时随地都可以做自我觉察，除了脑、心、腹，还可以有应用层面的沟通模式、冲突模式、领导模式、管理模式、教练模式、引导模式、培训模式、婚恋模式、亲子模式，可以无限延展。需要注意的是，"内在观察者"是内在的功课，永远不会成为你的习惯，即使你走到了比较高的发展层级，也是不进则退。这个与行为上的改变完全不一样，不可能21天以上的重复形成习惯，90天以上的重复形成稳定的习惯。

问：九型人格有静心的内容吗？

答： 九型人格有内在观察者冥想训练，虽然核心是探索、体验自己的脑、心、腹，也附带有静心功能。

问：自我觉察和提升自己比研判型号更重要？并且可能前者是后者的基础？

答： 对。研判型号只是走向应用的桥梁而已，研判不了，我们也可以提升自己来改变人际关系或更多。比如完美沟通课程学过了，你即使不知道对方的型号，无法采取合适的沟通策略与对方互动，但是如果你知道自己的型号，可以有针对性地改进自己的沟通（从语言、肢体、盲区和失真的滤镜四个方面）。在沟通时带着对自己的觉察的话，你的沟通效果一定比其他人强很多。

问：自我提升是不是要理解为"自己跟自己过不去，跟自己的习惯反着来，不要宠自己"？

答： 对的，所谓型号，就是心理学角度的负面性格特质；所谓提升，就是超越自己的型号，达到理想的对岸，所以有意识地做与性格相反的行为是一种提升，如：习惯性走左边的路回家，今天就有意识地走右边，看看会有什么不一样的风景。

拿9做例子，脑区的部分就是从忘形（缺少自我，不愿意被改变），走向归一的爱（真正的仁爱，内心真正的安宁）；心区的部分是从懒惰（对生活麻木，希望安全，不被打扰），走向正确的行动（活在当下，感受着每一刻的改变）；腹区的部分每个主型都一样，都是走向自保、社交、一对一的平衡。

这样，你不难发现，你所做的一切是与你几十年的思维习惯、情绪习惯和本能习惯作斗争，这样才能拓宽自己的舒适区，走向胜利的彼岸——一个更加整合、真实高尚、心胸开阔的人。配上领导力提升的行为艺术，就是九型领导力提升的真谛了。

问：每个型号每个人的自我提升都会觉得很难吗？

答：是的，感到难就说明你有感觉了，因为你会与自己的思维习惯、情感习惯和本能习惯作斗争。当然，大家几十年都浑浑噩噩地过来了，不可能一朝一夕就改变的。是否做出改变，是你的生命选择，我都会尊重的，只是市场、客户、竞争者未必给你足够的时间。如果要提升改变，第一步就是不断去做自我觉察。

问：那是不是要保存个性呢，有个性究竟是好事还是坏事？另外，如果每个人都中正平衡了，那么人与人不就都一样了吗？

答：个性一定会保留的。在领导力开发的过程中，你会发现你还是你，只是变成了更好的你。你的核心型号终生不变，但是可以沿着发展层级逐步提升。它是你开发的核心，也是个性差异的源泉，不会出现一模一样的两个人。在提升的过程中，你会更加圆融，可以在不同场合以恰当的行为出现。通过自我觉察和认知，不断地进行自我修炼，才会提升自己。

举个例子：管过1万人以上的领导，有过很多经历的那种，都会接纳、圆融，虽然他们未必学过九型人格。但是他们很多次在同一个问题上跌倒，就开始反思，就会在潜意识中应用了九型人格而不自知。当然我们学习了九型人格，应用到工作、生活中去，就会跑得更快，因为我们有了方法和目标。

问：不是说九九归一吗？难道是所有人都修炼成一个型号？如果这样，世界也就缺少精彩了。

答：不是大家都修炼成一个型号，是指每个型号成长到最高境界，都会非常平和、宽容，像9号并超越9号。九型人格代表了九种提升路径，大家要做的功课都不一样。所以找到自己的真正型号非常重要，否则会事倍功半。当然，找到自己的型号只是领导力提升的开始。而且你的主型终身不变，你只能成为更好的你而已。

九九归一谈何容易，这意味着你对圆上的九个点都有了体验，能够根据不同场合随意切换，并走到高层境界。即使是这样，由于每个人的独特教育、经历和经验，你还是独特的你，是圆上的一个点罢了。我们都知道，没有任何两个人是一样的，无论在提升前还是提升后。

问：我们可以将自我觉察养成一种自动的习惯吗？或者是否有人自小就将自我觉察养

成一种自动的习惯的呢？

答： 不可能。自我觉察是一种非思想、感觉和感官经验的觉察力，它属于心灵深处的渴望，在处事中的人格无法成为做人方式。自我觉察功课做得再多也不会成为一种习惯，它的目的是使我们的防御机制变松，使我们活在当下，心灵自由，能够做出正确的选择。每种型号的思维习惯、情绪习惯和本能习惯才是一种固化的习惯，受自己的性格控制。比如：9号的自我麻痹，就是为了获得和谐，避免冲突，从而远离真实的世界。

问：心理防御机制是什么？它与九型人格的学习有什么关系？

答： 心理防御机制是指个体面临挫折或冲突的紧张情境时，在其内部心理活动中具有的自觉或不自觉地解脱烦恼，减轻内心不安，以恢复心理平衡与稳定的一种适应性倾向。心理防御机制是人类共有、通用的，无所谓好坏，但是它使我们把自己关于现实的观点和感受当作现实本身。不知不觉，我们成了性格的奴隶，成了自己防御机制的"代理人"，生活在自己假想的世界里。

九型人格的洞见是把心理防御体系与九种型格对应起来，因为每种型格都更加容易受到某一种心理防御体系的影响，比如6号的投射和4号的内向投射。所以在研习九型的过程中，就需要在体验的基础上，找到自己的型号，然后在自己这种心理防御体系上多做功课，以帮助自己更快地提升。

问：请问投射到底是什么意思啊？我发现6号的情绪应对模式有这个特点？

答： 投射就是把自己内在的忧虑、敌意、想象的危险和恐惧归因于他人或外界环境，让自己躲避或挑战，简称外归因。在职场你会发现出现问题后，有些人总是归罪于外："这不是我的问题，是他们部门不配合我……"这就是投射行为，明明确实是他的问题可能也会这样，所以别人可能解读为他在找借口，或者不敢承担责任。其实他并不知道，潜意识让他做出了这样的反应。好处是自己不会因为犯错感受不好，焦虑担心，挑战是不知不觉破坏了人际关系。所以6号要多做投射的功课，前提是他能够意识到自己的投射行为。其他型号也会有投射，但是频率会小很多。

问：宽以待人，严以待事。前者比后者难做到，大家有建议吗？有些人就不是自己的菜？

答： 每个型号都有自己的偏爱，然后在此基础上接受训练，走觉察—理解—接纳—欣赏之路，减少自己的偏见，扩展自己的心胸。

问：8号要提升心区能量是什么意思？

答： 对8号来说，提升心区能量（感知力和同理心等）的方法可以是真心地关心对方，尊重他，开始倾听他要什么，非常好奇对方表达的内容和情绪，而不是给他面子，或者只顾自己表达。

问：我觉得自己基本已经可以克服 2 号主型带来的负面影响，但家里人不习惯我的转变，觉得我没以前乖巧听话，这是怎么回事啊？

答：正常，2、正 6、9 号在提升过程中经常遇到这种情况，因为你没那么压抑自己了，可以直接表达自己的观点和感受，他们不习惯了，希望你和以前一样听话。再往下就是直接表达但不伤人的功课了，要掌握分寸和平衡点。

问：作为 4 号，我发现自己真是在越亲的人面前越自我，是这样吗？

答：是人都这样，与型号无关。先职场，再朋友相处，再婚恋，再长辈，再亲子，一个比一个难，最后发现都是自己的问题，提升了自己一切都解决了，只是提升中的煎熬和周围人的未必认可可能会让我们停下自己的脚步，所以坚持是最重要的。

问：人是否受能量控制？

答：是的，九型图就是能量转化图，所以说被性格控制就是指受当下的型号能量影响，不能做回真实的自己。

问：长期保持腹式呼吸是比胸式呼吸更好吗？还是需要有意识时就用腹式呼吸呢？

答：没有好坏之分，关键看场合和对象。作为 3 号，你平时就经常用胸式呼吸，它会给你带来自信和力量，你会发现胸式呼吸后自己昂首挺胸起来；腹式呼吸的功用是打断我们的性格模式，让我们回到自己的内在，平静下来，做出正确的决策。

九种型号的性格特点

问：一方面说 5 号退缩，一方面又说 5 号好辩，这不矛盾吗？

答：两者并不冲突。从人群退缩，讨厌人际互动，不愿意与人打交道是 5 号的本性。好辩是 5 号的沟通模式：在擅长的部分滔滔不绝，头头是道，别人还无法打断；在不熟悉的时候，沉默是金。

**问：我平时在跟人相处时，谈到稍微有点情绪的话题时，就会忍不住嗓门大起来，说完了能够感受到自己喉咙有点微微的火辣辣的，类似于大声说话后的感觉，知道不好，但就是改不掉。但是在外人面前很少发生。还有，记得我第一次上课时，脑区的人聚在一起，由于都是害怕怀疑的人，大家都面面相觑不敢带头发言。我没有忍住，带头引导大家开始讨论了。请问这些都是反 6 的特征吗？前者的心理机制是啥？后者我觉得是对抗恐惧的体现。

答： 对，是反 6 的表现。反 6 的全称是反恐惧型 6 号（counter-phobic 6），面对恐惧的挑战会采取反恐惧的行为，大声说话、主动发言都是其中的表现。

问：6 号与思考背离是什么意思？

答： 脑区的特点和优势是逻辑思维能力，按理来说 6 号应该非常有主见。在他们为其他人释疑解惑时，他们确实是这样，而且建议具有操作性，非常受朋友们的欢迎。然而他们在面对自己的想法和问题时，却总是在寻找他人（特别是权威）的肯定和认可，同时陷入循环论证，挣扎在两个极端之间。而这一切又往往是自己头脑中的想象，与事实不符，所以说与脑区的思维背离。比如：6 号在为是否跳槽犹豫不决，究竟是在现在这个集团公司本部做个部门副职，还是跳槽去另外一家单体企业做副总经理？如果是别人的事，6 号朋友会分析得头头是道、有理有据，但是轮到自己，就会头脑发蒙，想不清楚了。他会习惯性地搜集尽可能多的信息，向朋友，特别是他信任的人求助。由于大家从不同角度出发，结论一定是冲突的，6 号也就会挣扎于去与不去之间。一会儿觉得去有道理，一会儿觉得不去有道理，怎么也定不下来，就是没有问问自己到底是否该去（还是习惯性地向外寻求答案）。在这个过程中，6 号容易头痛、失眠、呕吐，然后因为大脑极度耗氧而变得消瘦。

问：7 号是没有责任感吗？还是我没发现？如果没有，那他在什么时候才能体现出有责任感？ 他经常是刚答应我的事，过不久我再问，他就忘了。现在我都不敢相信他了，会觉得他对我的承诺都是为了哄我开心。那怎样才是真正的承诺？

答： 是你误解了，7 号是否真正地承诺，不是对方说 OK 就代表会去做，他说 OK 只是代表他知道了，他主动去做的才能被视作承诺。

问：6 号会不会有 3 号的一些表现？想被重视，吸引别人的注意，得到社会的认同赞赏等，我说的不是压力状态。

答： 自然会有，但不是核心价值观，想被重视、吸引别人的注意、得到社会的认同赞赏难道不是人类通用的吗？拿 6 号做例子，取得职场成功和失去配偶只能二选一时，6 号一般会选择与配偶在一起，放弃职场机会，这就叫核心价值观，至于被重视、得到注意、赞赏什么的自然更加不重要了。

问：世上有不折磨人的型号吗？

答： 没有，九种型号的朋友关注的焦点不同，价值观不同，所以也是冲突的来源。1 号的"吹毛求疵"、2 号的"以爱的名义占领"、3 号的"不择手段"、4 号的"情绪突变"、5 号的"铁面冷血"、6 号的"杞人忧天"、7 号的"有始无终"、8 号的"野蛮暴力"、9 号的"不求上进",对其他型号的朋友,都可能是一种折磨。所以我们要通过九型人格的学习,从理解走向包容、慈悲和爱。

问:9 号和平者就是该被欺负吗? 3 号是成就型就一定能成功吗? 7 号是快乐型难道就没有痛苦吗?

答:建议不要用和平者这样的称呼代替 9 号,用成就型称呼 3 号,用快乐型称呼 7 号,因为这些只能代表型号很小的一部分特质,反而容易望文生义,造成误解。9 号是追求和谐、内心平静的朋友,他们为了内心平静会压抑自己的本能和情绪,一辈子都在逃避人际冲突。3 号只是追求成功的朋友,与他们是否能取得成功没有任何关系,要不就没有"发霉的 3 号"了,他们一辈子在逃避失败,成功也不过是他们获得社会认可的外衣罢了。7 号是最懂得痛苦的型号,所以他们拼命地逃避痛苦的陷阱,让自己在不断追求刺激的过程中得到短暂的快乐!

问:关于 6 号最后一刻自毁的能量,我来谈谈:当年我读书不错,稍作努力能考一本,二本应该是没有问题的,但我只考了三本,不仅仅是发挥失常的问题。十年后我通过催眠去看那一段时间,是我累积了大量的负面情绪,怨恨父母,你们那么想让我读好书,把我当成一个工具而不是人,我故意把高考搞砸了,以显示对你们的不满。当然这是潜意识层面的东西,这是不是就是 6 号最后一刻的自毁啊?

答:你分享得很好啊。想当年,我考本科时数学最后一道题竟然忘做了,考硕士想换专业,报外交学院或国际关系学院,最后还是没敢,结果同班同学考进了。同寝室的室友(也是正 6),竟然都报了上海海运学院,学校一般专业特别难考,结果我俩还报考了同一专业,同一研究方向。全世界的人都说你俩肯定会有一个完蛋,我俩也互相提防着对方,在信息上严防死守,结果两人都考上了,只是导师不一样。

型号辨析

问:我到底是几号啊?

答:我们可以通过以下三种方法知晓你的型号。

九型人格问卷的自我测试。但切记测试结果仅仅是为了启动你的自我觉察,让你更多地了解自己而已,需要通过自我觉察来校正、明确自己的型号。因为受设计者、翻译者和评估者的型号限制,评估者的自我觉察水平都会影响最后的结果。我和很多九型导师一样，是不建议用量表的，因为数据有限，会缩小我们自我探索的空间。

运用九型人格的资料来对号入座，如：可以根据测试缩小的结果比照，看哪个型号的真实事例能够打动自己。

上专业导师的课是最直接的方法，因为你会有脑、心、腹的现场体验，可以由导师帮助你自我觉察。

其实最重要的是不断体验，不断进行自我觉察和反思，这样你才能找准自己的型号。

问：网上现存的九型人格视频看了一个遍，看着看着就矛盾了，为什么专家们的型号意见有分歧啊？

答： 名人型号，不过是帮助我们更好理解各个型号的特点而已，不用执着于他们观点正确与否，因为这个一点也不重要。只要是人的判断，就一定会错，错了时，能够活在当下，改变自己的观点才是更重要的，所以需要放下。比如海论·帕尔默和拉斯·赫德森的书中关于某些名人型号的研判也不一致，但他们依然是九型大师。建议放弃静态学习九型人格的方法，参加课程，在人际互动中感受人的真实存在。

问：我可以相信九型评测的结果吗？

答： 可以使用九型评测题，但不要过于依赖九型评测的结果，这只是觉察自己的开始。很多专业导师是不提倡用量表的，因为会限制自己，我也是这种观点的支持者。而且评测是行为，而动机、价值观的探索才是九型，而这是所有的心理评测无法解决的问题。在课堂上，需要导师引领大家发现自己和别人的心智模式和行为方式，打开觉察之门后自修就容易多了。导师只是一个过来人、引领大家觉察自我的人，不是对型号妄下断语的人。最有权力下结论的人是学员自己。

由于九型人格不是以心理评测为基础的，所以在网上测试的题目或九型人格书上的测试题效度都不够高，都是基于行为层面的，而且无法看到对方的面部表情、模式，无法面对面地探索对方动机和语言真实性。要辨别一个人的型号，一定要跟对方当面沟通，长期观察对方的一举一动，一般的时候是怎么样的，开心的时候是怎么样的，受到压力的时候是怎么样的，这样才能比较准确辨别自己或他人的型号。

问：如果不做九型评测题，如何判断一个人的型号？

答： 自己的型号研判，我相信大家的自我觉察，还可以通过上课辅助判断。至于对别人的型号研判，我的研判训练是这样：腹，本能知晓能量和脑、心、腹的分布；心，情绪觉察谈话方式、肢体语言、着装等；脑，专业研判访谈（其中兼顾腹、心）。

问：我发现大家在寻找"自我"的过程中很困惑，为什么会这样呢？我好像哪种型号

都有啊？

答： 众神把开启天堂的钥匙藏在了人类的心中，因为人类都习惯于从外界寻找方法来解决困难，却不肯向内探索，寻找真正的生命能量！我们都拥有九种性格类型的元素，但是只有一种是我们的主要性格类型，它支配着我们的思想和行为反应。每个人都有九种型号的一些特征，成长环境、教育、经历和经验都会让我们有所改变，但主型号只有一个并且终身不变。觉得哪个都像就是因为还认不清自己，需要深度的自我觉察，往自己的小时候看，结合自己的常态，了解自己最深层次的动机。有兴趣的可以看看《寻找自身型号过程中的陷阱》：http://blog.sina.com.cn/s/blog_676786d40100iy03.html。

问：难道能够一眼将人看穿？一下子就知道对方的型号？

答： 确实一眼能够看明白，但这是在经过专业训练以后。这时靠的是直觉，但是直觉一定会错，需要进行学员访谈去确认。此时，洞察的是对方的深层动机，比如：看6号就是觉察他的"恐惧"模式的重复出现。我们建议不见面不对型号下定论。当然，大家文字的风格，照片中体现的相貌和着装习惯，电话沟通中感受到的说话方式、语音语调等行为也会为我们提供线索。见面时我们还能感受对方的整体印象、走路的姿态、眼神和表情、呼吸和能量高低等等，所以研判准确率会增加。这一眼是有很高技术含量的。至于知道对方型号后能够了解型号背后的多少故事，那就看个人的修为了。

问：为何我们不提倡乱贴标签，却在型号研判练习的现场，经过探索告诉对方型号呢？

答： 型号研判，是九型应用的桥梁，我们会给出对方型号判断的结论和理由，可能是一个型号，也可能是两到三个型号。此时要相信对方才是自己的主人，我们的观点不过是供对方反思，开始更深的自我觉察罢了。刚开始学习九型时，狂热地帮别人贴标签也是好事，因为是在应用九型，只是不要逼对方接受自己的观点，可以说："基于xxx，我猜你的型号是……"被研判的人，要有这样的心态："既然是标签，可以贴上，不合适就在自我探索中自己摘下就是。"

问：是不是不同型号的人对别人的型号研判也会有所不同呢？

答： 是的，不同型号的人会用自己最擅长的方式去研判型号，脑区的朋友用逻辑分析，心区的凭感觉，腹区的凭本能。也正是这样，大家可能看到的都不是一个完整的世界，同一个人大家的型号研判的结论可能不一样。这就是九型人格版的盲人摸象。

问：为什么在找到自己的型号之后，会觉得自己越发像这个型号了呢？

答： 经过漫长的自我觉察，终于找到自己的型号，这种感觉好像是长途跋涉找到了自己的家一样欣喜，会涌出一种归属感，因此让自己更加地认同自我。先认清自己的位置，才能知道成长的方向。当然了，这个路还长，需要慢慢走下去。

问：探索型号中"真实的我"是不是就是童年的"我"？是否应该分析自己在没有改变性格之前的状态？

答：对，但不是"没有改变性格之前的状态"，因为性格是相对稳定的，到现在也不会有太大的变化。但是由于后天的教育和经历，我们为了适应社会，会更加伪装自己，戴上人格面具，所以会给探寻真我带来很多障碍。

问：1号是凭本能做事的，做他们认为正确的事，但是他们又习惯在做某些事的时候，一条一条列出来，显得非常有条理、很有逻辑性，这两者是怎么统一的？这种逻辑性跟6号的逻辑性有何不同？难道说，那种暂时的逻辑性是本能的体现而已？因为我觉得他们相当多的情况下，逻辑性是很差的。

答：是的，1号的逻辑性与6号不同。1号的逻辑性非常强，但是非黑即白的，不是正确，就是错误；而对6号和其他型号来说，第三条迂回的道路是正常的，可以理解的，但1号不行。

凭本能做事的，做他们认为正确的事的——是因为他们脑袋里一直有一个声音在提醒——"你做得还不够完美"。1号做事情是本能的，认为自己做的就是对的，按照自己的逻辑就是对的，否则就是不能接受的，追求自己心中的完美。

从行为上看6号也是完美主义者，但是6号是因为害怕受到惩罚才做得很好的。6号的追求完美，是害怕犯错，害怕承担，害怕受惩罚，为了想达到的结果可以曲线救国。这两种逻辑没有对错，就是两种不同类型的人。

问：6号和9号的纠结有什么异同？

答：从行为方面看非常类似，特别是9号进入压力状态会体现6号的行为时——两者都比较犹豫不决，很难做决定，要方方面面都考虑得比较周全了，才会下定决心。在下决心的过程中，若有细节变动，又会重新评估。若时间紧迫，不得不作决定了，就凭感觉。若是下属，就先去执行，若是领导，就当下觉得最好的方案先决策。

差异需要往深层动机走，6号是纠结在万一没有考虑周全会遭受什么惩罚；9号是迷失在别人的要求和自己的需要的挣扎中。

问：如何区分3号和8号呢？

答：3号是变色龙和外交官，可以为了达成目标而改变自己的行为举止，甚至改变自己的行为方向。8号一般坚持己见，敢于面对。3号在达成目标受阻时才会发怒，8号容易被激怒，而且是直接表达自己愤怒的。3号追求成功和威信，并非权力本身，并且需要VIP的认可才觉得自己有价值；8号不在乎知名度，因为他们不在乎别人的认可，直接对世界宣称需要的是控制和个人的权力，希望地球以他们的方式运转。3号害怕失败，因为他们认为失败是对自己能力的否认；8号可以把失败认为是变得更加强大的必经路径。如果你对能量敏感，能够明显感知到8号的能量远远大于3号的能量。

问： 正6与反6有什么区别？其他型号也有正反之分吗？反6情绪容易冲动吗？

答： 正6与反6是同一个型号6号，都是摇摆不定的，会在自信和不自信，自信和他信，思考与行动，信仰和挑战中摇摆。任何一个6号都具有正6和反6的行为，我们以他常用的应对模式来区分是正6还是反6。在修炼提升的过程中，正6的朋友反6的行为会更多，因为更加自信；反6的朋友正6的行为会更多，因为更加善于维护人际关系。正6和反6在应对恐惧上采取了不同的方式，造成反6未必觉察到自己的恐惧。正6是"退缩"，面对恐惧，后发制人，想好再做。比如正6对错别字以及算错的数字很容易发现，但一般不会当众去挑人家的毛病。正6一般情况是不预不立，必须计划好才能有行动，拖到最后才做，所以很多朋友都说正6效率低下，他的面容特征是微笑、温暖。反6是"攻击"，主动寻找危险，背水一战，表现出很强的进攻性。面对恐惧，先发制人，先去挑战、制服它。比如怕蛇就去抓蛇烧了吃，还有很多反6的朋友喜欢玩飙车、蹦极和大型过山车等极限运动。反6是越恐惧越挑战，越怕的事情越去做，所以他的面容特征是僵硬、有威胁性、恐吓性（内心的声音是"别惹我啊，我很强大的"）。反6面对危险会主动出击，但不能算是冲动，因为行动之前他还是早就考虑过了，内心还是担心、恐惧。

问：4号、5号和7号的创新有什么不同？

答： 4号的创新是天马行空，跟着自己的感觉和情绪走，又追求独特唯一，所以往往出人意料，他却觉得非常正常；5号的创新往往是建立在敏锐的洞察性上的，他在自己特定的细分领域内会非常有前瞻性和全局性；7号的创新是建立在自己的实际经验上的，他往往各行各业都懂些，然后将其中的几点嫁接起来，就成了一个个跨学科的创新。

问：2号和3号都会不知不觉接近VIP人物，究竟有什么区别呢？

答： 这里的VIP人物，指领导、演讲者、培训师、学校老师、专家等现场最有权威的人物。这里的接近包括身体接近和心理接近两个部分。

身体接近包括2号不知不觉坐到VIP的身旁，为VIP端茶送水，提供幕后服务；心理上2号也很容易与VIP走得很近，希望以帮助对方成功来获得自己的成功，然后希望VIP能够给自己特权。这样很间接，也很安全，对方即使不成功自己也不会影响太大，大不了换一个人辅佐好了。

3号身体上的接近却往往是有目的的，借势显示自己也是 VIP 的同类，可以跟身边的人显摆，自己有这样的朋友，从而提高自己在别人心目中的位置；心理上 3 号未必与 VIP 走得很近，可能是借势使自己更加成功，展示在台前。

问：1 号、3 号和 6 号关注细节有何不同呢？

答： 从表面上的行为走到动机大家就分得清了。1 号是完美主义者，会强迫性地关注细节到位，不考虑其他因素；3 号是追求成功者，如果在细节完美和效率 / 结果冲突时会追求后者；6 号是怀疑论者，关注细节上不犯错，使自己免受惩罚或者其他不好的结果，如减薪、失去晋升机会、被老板骂。如果 100 分是满分的话，1 号追求 101 分；3 号因为他们信奉的是求其上而得其中，求其中则得其下，所以设定的目标是 100 分，但完成 90 分就够了；6 号信奉的是尽职尽力，所以 85 分足矣。另一方面，6 号还信奉 PDCA 的循环，希望持续改进，从而下次做得更好才足够安全。

问：男的 3 号和 8 号我还能基本分清，女的 3 号和 8 号我比较晕，为什么啊？

答： 你提出了一个非常重要的话题：九型人格是超越文化的工具。另一方面，文化的期望一定会对我们产生影响，所以要理清是文化的影响，还是真实性格带来的更本质的影响。比如：中国的女 3 号可能语速并不快，比较低调，原来她有位严格的爸爸，从小就不容许女儿疯疯癫癫，说话连珠炮；中国的女 8 号可能也表面上并不强势，因为从小被教导要做淑女。很多中国女孩特别是年龄长一些的，天性被压抑得很严重。

问：最能用脑、讲道理的心区型号和最能用脑、讲道理的腹区型号各是几号啊？

答： 3 号和 1 号。

问：在得到 3 号认可后，3 号会一直追随，这个与 6 号的忠诚者有什么区别啊？

答： 他们确实在外在行为方面很像。但对 3 号来说，被追随者还需要持续进步，保持领先，才值得追随。而 6 号可能会"愚忠"，情况、形式变了，信任在、关系在，还是追随者。

问：我怎么知道自己是 1 号，还是 2 号呢？

答： 因为这涉及侧翼，请体察一下自己的压力状态。你说自己最有感觉的是 1 号和 2 号，1 号的压力状态是 4，2 号的压力状态是 8。也就是说，如果你感觉到有压力时，出现了 4 的行为——创意、情绪化等，倒推你就是 1 号；如果有压力时出现的是 8 号行为——超强的控制，同时夹杂着 2 号的情绪，你就是 2 号。因为 1、2 号分属腹区和心区，腹区的 1 号是直觉和行动力，背后没有太多的情绪，除了压抑的愤怒；心区的 2 号情绪起伏大，在公开场合总是以热情助人的状态出现，其实自己非常感性，在看电视剧时都会被剧情人物代入，伤心落泪。

问：为什么 6 号会有很多 4 号的感受？这两个型号并不相连，也不存在安全一压力关系？

答： 6 号和 4 号，都容易关注到负面的情况，并扩展想象，就像真的会发生一样，但 6 号会考虑预案，不愿意长期呆在负面情绪中；4 号可能会享受那个情感黑洞，感受自己的与众不同。

问：我怎么分不清 2 号和 8 号啊？

答： 2 号和 8 号经常混淆，有特别多的 8 号渴望成为人人爱戴的 2 号，所以拒绝承认自己是 8 号。自保 8 可能在外人面前"假装"倾听，也不发言，其实并没听进去，只是给别人面子而已，所以被称为沉默的 8 号。建议从能量角度区分，如果总是热情洋溢的，在说别人不好时显得很绕的，是 2 号；硬朗强势、直截了当的，是 8 号。

问：请问 6 号的炫耀和 3 号的炫耀有哪些不一样？

答： 6 号容易炫耀专业和知识、智慧，3 号会广泛得多。还要考虑副型，如果是一对一，就与比较、炫耀、竞争相关，会特别炫耀老公、孩子和自己，不过这样就与主型关系不大了。

问：找到自身型号了，并不代表就不用自我觉察了，对吗？另外，怎么判断自己是否在调整期？

答： 非常准确！找准自己型号是自我觉察的开始而不是结束，实际上很多人往往找到自己的型号就认为自己已经觉察得很好了。事实是还差得很远，因为人性是最难捉摸的。所以我上课不告诉任何人型号，因为太容易得到的东西都不会珍惜！只有经历过觉察的痛苦，才会有生命的体验。而当你感到自己在困惑、恐惧、痛苦中挣扎，感到自己过不了这个坎的时候，就是调整、突变的开始。然而机遇与挑战并存！要么又活回原来的状态，要么向前进一大步！然后再痛苦，再前进，你的潜能和领导力就提升了！在痛苦的时候往往需要心理辅导、心理治疗来帮助大家走得更快。

侧翼

问：真的有没有侧翼的主型吗？

答： 有，但是占人口比例比较低。

问：计算机科学家的性格是哪类的？5W4 还是 5W6？

答：事无绝对，不过 5W6 更多，因为 5、6 结合会加强思考、逻辑的部分；4 号更强的是想象力和创造力，不是发现事物本质的逻辑思考能力；5W4，科幻小说作家之类的更多。

问：侧翼能否像副型那样变化？

答：侧翼可以改变，但时间较长，无法像副型那样，一天内可以为了应对不同的环境改变几次。

问：6W5 和反 6 有区别吗？

答：有区别，6 号有正 6 和反 6 之分，反 6 可能有 7 的侧翼、5 的侧翼和侧翼不明显（即经典反 6）。

箭头

问：为什么每个型号都要经历安全状态的提升？

答：是否需要经历安全状态的提升由大家自己决定。安全状态可以软化我们的心理防御机制，弥补原始性格（主型）的基本缺陷，从而有可能走向性格的高阶状态，而高阶状态往往是和原始性格模式相反的。5 号抽离、内敛，他的安全状态是 8 号，此时的 5 号开始提升自己的魄力，增加自己的信心，增强自己的行动力，而不是只是认同自己的思想，从而可以更好地平衡内与外；8 号率直、强势，他的安全状态是 2 号，此时 8 号开始关注他人的感受，以开放的心胸接纳、关爱别人，而不是反对、支配别人；2 号过于重视他人的感受，需要用别人的评价来肯定自己，他的安全状态是 4 号，此时 2 号开始更多地关注自我，了解自己的攻击性和负面情感，开始无条件地接受自我；4 号是悲情浪漫主义者，注重缺失的一角，他的安全状态是 1 号，此时 4 号开始从主观想象回到客观世界，从自我陶醉走向有原则的行动；1 号是完美主义者，自律、严格遵守规则，他的安全状态是 7 号，此时 1 号开始学会轻松，学会享受生活，不再事事追求完美，效率也随之提升；7 号是享乐主义者，缺乏深度思考，他的安全状态是 5 号，此时 7 号开始从体验当下的快乐和刺激，转向思考自己的人生经验；6 号是怀疑论者，经常焦虑，处于矛盾之中，他的安全状态是 9 号，此时 6 号开始情绪稳定、平和、信任他人，既独立又与别人亲近；9 号是和平主义者，会贬低自己来赢得友谊，他的安全状态是 3 号，此时 9 号开始彰显自我、主动积极，同时也开始发现自己的攻击性冲动不会危害人际关系；3 号原本相信自己的才干和外在形象才是有价值的，他的安全状态是 6 号，此时 3 号开始发现自己真实的自我，发现自己的脆弱并依然被别人接受。

问：我真的一直有一个疑问，就是唐·里索的书上说 6 号向 9 号整合。我现在比较能顺应自然，但是我的 9 号一点也不明显。而且我发现 6 号表现出 9 号的特征的背景是：我的一切行为动机不是缺乏信任感，缺乏安全感，常常令我恐惧吗？那么我干脆就钝化了，只注意我的身体，因为这样一来我就"安全"了。可这样并不是健康的人格。是不是说 6 向 9、4 向 1 等整合之类的学说其实只是一个暂时性的避风港呢？

答： 不是，整合状态能让你有机会走到发展层级的第三层并稳定下来，前提是带着觉察并在这个状态待一段时间。安全状态未必是舒适状态，相反会是这辈子最大的挑战，人们的第一反应往往是逃离。对 6 号来说，会彻底摆脱恐惧，但焦虑还是有的，只不过越来越轻。我现在即使玩蹦极和过山车也不会害怕，为了配合大家的情绪，也可以让自己恐惧上来，大叫两声。更多的你看看《欢乐谷——领导力提升的乐园》：http://blog.sina.com.cn/s/blog_676786d40100il9p.html，正好以 6 号为例。

问：大家都是怎么整合的？我（7 号）怎么觉得越来越用脑了？大脑一直紧绷着的感觉，松不下来啊。

答： 7 号整合是到 5 号，确实是更用脑，更容易感受到自己的焦虑。其实 7 号本来就焦虑，只是自己原来不容易觉察而已。好处是会更踏实，更稳，更明白快乐、自由的真正意义。

副型

问：副型究竟是什么？副型的开发与主型的开发有区别吗？

答： 副型是人类基本求生存的行为 / 本能，每天同时在运作的，包括自我保存、社交和一对一，每种主型都有这三种副型。自我保存副型关注保障个人生存及威胁自身安危的事情，如安全、舒适、家、家人、保护、充足的基本资源；社交副型关注在团体中的角色、地位、社会认同、归属感、参与感、友谊；一对一副型关注成双成对的一对一关系。自我保存副型的人往往喜欢囤积东西，不善于与人打交道；社交副型的人往往善于运用社交语言，很快与别人打得火热，但没有深刻的连接；一对一副型的人往往没有办法同时与两个人说话，如果旁边有两个人，你会看到他不自觉地将头摆来摆去，他在意的是与对方深入交流。

每一个人都会有三种副型，但出现的频率不同，在应对生活时，会以不同的副型行为出现。我们的副型就是指出现频次最多的那个第一副型，它往往与我们的成长经历最艰辛的部分有关。如：失业时关注的是自保；谈恋爱的时候关注的一定是一对一。在日常生活中，能够同时体察到两种副型，并且比较平均，这很正常，但是三种副型的平衡需要修炼。副型的开发与主型不一样，它是要做到三个副型在一个人身上平衡出现，能够在合适的场景下展示合适的副型行为，如：参加聚会就展示社交副型，需要深入互动就展示一对一副型。

问：副型会变化吗？

答： 首先要确定变化的含义。一、副型会变，如果指的是应对环境，比如：你下午参加一个聚会，会上你一个人也不认识，可能你的自保本能就会出来了；你晚上与自己的女朋友约会，也许一对一的本能行为会展现。二、副型不变，如果指第一副型、第二副型和几乎被弃用的第三副型影响你的顺序。因为副型是你的第一本能反应，即便副型平衡了，也是如此，后天的修炼只能让副型更好地互相切换。

问：副型是不是根据 ERG 理论 [美国耶鲁大学行为学教授、心理学家克雷顿·奥尔德弗（Cloyton Alderfer）提出的一种新的人本主义需要理论，他认为人们共存于三种核心的需要，即生存（Existence）的需要、相互关系（Relatedness）的需要和成长发展（Growth）的需要] 发展来的？

答： 不是，ERG 理论是建立在马斯洛需要层次理论基础上的。举些例子：性爱是ERG 生存的需要，但在副型里对应的是一对一，而不是自保；ERG 成长发展的需要也对应一对一。副型是表达情绪的本能行为，也就是说无论你是否意识到，副型行为一定会发生，这个与 ERG 理论、马斯洛需要层次理论的内在愿望的满足没有直接的逻辑联系。九型有 4500 多年的历史，100 多年的心理学很难去解读它，虽然现在有很多心理专家在用心理学去解读九型人格。

问：所有的 3 号都穿着时髦吗？副型的差异或者个体差异，会不会有不时髦的 3 号？

答： 不是所有的 3 号都穿着时髦的，关键看穿着入时是否是他目标的一部分，副型的不同也会有差异，比如自保型 3 号就比社交型 3 号对穿着看得淡。我们不能透过一两个行为就下型号研判的结论。研判型号是以深层动机为核心的，外在行为只是辅助。所以我反复强调：自我觉察的基础上再去觉察别人才是正途。

问：焦虑和恐慌只有 6 号吗？自保的人也会吧？

答： 焦虑和恐慌是脑区 5、6、7 号常见的现象，其他型号的人在自保副型起作用的时候也会这样。

问：自保反 6 为什么笑会那么难啊？因为他第一反应是，别人为什么对他笑，有什么目的吗？

答：我上课时说的那位自保反 6 是保安，安全隐患是放在第一位的，所以 6 号寻找漏洞、问题的特点会被强化。自保型，也喜欢别人微笑亲切，但确实不习惯对别人主动，内在有一点担心对方会想"我认识你么？你为啥对我笑啊"等投射行为。

问：为什么 7 号的 Counter-type 社交副型是典型的 7 号？难道不是自相矛盾吗？

答：典型的 7 号是从一般人观察到的外在行为的角度说的。我们说 Counter-type 是指与主型相反的副型行为，是从内在体验的角度说的。7 号的 Counter-type 是社交 7 号，会给人呼朋引伴、吃喝玩乐、无所不能的感觉，但社交 7 号会为了团队牺牲，接受限制，这与我们常规上理解的 7 号不太一致。

问：我自保副型和社交副型比例差不多，应该如何鉴别呢？

答：副型是看一个人把主要的精力放在了他生命中的哪个部分。两个副型比例差不多的情况，你要关注自己处在哪一个状态更舒服，更容易恢复状态。注重生存、实用是自保副型核心的部分，而社交副型强调归属感、在团体中的位置。

问：社交 2 号，因为有主型特点，好像关注社会新闻事件不多，是这样吗？

答：社交副型的都关心新闻，社交 2 号也不例外，有了 2 号的主型影响，他更关心的是八卦新闻和社会新闻这些与人有关的部分。

问：自保 2 号，在金钱和关系排序上，好像也很纠结，对吗？

答：自保 2 号，确实很纠结，所以在型号研判时经常与 6 号混淆。不光是金钱和关系排序上，在照顾自己和关怀别人的关系相处中，自保 2 号也会纠结，因为自保 2 号叫我优先（Me first），这个特征也与主型有冲突。

发展层级

问：为何有了切身体验才可能真正理解健康状态和整合？

答：健康状态需要直接体验，是要自己做到才能真正理解的，因为九型人格是个向下兼容的体系，发展层级高的人能够理解发展层级低的人的行为，反之不成立。唐·理查德·里索和拉斯·赫德森的最大贡献是发展层级理论，但是这个理论走向实践是有难度的。健康层级来自对高僧大德、跨国集团 CEO 等人的调研，不健康层级来自对神经功能症患者、精神病人的调查。一般人比较难接触这些人群，所以很难觉知、觉察。

整合状态会与平时差异极大，无法用常识判断，人也往往不是那么舒服，所以很多人往往入宝山而空回，赶紧逃离或摆脱这个状态。但是如果有导师指点，自己明白，就会真正从中受益，开始超越自身型号，解决自身型号"根"上的问题。此时的你，已经不是原来的你。没有经历过这个阶段的朋友，往往对他们说了也没感觉，没办法理解。另外，安全状态是整合（脑、心、腹合一）的开始，而不是结束。

问：为了关爱我们自己，我想知道，各个型号的不健康状态往往会在生理和心理方面有什么表现？

答： 1号会因为压抑自己的性冲动和身体的感觉而得强迫症，要么过度饮食、过多服用维生素（贪食症），要么自我控制，进行绝食、节食、灌肠（厌食症），要么强迫性地洗手；酗酒、吸毒来缓解紧张。

2号会滥用食品和非处方药；狂饮作乐，特别是大量食用糖果和碳水化合物；因为爱的饥渴而暴饮暴食；因为寻找同情而得抑郁症；容易得皮疹、肠胃炎、关节炎和高血压；色情狂和虐童者。

3号会过分强调别人对他体形的认可，为达到美容效果而过度手术；工作到筋疲力尽（工作狂）；过分节食；摄入过多的咖啡、安非他命、类固醇等兴奋剂；觉得自己非常有能力（妄想症）；杀人犯、纵火犯、强奸犯、绑架者。

4号会过度沉溺于油腻的食物、糖果；用酒精来调剂心境、安抚情绪和加强社交；缺乏体力劳动、体育运动；贪食症；因为社交恐惧症而吸烟或服用镇静剂等处方药；通过整容手术来改善自己的容貌；自责、与人疏离，得上抑郁症；病态地幻想自己为整个世界牺牲，得上强迫症；自杀或杀死他们认为应该对自己毁灭负责的人。

5号会由于拼命降低自身需求导致不良的饮食、睡眠习惯；忽视自身卫生和营养状况；缺乏体力劳动；服用精神药物来刺激和逃避自己的精神状况；因为焦虑而酗酒、使用麻醉剂；因为恐惧而失眠，得上妄想症；自杀或得上精神分裂症。

6号会因为饮食没有变化而引起体内营养失衡；工作过度；为调节自己的精力而服用咖啡因和安非他命；酗酒、服用镇静剂来缓解焦虑，是酒精中毒率最高的型号；极度焦虑而得上抑郁症，甚至被迫害的妄想症；组成犯罪团伙，攻击公众人物；自杀。

7号是最容易对咖啡因和安非他命等兴奋剂上瘾的型号；会精神亢奋、声色犬马、纵情淫乐，直到筋疲力尽；会患上强迫症，强迫性地进行性生活、进食、购物、赌博、盗窃癖，服用精神药物、麻醉剂和酒精；过多进行整容手术，服用止痛药；虐待动物、孩子和配偶；自杀、杀人。

8号会忽视身体需求和身体上的问题；讨厌上医院和身体检查；过度沉溺于油腻的食物、

酒精、烟草；自身过于努力，会带来高压力，导致中风和心脏病；有可能酗酒或吸毒成瘾；欺诈、偷窃、强暴、虐待儿童、殴打配偶、反社会而没有罪恶感。

9 号会由于缺乏自我意识、压抑愤怒而得贪食症或厌食症；缺乏体力劳动；服用镇静剂、精神药物、麻醉剂，酗酒来减少孤独感和焦虑感；得上抑郁症；多重人格的精神分裂；自杀。

问：高阶状态的 5 号很让人讨厌吗？

答： 如果令人讨厌，就不是高阶状态的 5 号。因为高阶状态的人都更加圆融、接纳、有爱，与型号无关。这样的 5 号我还是接触过一些的，不过更多是外国人，他们能够感受到心的温暖和敞开，努力让自己分享而不是藏私，直觉能力更强，而不是过多地依赖头脑的分析。

问：3 号不按游戏规则走，没有双赢甚至多赢的思维，希望秀，当主角，能做成大事的比较少吧？

答： 不是这样，关键看他突破自己的程度，或者说九型人格发展层级的高度，无论他是通过自身阅历和在现实中跌跟头的漫长实践，还是通过九型领导力实现的"跳级"。

问：尊重对方、尊重生命，是否包括不评判？还有，评判和说出自己的感受究竟界限在何处？

答： 自然。不过九型人格的学习会更难，你先要有判断，再放下它，试着用对方的方式来顺势而为。其实评判是有价值的，可以根据经验形成模式，通过自动化来提高效率。但是不要被评判局限了，因为你不是他，不可能和他的生命完全重合，所以你的判断和建议可能完全不适合对方。即使你学习了九型人格，也不过让你更接近事实而已，而且这个是熟练工种，你不用能力就会退化。我在九型 TTT 课程上就强调过，内在观察者永远不会成为你的习惯，如果你放弃练习，很快就会重新被性格模式控制。

评判来自头脑，感受来自心，表达出来都有助于自己的身心，否则压抑自己的观点和情绪，会带来更大的情绪爆发，或者在身体疾病上有所体现。九型领导力的训练，让我们不被自己的性格模式控制，有了更多选择，比如沟通互动的时间、地点、方式等。

问：霍金斯（大卫·霍金斯，美国著名心理学家）的能量等级概念与发展层级有关系吗？

答： 霍金斯的能量等级是意识能量，与九型人格的发展层级其实是对应的。

九型领导力方面

领导力开发

问：什么是领导力？

答： 领导力是为了满足共同的群体目标和要求，通过改变他人态度和行为的沟通，来实施影响力和鼓励变革的方式方法。领导者运用建立愿景、组建团队、激励启发等方法与下属合作，推动戏剧性变化的产生。

问：什么是领导力开发？感觉很高大上，除了外资企业，还有企业在做领导力开发吗？

答： 站在公司角度，就是帮助被开发者挑战自我、突破极限，成为基于公司价值观的卓越领导者。领导力开发有高大上的感觉，是因为它往往涉及面广，包括领导力素质模型评估、培训、教练、课后应用、行动学习等。现在中小企业也在流行领导力开发，因为环境变化太快，领导者的素质和能力跟不上，企业会有没顶之灾。

问：为什么说信任是领导的基石？它的三个层次是什么？

答： 如果下属不信任自己的领导，就不会对领导施加的影响产生反应，所以说信任是领导的基石。

信任是有价值的，分为三个层次：

基于恐惧的信任。一次违背就会破坏这种信任关系。比如：新建立的管理者—员工关系，信任是建立在老板的权威基础上的，如果不履行工作职责，他就会对你惩罚。

基于了解的信任。基于行为的可预测性的信息上，彼此知道对方的预期。如果你相信对方的解释，就可以接纳、原谅这个人，继续信任对方。

基于认同的信任。双方有情感纽带，在人际交往中可以替代另一方。彼此理解对方的意图，体察对方的需求和渴望，控制程度最低，不需要监督，因为对方毫无疑问是忠诚的。

问：领导力开发中常说的胜任力与个人能力有什么区别？

答： 能力（Ability）是个人的自然属性，胜任力（Competency）是组织开发的名词，会从公司价值观开始分解，依据公司所属的行业，和公司实际情况制订素质词典，然后在此基础上设计评测、准备培训开发工具，在招聘、培训开发等方面拥有优势。目前胜任力模型的势头慢慢要盖过传统的职位体系了。

问：九型人格怎么与领导力开发相结合？

答：九型人格与领导力开发的结合是建立在领导力素质模型的基础上的，因为它们只有将具体的行为和技术明确界定后才能够走向应用。具体的请参考《九型领导力开发体系》：http://blog.sina.com.cn/s/blog_676786d40102vr83.html。

问：九型领导力开发的系列课程与传统的管理培训课程有什么差异？

答：该系列课程是以九型人格为内核的，是针对性的人性化管理。传统的管理培训课程是标准化的管理，如果想在此基础上，更进一步提高管理绩效，九型领导力开发课程是非常有帮助的。对于参加过类似主题的管理培训课程，比如 MBA（工商管理硕士）、EMBA（高级管理人员工商管理硕士）、DBA（工商管理学博士），并且有丰富的管理经验的领导者，该课程效果会更佳。

以下是课程简介："培养战略性思维的高阶领导"致力于帮助各级领导者现场学习战略制定，同时提升战略性思维方面的领导能力。"卓越领导力与九型人格"致力于帮助各级领导者根据自身的性格特点，找到提升领导力的突破口，从而开发潜能、超越自我。"职业经理人管理智慧训练"致力于帮助各级领导者解决知识型员工的管理问题、90后管理障碍，学会型职匹配，搭建团队，运用针对性的激励和时间管理的方式，降低非期望性离职率。"完美沟通带来影响力"致力于帮助各级领导者与不同人格类型的人有效交流，而不会好心办坏事，同时针对性地提升自己的沟通水平。"领导高绩效团队"致力于帮助各级领导者把性格迥异的人组织在一起，形成高绩效团队。

"道法自然的培训师"致力于帮助各级领导者做好培训，更好地传播公司理念和专业技术。"压力冲突管理与九型人格"致力于帮助各级领导者合理利用压力状态提高工作绩效，在压力过大时运用课堂教授的方法释放压力，针对性地进行冲突管理，降低不必要的组织冲突。"职业生涯管理与九型人格"致力于帮助各级领导者做到精确的型职匹配，在认清自我资源、分析外部机会的基础上，进行针对性的职业决策，制订行动计划，保持动态评估和反馈，从而完成全生命周期的职业生涯管理。

"婚姻恋爱与九型人格"致力于帮助各级领导者理解什么行为代表对方爱上了你，双方潜在的冲突点是什么，不同型号的对象有什么针对性的相处方式，从而提升恋爱和谐指数及婚姻幸福指数。"因势利导的亲子教育"致力于帮助各级领导者真正了解孩子的个性和在学校里的表现，发现孩子身上的天赋潜能，顺势而为、因势利导，帮助孩子取得学业提升和人格培养的双丰收。更多的详见《九型领导力开发课程体系》：http://blog.sina.com.cn/s/blog_676786d40102whvk.html。

问：教练技术的发展是什么样的？

答： 美国 30 多年前有了教练技术，狂热的时候甚至发展到理发店、超市都会提供理发教练和售货教练，五花八门，无奇不有。教练技术从行为主义心理学，走向积极心理学、人本心理学，改变不了它从术到道的基本规律，从技术熟练走向关注人性的本质。这点与引导技术一模一样。

问：九型人格与教练技术、引导技术的关系是什么？

答： 一、九型人格是人性的地图，最接近人性，所以相当于一个多功能插座，你插什么是你的本事——无论是领导力开发技术、教练技术、引导技术、心理治疗技术，都会比较容易。二、九型是直接在心理防御机制及其相关的动机、价值观上做功课；教练技术以语流为落脚点，主要涉及行为改变，也涉及部分心智模式的改变；引导技术是绕过心理防御机制的聪明做法，通过心理专家的专项设计突破个性屏障，达到群策群力的效果。三、九型人格是发散的，教练技术是聚焦、结果导向的，引导技术视单体技术而定。现在是个技术融合的时代，比如：教练式引导，就是引导技术 + 教练，现在还有教练走向疗愈。我上课是九型为魂，领导力开发为主，现场教练保证落地，引导技术串联研讨。每种技术都会有天然的优势和劣势，如九型技术不够聚焦，教练、引导技术个人修炼不够，必须打组合拳。更多的请参见《九型人格与引导、教练技术的对比》：http://blog.sina.com.cn/s/blog_676786d40102vg3d.html。

沟通

问：沟通中的"盲区"是什么意思？

答： 盲区是信息发送者失真的一种，在说话时往往会使我们说的话自动失效。盲区包含的信息我们自己往往意识不到，他人却很容易觉察到。我们不知不觉地通过谈话方式、身体语言和其他可推断的表现泄露了我们的盲区。每个型号都有自己独特的盲区，向他人无意识地传递着信息。比如正 6 说话时声线微带颤抖，讲话断断续续，显得很犹豫；面部表情往往慌张、担忧，避免眼神接触，眼神来回移动、扫描：在这种情况下，正 6 往往意识不到的盲区是他已经给人留下了消极、悲观、什么也做不成的印象。所以我们要加强自我觉察，努力改变自己意识到的盲区。

问：沟通中的"失真的滤镜"是什么意思？

答： 失真的滤镜是信息接收者的失真，它会无意识地过滤发送者说的内容，不同的型号关注的内容也会有所不同。比如：3 号失真的滤镜包括判断信息对自己是否有用，这就会产生很多误解。因为 3 号会自动过滤自己认为没用的信息，只关注自己当下完成目标所需的信息。所以如果你给了 3 号朋友一套信息，到时候他却说没有看到，那说明他失真的滤镜起作用了。所以我们要加强自我觉察，努力改变自己意识到的失真的滤镜。

问：一个职业生涯里遇到的真实例子，记者对母语是英语的受访者的发问是："What do you think are the areas of improvements that should be made in China's auto industry？"而不是："What do you think are the issues/problems in China's auto industry？"母语是英语的人不会什么事都说 issue、crisis。我们公司系统叫 opportunities——你的机会点。

答：国外流行的积极心理学、优势管理在中国是缺失的，上面提到的都是语言表达上的呈现。中国企业的领导者更多受工业时代的 MBA 教育影响，擅长发现问题、解决问题、持续改进的 PDCA 循环，对人的关注少，对问题点关注多，在语言表达上的共同特点是很少表扬下属。外籍经理不一样，你才做了点小事，就"Gorgeous，wonderful，magnificent"，夸得你都不好意思，下次不做得很好似乎都对不起领导。

管理

问：我金融企业的 6 号同事要请婚假，觉得特别不好意思。6 号是不是会觉得请假时自己内心特别愧疚？

答：是的，6 号要请假，要请人帮忙都是非常说不出口的。要请假，自己的事情想必要别人来代劳了，多么不好意思，原本这些都是自己该承担的责任，而且可能会破坏自己在意的关系。只是，婚假是不得不请的，扭扭捏捏到了最后，自然还是该请假请假，该面对面对了，只是前面总是会反反复复很纠结，大家多给他些安慰和宽容会好些。除了内疚，他还会有担忧，比如：1）担心自己不在的时候老板把工作任务交给其他同事做，自己失去机会；2）其他同事额外承担了自己的工作任务，心里不爽；3）请假过多，老板以后会不敢把重要工作任务安排给自己做；4）请假期间会错过一些重要的信息和公司培训，因为金融行业的市场行情、产品、法律法规都变化很快，请假离开久了，人就可能失去竞争力。

问：我是 3 号销售经理，请问如何激励 9 号销售员工的内驱动力？目前五人，其中三个是 3 号，很容易找到激励点。另外两个是 9 号，一男一女，优点是与客户的关系很容易拉近，但是到跟进阶段时男士总是拖拖拉拉，给过很多技巧但是感觉他不是很上心，

女孩的问题是没有更多的潜在客户积累，时间管理是她的一个问题，但是内驱动力不足是重点。

答： 三个 3 号你可以本色激励，关注一点，PK 要成为良性竞争，否则失败者会离开，此时你的鼓励、帮助会直接拉近与他的关系，让他绩效提升。

团队人员配置不够理想：六人团队一个 9 号即可，起内部黏合剂作用，以及进行客户服务、支持。我们公司就有多次 9 号客服总监被客户骂了几个钟头，客户爽了以后追加销售或投资额的经历。

调岗：9 号不是特别适合做一线销售，有调岗的机会吗？9 号是内心平静第一、关系相处第一，你会发现他没有激情而且你推不动。在遇到客户不合理要求时，他不善拒绝；遇到交易谈判时，谈价格更是羞羞答答，我甚至遇到过站在客户角度要求公司降价的例子。你教的技巧不用是因为他的内心抵触。

时间管理：9 号是腹区的，轻重缓急不分是经常的现象。你可否每天帮他安排日常工作排序及操作流程？我知道这不是你的领导风格，但是对 9 号就只有这样才有工作效率。

激励要知道 9 号要什么。9 号是不要个人事业成功的，钱也没有那么重要，职位、职业生涯平台也没兴趣。他在意的是他个人的健康、内心的平静、家庭（族）、团队。他不会为个人付出，但是可以为团队付出，前提是你充分信任、肯定他，而不是指责、批评，如果他消极怠工、捣糨糊、摆一张臭脸，一定是你已经触怒他了。

好消息一，如果你送他上马，再扶一程，他的习惯养成后，你会奇怪地发现，他会匀速前进，根本不要你管；好消息二，你的型号天生吸引他，因为他喜欢激情又自己缺乏，如果你不是总批评他的话，会更容易让他充满干劲。

最后一招，可能对你有挑战——激起他的愤怒，当然不是对你，是对外部环境和竞争对手的。这招使用过的副作用是，9 号愤怒时会消耗太多能量，会有很长时间缓不过劲来。

问：6 号在工作中很纠结的时候，如何能帮到他？

答： 他是你的下属，事情急，需要马上行动，你又是他尊重的上级，那你坚定地告诉他结论，他去做就行。无需承担风险，6 号也就不纠结了。如果是 6 号上级，就看你是否是他心腹，还仅仅是工作伙伴，前者影响力会大很多。

向上管理

问：我刚转做销售，一个 3 号销售同事看到我的业绩逐步提升的时候，会故意影响我谈单，领导是 7 号，7 号让我心里明白就行，做好自己。我觉得同事是自保 3，在公

司人缘很差，经常说假话，大家不喜欢，可新来的领导是 7 号，好像对道德人品不是非常看重，觉得 3 号工作努力，还是给她很多机会，请问身为 2 号的我该如何和 3、7 号相处？

答： 想到四点，供你参考。一、同意你领导的观点，做好你自己是最重要的，特别是在销售部门，相对独立，以业绩论英雄。领导是脑区的，很多事情都会看在眼里，但会考虑整个部门情况，未必马上按照你的想法行事。

二、试着克服 2 号需要老板认同的习惯性思维，因为很多 7 号老板在职场滥用 1 号压力状态而不自知，表扬、认可并不多。

三、关注自己可能会有的倾向——与客户关系相处轻松自如，成交谈价格难以启齿。

四、和 3 号同事相处分两个部分。1）与人为善的日常交往。请参考《九招搞定你的 3 号 BOSS》（上）（http://blog.sina.com.cn/s/blog_676786d40100muyx.html）、《九招搞定你的 3 号 BOSS》（下）（http://blog.sina.com.cn/s/blog_676786d40100muz7.html）。2）干扰你业务成交的部分，下次一定要站在道德的高度上重重回击，明确表达自己的观点，让她知道你的底线，下次她就不敢了。

问： 我是 3 号，实在受不了 6 号老板的久拖不决，求一招搞定 6 号老板。

答： 臣服，早请示，晚汇报，让 6 号领导有掌控感，而不是威胁、被挑战。过了心理考察期，也许是半年，也许是一年，你才会有你要的独立自主！

问： 我是 3 号，反 6 领导给我一个单位名字，让我分析并了解一下，结果我很用心分析了每一块，因为我知道他是反 6。结果问题出现在第二天，他检查我工作的时候，他的分析重点是让我看那个单位是否是经过国家有关部门认证。而我忽略了这一点，我只是了解了公司内部的运营情况，却忘了它是否合法。这是不是就是反 6 下达指令的模糊概念啊？

答： 你确实说出了 6 号的沟通模式，说法绕却希望你直接。6 号是在意合法合规的，这基于安全的动机。可是又和 1 号不一样，他们是要知道雷区在哪里，然后绕过去。举个例子，半夜行路，遇到前面红灯，1 号的标准是交通规则，他会停步不前，直到绿灯；6 号可能会第一反应看看周围有没有人，发现没人就快速闯红灯，因为只要能够避免处罚，保证自己的安全就行。

自问： 1 号领导要求很高，很抓细节，甚至挑剔！我的直接领导是院级领导，她会和辅导员早上 8 点之前去兜教室抓迟到学生，会要求学生每天统计，一周公布。考评标准要修订细化。开会就说部门哪里没做好。每个月辅导员的考核奖 120 元，每一项 2 或 3 或 5 元这样扣钱。很多老师的考核奖在 100 元以下，已经包括了加分项。负责考评

的老师求情，领导回应说工作没有做到位！

自答： 现在她认同我工作量太大，我很有责任感！因为我一般都会每周或隔周将近期的工作安排 QQ 发给她，1、2、3……条理清楚，有事提前汇报，知错就改！

招聘面试

问：如果我用九型人格评测题来做公司的人才甄选，要注意什么？

答： 如果没有参加九型人格的相关培训就做题，效度会较差。如果不考虑这个因素，建议采取以下方法保证测试的准确性。

测前培训：内容可以包括本测试为二选一的迫选题，答案没有正确与错误之分（引导对方无需迎合面试的目的），45 分钟内交卷（强迫对方跟着自己的第一感觉走，否则用脑分析的话，多是自己喜欢的型号，而不是自己真正的型号），废卷规则为不得空项或多选。

评测环境：保证现场安静，手机处于关机状态，无电话干扰。提前准备好测试用笔，被试者互相隔开，不会互相干扰。测试题现发现收，被试者按照自己的理解答题，不与他人讨论，HR 也不回答任何相关问题。

心情调试：HR 应帮助被试者放松心情，最大限度地摆脱工作、家庭等外部环境的压力，尽量展现真实的自我，让内心的声音与型号特点匹配。

测试结果帮助我们把型号聚焦到三个以内，HR 可以通过面试来佐证测试的结果。由于性格是动态的，测试是静态的，需要自己体察、体验自己的感受，挖掘内心，通过不断学习去发现自己的型号。

问：面对 6 号面试官应该如何回答？

答： 直接一点，微笑，注意措辞，不要太强硬。

婚恋

问：型号对婚姻爱情有啥说法，比如 6 号跟几号合得来？

答： 男 6 女 3 是所谓中国标配，这种结合在中国特别多，因为中国是 6 号的主流文化。我们不难发现，从恋爱时两人因为性格差异互相吸引，然后因为性格差异会产生周期性冲突，双方都为对方调整会走向婚姻，反之会分手。

问：可以分享一下海归 3 号的婚恋关系吗？

答： 海归 3 号眼里的成功和优秀的定义似乎多局限于社会普遍价值认可和推崇的外在

条件：物质、地位、名气、长相、身高、学历、家庭背景等。有意思的是，这些条件是多数人找对象的入场券，却不是决定婚姻长久稳定的最重要因素（比如性格、三观、性、兴趣爱好、原生家庭、人际交往圈等）。结果导向的 3 号在工作上追求物质财富的深层动机是无意识地满足自己对掌控感、自我价值感、安全感等心理需求。3 号也会惯性、无意识地把这种思维和行为模式带入婚恋关系，不过相当多的中国男性并不习惯于婚姻里被妻子控制和支配，所以冲突在所难免。当然也有例外，受原生家庭和地域文化影响，一些男人认为被妻子控制和支配是理所当然合情合理的。所以我觉得这种 3 号要么找一个比她们外在更优秀成功的男性（这样的往往不喜欢被控制），要么找一个能顺从听话的男性（这样的男人往往外在不是特别优秀成功）。

问：3 号女生应该怎样与 7 号男生相处啊？

答：与 7 号一起玩，一起分享快乐吧。3 号女生还要关注自己的控制，要给他足够自由去社交，而不是把他绑在自己身边，只要线在自己手里，风筝飞得再远也会回来的。

亲子

问：从多大就可以看出孩子的型号了？

答：根据实证研究是出生后第二至第三个月。美国的两位医生亚历山大·汤马斯医生（Dr. Alexander Thomas）和史黛拉·翟斯医生（Dr. Stella Chess）在 1977 年出版的《气质和发展》（Temperament & Development）中提及，出生后第二至第三个月的婴儿身上可以辨认出九种不同的气质，包括：活跃程度、规律性、主动性、适应性、感兴趣的范围、反应的强度、心境的素质、分心程度；专注力范围 / 持久性。由于他们不懂心理学，所以没有与九型人格联系起来。气质其实就是性格的外在体现。这一结论被美国斯坦福大学临床精神病学和行为科学教授戴维·丹尼尔斯发现，原来这九种不同的气质刚好和九型人格相对应，从而将临床精神病学和行为科学的实证研究与心理学联系在一起了。

问：正 6 和反 6 在生养孩子方面的差异是什么？

答：对 6 号来说责任是个大事，反 6 有些因为担心责任过大、过重而决绝地选择放弃要孩子，他们早就预见到了生小孩的辛苦；正 6 往往在外界压力下生养，但是觉得压力很大。

附录二

九型领导力水平测试

一、关于九型人格历史和型号研判的问题

1. 九型人格的历史可以追溯到：

A 公元前 3500 年
B 公元前 2500 年
C 公元元年
D 公元 1000 年

2. 哪位历史名人与九型人格无关？

A 张三丰
B 释迦牟尼
C 毕达哥拉斯
D 柏拉图

3. 谁是现代九型人格的鼻祖？

A 海伦·帕尔默
B 克劳迪奥·纳兰霍（Claudio Naranjo）
C 奥斯卡·依察诺（Oscar Ichazo）
D 乔治·伊万诺维奇·葛吉夫

4. 哪位大师最早在哪年在欧洲讲授九型人格？

A 克劳迪奥·纳兰霍在 1900 年
B 海伦·帕尔默在 1902 年
C 戴维·丹尼尔斯在 1910 年
D 乔治·伊万诺维奇·葛吉夫在 1912 年

5. 哪位大师最早在哪年在美国教授九型人格？

A 海伦·帕尔默在 1950 年
B 戴维·丹尼尔斯在 1960 年
C 克劳迪奥·纳兰霍在 1970 年
D 唐·理查德·里索在 1980 年

6. 九型人格图起源于：

A 埃及的象形文字
B 希腊的几何学
C 苏菲族的地毯编制技术
D 基督教的教堂图案

7. 第一本九型人格书籍的作者是：

A 奥斯卡·依察诺
B 海伦·帕尔默
C 黛安·梅耶修女（Sister Diane Meyer）
D 戴维·丹尼尔斯

8. 如果你不能马上发现自己的型号，你可以：

A 自我观察更长的时间，并且开展九型人格书籍的阅读
B 这说明九型人格是无效的，缺乏科学依据
C 问九型导师自己是什么型号
D 问亲朋好友自己到底是什么样的人

9. 当你认为有人型号弄错了的时候，你应该：

A 问问他 MBTI 的分类结果

B 听听他亲朋好友对他的看法

C 对这个结果深表遗憾，但什么也不做

D 允许他们自己花时间找到正确答案

二、关于 1 号的问题

1. 哪些人格特征通常与 1 号有关？

A 非常有幽默感

B 积极主动自信

C 做事有条理、井然有序

D 平静地影响他人

2. 哪些人格特征通常与 1 号无关？

A 头脑清醒、有决策力

B 很有主见

C 易动感情、多愁善感

D 严于律己、完美主义者

3. 下面哪一位是 1 号的代表人物？

A 郎咸平

B 韩红

C 奥巴马

D 刘德华

4. 下面哪一位不是 1 号的代表人物？

A 撒切尔夫人
B 方舟子
C 王菲
D 杨澜

5. 1 号通常会与哪个动机联系在一起？

A 希望有凌驾他人之上的权力
B 希望是正确的
C 希望享受美好的时光
D 希望了解自己

6. 1 号的性格偏向和激情分别是：

A 不耐烦和完美主义
B 担心和着迷
C 讽刺和批评
D 怨恨和愤怒

7. 1 号在压力状态和安全状态会体现几号的外在行为？

A 2 号和 4 号
B 4 号和 7 号
C 5 号和 7 号
D 3 号和 6 号

8. 哪些人格特征与不健康的 1 号（Unhealthy 1）无关？

A 对关心的事情过于执着

B 正义的化身，指责别人不够严肃认真

C 觉得别人需要为自己犯下的错误接受惩罚

D 不打扰别人，让他们找到自己解决问题的方式

9. 组织中通常不期待 1 号的：

A 效率和良好的时间运用

B 关注细节

C 灵活性

D 道德标准高

10. 1 号在组织中领导力的体现通常为：

A 借助不厌其烦地解说计划、系统及程序来领导，也喜欢接受正确详尽的汇报

B 洞察力强，能发现、预测潜在的问题

C 人道主义的领导方式，将金字塔形的组织形态翻转过来

D 宁愿以命令管理，也不愿依赖现行制度、程序

三、关于 2 号的问题

1. 哪些人格特征通常与 2 号有关？

A 关爱、关心他人

B 直截了当，指挥别人

C 把自己的情感和个人需求放在第一位

D 总是非常开心，和周围的人开玩笑

2. 哪些人格特征通常与 2 号无关?

A 慷慨、周到

B 通常喜欢和周围的人相互交流

C 喜欢与他人有特殊的亲密关系

D 神神秘秘、不与他人分享

3. 下面哪一位是 2 号的代表人物?

A 刘德华

B 德兰修女（Mother Teresa）

C 王菲

D 曾国藩

4. 下面哪一位不是 2 号的代表人物?

A 德兰修女

B 雷锋

C 郎咸平

D 陈光标

5. 2 号通常会与哪个动机联系在一起?

A 希望照顾好自己和自己的事务

B 希望了解自己

C 希望为他人服务

D 希望因为杰出而得到关注

6. 2 号的性格偏向和激情分别是：

A 怨恨和骄傲
B 讨好和骄傲
C 担心和恐惧
D 不耐烦和批评

7. 2 号在压力状态和安全状态会体现几号的外在行为？

A 3 号和 1 号
B 7 号和 4 号
C 8 号和 5 号
D 8 号和 4 号

8. 哪些人格特征与不健康的 2 号（Unhealthy 2）无关？

A 讨好别人，让别人喜欢自己
B 利用别人的内疚感，或者害怕被拒绝的恐惧
C 带有情绪地恐吓、敲诈别人
D 操纵别人，拿到自己想从别人那拿到的东西

9. 组织中通常不期待 2 号的：

A 关心客户服务和客户满意度
B 亲切热情，擅长和别人连接
C 有能力在具体的项目上独自工作
D 毫不费劲地拓展社交圈

10. 2 号心目中的完美团队目标是：

A 共同分享、有意义、能够充分发挥所有人才能的目标
B 非常精确、可测量、重要的目标
C 意义重大、有挑战、范围宽广、有明确标杆的目标
D 反映整体情况，并能推动公司发展的目标

四、关于 3 号的问题

1. 哪些人格特征通常与 3 号有关？

A 令人愉快，缺少自我约束
B 大多数的社交场合都表现得恰当、有礼貌
C 被深入的研究吸引，即使研究没有实际的价值
D 注重隐私，从来不谈论自己

2. 哪些人格特征通常与 3 号无关？

A 非常在意隐私，因为强烈的自我怀疑会从人群中退缩
B 有精力、雄心勃勃
C 强烈关心人们如何看待他
D 热衷成功和名誉

3. 下面哪一位是 3 号的代表人物？

A 乔布斯
B 弗洛伊德
C 刘谦
D 董明珠

4. 下面哪一位不是 3 号的代表人物？

A 乔·吉拉德（Joe Girard）
B 刘谦
C 汤姆·克鲁斯（Tom Cruise）
D 蔡澜

5. 3 号通常会与哪个动机联系在一起？

A 希望与他人亲切、友好
B 希望理解自己和他人
C 希望享受美好的时光
D 希望充分发挥自己的才干

6. 3 号的性格偏向和激情分别是：

A 虚荣和欺骗
B 虚荣和愤怒
C 讽刺和批评
D 担心和骄傲

7. 3 号在压力状态和安全状态会体现几号的外在行为？

A 6 号和 5 号
B 9 号和 6 号
C 9 号和 1 号
D 7 号和 4 号

8. 哪些人格特征与不健康的 3 号（Unhealthy 3）无关？

A 害怕被人抓、被曝光、被羞辱

B 会去破坏竞争者的成功

C 夸耀自己的成功和成就

D 悄悄地把别人的创意或工作成果据为己有

9. 组织中通常不期待 3 号的：

A 激励他人达成更高绩效的能力

B 达到特定目标的效率

C 对公司面临挑战的远见和创意

D 干劲、精力和雄心

10. 3 号在沟通中的盲区是：

A 认为对方没有能力时会变得不耐烦

B 经常变化的想法及活跃的身体语言会让别人不安

C 看起来有些挑剔、不耐烦，或者生气

D 有时显得谦逊，有时显得很优秀而高傲

五、关于 4 号的问题

1. 哪些人格特征通常与 4 号有关？

A 内省、悲伤、孤寂

B 自信、开心、乐观

C "先天下之忧而忧，后天下之乐而乐"

D 冷淡、"别来烦我"

2. 哪些人格特征通常与 4 号无关？

A 总是想到不愉快的事情
B 有探索真实自我的欲望
C 对权力和政治影响力的强烈愿望
D 易动感情、多愁善感

3. 下面哪一位是 4 号的代表人物？

A 郎咸平
B 乔布斯
C 乔·吉拉德
D 陈光标

4. 下面哪一位不是 4 号的代表人物？

A 乔布斯
B 王菲
C 梁朝伟
D 毕加索

5. 4 号通常会与哪个动机联系在一起？

A 希望有凌驾他人之上的权力
B 希望了解自己，探索悬而未决的情感问题
C 希望环球旅行，探索世界
D 希望获得商业上的巨大成功

6. 4 号的性格偏向和激情分别是：

A 不耐烦和完美主义

B 讽刺和批评

C 忧郁和着迷

D 忧郁和妒忌

7. 4 号在压力状态和安全状态会体现几号的外在行为？

A 2 号和 1 号

B 2 号和 3 号

C 1 号和 2 号

D 1 号和 9 号

8. 哪些人格特征与不健康的 4 号（Unhealthy 4）无关？

A 憎恨自我

B 报复别人，或者看着别人受苦受难

C 宽容、顺从、接纳

D 妒忌别人，和他们远离

9. 组织中通常不期待 4 号的：

A 创造美丽、独特的氛围

B 创造性天赋和产生新的形式的能力

C 强烈的团队精神，渴望加入团队共同努力

D 对人性的觉察，包括灵性的需要

10. 作为领导，激励 4 号下属的方法是：

A 在公众场合多鼓励、多支持、多认可、多赞美 4 号

B 用愿景和梦想去激励 4 号

C 赞赏 4 号的学识和分析能力

D 以身作则、言行一致、信守承诺、前后一致

六、关于 5 号的问题

1. 哪些人格特征通常与 5 号有关？

A 对事业和信仰尽忠竭力的奉献

B 身体强度和忍耐能力

C 智力水平、理智聪明

D 很强的领导力、非凡的勇气

2. 哪些人格特征通常与 5 号无关？

A 经常对晦涩难懂、稀奇古怪的东西和领域感兴趣

B 对经验和知识会采用实验的方法

C 在某些领域拥有专门的知识

D 在事实呈现之前，已经有了自己的观点和看法

3. 下面哪一位是 5 号的代表人物？

A 史玉柱

B 德兰修女

C 汤姆·克鲁斯

D 曾国藩

4. 下面哪一位不是 5 号的代表人物？

A 爱因斯坦

B 雷锋

C 弗洛伊德

D 蔡康永

5. 5 号通常会与哪个动机联系在一起？

A 希望每天过得愉快

B 希望赚很多钱

C 希望尽可能多地学习和了解

D 希望教育别人切实可行的生存之道

6. 5 号的性格偏向和激情分别是：

A 吝啬和贪婪

B 讨好和贪婪

C 担心和恐惧

D 不耐烦和批评

7. 5 号在压力状态和安全状态会体现几号的外在行为？

A 7 号和 9 号

B 7 号和 8 号

C 6 号和 7 号

D 8 号和 9 号

8. 哪些人格特征与不健康的 5 号（Unhealthy 5）无关？

A 感觉自己和人类没有希望

B 对人性愤世嫉俗，有虚无主义的倾向

C 感觉自己对别人有毒、有害

D 对不能理解他们或他们观点的人非常傲慢

9. 组织中通常不期待 5 号的：

A 周密细致地完成本职工作

B 只要有工作自由度，愿意长时间地工作

C 体贴入微，与同事打交道如鱼得水

D 某个领域的专业知识

10. 面对一群 5 号的学员，比较好的培训方式是：

A 角色扮演

B 拓展训练

C 舞蹈体验

D 网上学习

七、关于 6 号的问题

1. 哪些人格特征通常与 6 号有关？

A 坚持拥有掌控权

B 一旦向某人或某事承诺，就成为值得信赖的人

C 喜怒无常、放纵任性

D 过度地关心自己的形象

2. 哪些人格特征通常与 6 号无关？

A 容易相处，若无其事
B 忠诚、可信赖
C 会为自己的理念、信仰辩护
D 有时有些自相矛盾、出乎意料

3. 下面哪一位是 6 号的代表人物？

A 任正飞
B 韩红
C 霍金
D 巩俐

4. 下面哪一位不是 6 号的代表人物？

A 奥巴马
B 曾国藩
C 汤姆·汉克斯（Tom Hanks）
D 董明珠

5. 6 号通常会与哪个动机联系在一起？

A 希望处于和平状态，不被别人打扰
B 希望了解自己
C 希望获得支持，知道对方的立场
D 希望一直是正确的

6. 6 号的性格偏向和激情分别是：

A 猜疑和担心
B 猜疑和恐惧
C 讽刺和批评
D 恐惧和愤怒

7. 6 号在压力状态和安全状态会体现几号的外在行为？

A 8 号和 9 号
B 3 号和 8 号
C 3 号和 9 号
D 3 号和 4 号

8. 哪些人格特征与不健康的 6 号（Unhealthy 6）无关？

A 对看上去威胁到自己的人猛烈抨击
B 偏执妄想，感觉别人要对付自己
C 自我毁灭，破坏自己的安全感
D 质疑别人，怀疑别人的动机

9. 组织中通常不期待 6 号的：

A 快速决策能力
B 愿意努力工作，与组织目标相一致
C 解决问题的能力，以及在他人想象不到的地方发现问题
D 愿意和别人一起工作，形成团队

10. 冲突发生后，应该如何接近 6 号？

A 亲切、简单地询问 6 号为什么生气

B 让 6 号尽情诉说

C 在 6 号退避时给他们空间，让他们自己想清楚

D 不要表现出软弱或者不确定

八、关于 7 号的问题

1. 哪些人格特征通常与 7 号有关？

A 高度集中、目标导向

B 安静、沉思的人

C 希望和自己的思想呆在一起

D 在缺少选择时拒绝做出决策

2. 哪些人格特征通常与 7 号无关？

A 可预测的平静状态

B 冲动、注意力相对短暂

C 容易感到厌倦、有挫败感

D 精力充沛，大多数时间忙个不停

3. 下面哪一位是 7 号的代表人物？

A 王菲

B 斯皮尔伯格

C 巩俐

D 方舟子

4. 下面哪一位不是 7 号的代表人物?

A 斯皮尔伯格

B 徐静蕾

C 刘谦

D 蔡澜

5. 7 号通常不会与哪个动机联系在一起?

A 希望自由、逍遥

B 希望体验生活的全部

C 希望尝试新的东西,产生新的可能性

D 希望让其他人嫉妒自己拥有的一切

6. 7 号的性格偏向和激情分别是:

A 虚荣和愤怒

B 计划和希望

C 计划和贪食

D 贪食和自我中心

7. 7 号在压力状态和安全状态会体现几号的外在行为?

A 5 号和 6 号

B 1 号和 5 号

C 5 号和 8 号

D 3 号和 4 号

8. 哪些人格特征与不健康的 7 号（Unhealthy 7）无关？

A 打破限制、有意识地非主流

B 生活中很多方面都疯疯癫癫、失去控制

C 身体、情感、财务全部耗尽

D 挫折来临就想放弃

9. 组织中通常不期待 7 号的：

A 精力无限，能够产生很多新的想法

B 热情，对未来保持乐观

C 一丝不苟地研发技术

D 欣赏市场上新的、有趣的东西

10. 7 号在做职业决策时会更多地考虑：

A 工作是否充分授权，让自己能在职权范围内说了算

B 工作是否能让自己接触人并提供服务，特别是重要而有价值的人

C 工作环境是否足够安逸、舒适

D 工作是否能持续激发兴奋和激情

九、关于 8 号的问题

1. 哪些人格特征通常与 8 号有关？

A 害羞的，不善社交的，希望他人担任领导

B 对别人的批评高度敏感，脸皮很薄

C 拥有强烈的意志和内驱力获得个人独立

D 道德标准高，严于律己

2. 哪些人格特征通常与 8 号无关？

A 因为害怕犯错，所以犹豫不决、拖延行动

B 比一般人喜欢冒险

C 脾气不好，会突然性地大爆发

D 遵从自己的直觉，会快速决策

3. 下面哪一位是 8 号的代表人物？

A 乔布斯

B 任志强

C 乔·吉拉德

D 曾国藩

4. 下面哪一位不是 8 号的代表人物？

A 任志强

B 袁咏仪

C 杨澜

D 毕加索

5. 8 号通常会与哪个动机联系在一起？

A 希望获得朋友和家人的认可

B 希望被人喜爱，与人亲近

C 希望无论付出什么代价，都遵循道德准绳

D 希望保护自己和自己在意的人

6. 8 号的性格偏向和激情分别是：

A 贪婪和怀疑
B 复仇和批评
C 忧郁和着迷
D 复仇和纵欲

7. 8 号在压力状态和安全状态会体现几号的外在行为？

A 5 号和 1 号
B 5 号和 2 号
C 9 号和 2 号
D 7 号和 3 号

8. 哪些人格特征与不健康的 8 号（Unhealthy 8）无关？

A 向他人展示自己的实力和能力
B 对伤害我的任何人实施报复
C 在别人打击我之前，先把他们干掉
D 尽情发泄自己的暴怒，而不是去控制它

9. 组织中通常不期待 8 号的：

A 魅力型领导
B 实际、实用的工作方式
C 对提供产品和服务品质的在意，因为他们关心他人
D 成为同事力量源泉的能力

10. 8 号喜欢什么样的另一半？

A 性感妩媚，温柔多情，比自己弱小的另一半
B 有专业素养、教养良好的另一半
C 欣赏他努力工作，不会抱怨没时间相处，带得出去应酬的另一半
D 聪明有趣、有耐心听他谈论自己的另一半

十、关于 9 号的问题

1. 哪些人格特征通常与 9 号有关？

A 社交动物，喜欢娱乐和冒险
B 平静、稳重、情绪稳定
C 有韧性、有毅力、享受势均力敌的战斗
D 精确、有秩序、头脑清晰

2. 哪些人格特征通常与 9 号无关？

A 对大多数的人或事可以接纳、不批判
B 乐观，可以看到事物的好的一面
C 情绪稳定，可以随波逐流
D 经常对晦涩难懂、稀奇古怪的东西和领域感兴趣

3. 下面哪一位是 9 号的代表人物？

A 俞敏洪
B 德兰修女
C 蔡康永
D 汤姆·克鲁斯

4. 下面哪一位不是 9 号的代表人物?

A 伊丽莎白二世（Queen Elizabeth II）
B 克林顿
C 刘欢
D 俞敏洪

5. 9 号通常会与哪个动机联系在一起?

A 希望知道事物的真相，即使会被真相弄得心烦意乱
B 希望保护他人，对他们深深地产生影响
C 希望万事万物保持原样，不受重要变革的影响
D 希望在许多领域和多种形式方面，找到环境中的刺激

6. 9 号的性格偏向和激情分别是：

A 吝啬和否定
B 忘形和分裂
C 忘形和懒惰
D 懒惰和健忘

7. 9 号在压力状态和安全状态会体现几号的外在行为?

A 6 号和 1 号
B 7 号和 5 号
C 3 号和 6 号
D 6 号和 3 号

8. 哪些人格特征与不健康的 9 号（Unhealthy 9）无关？

A 害怕事实本身无法逆转或改变
B 觉得自己一文不值，所以忽视自己或他人
C 不去看自己有问题的那个部分
D 理解自己神经质的冲动和动机

9. 组织中通常不期待 9 号的：

A 包容性，帮助争吵双方找到一致性的能力
B 容易与人相处，倾向于接纳外界的事物
C 认真细致地对待工作细节，并及时跟进
D 不愿意"站队"，或者介入公司政治

10. 9 号孩子喜欢的学习方式是：

A 在团队学习的氛围中
B 希望有可信赖的老师和可靠的资讯
C 希望课程能够激发灵感、有兴奋点
D 对可以改变内心情感状态的材料会有回应

附录三

九型领导力水平测试
答案及解读

一、关于九型人格历史和型号研判的问题

1. 九型人格的历史可以追溯到：

（B）答案解释：葛吉夫告诉我们，九型人格起源于公元前 2500 年亚洲的古巴比伦萨尔蒙教团（Sarmoun Society）。

2. 哪位历史名人与九型人格无关？

（A）答案解释：中国道教的张三丰与九型人格无关。印度佛教释迦牟尼的"苦集灭道"，古希腊毕达哥拉斯的"一的定律"、"三的定律"和"七的定律"，柏拉图的"洞穴说"都对九型人格有贡献。

3. 谁是现代九型人格的鼻祖？

（C）答案解释：智利心理学家奥斯卡·依察诺是第一个提出九型人格图的人，他从古老的传统中吸取经验，并且将 9 种人格特质联系了起来。克劳迪奥·纳兰霍是智利完型治疗大师，奥斯卡·依察诺的学生，将九型人格与现代心理学结合起来，发展了座谈小组法。海伦·帕尔默是克劳迪奥·纳兰霍的学生，九型人格鼻祖奥斯卡·依察诺的徒孙，与戴维·丹尼尔斯创办了 EPTP（Enneagram Professional Training Program，九型人格专业培训计划），在全球传播九型人格。乔治·伊万诺维奇·葛吉夫是希腊—亚美尼亚精神导师，把苏菲教的口述系统吸收进来，加上三个中心的注意力训练。

4. 哪位大师最早在哪年在欧洲讲授九型人格？

（D）答案解释：乔治·伊万诺维奇·葛吉夫 1912 年在俄罗斯的圣彼得堡最早讲授九型人格。

5. 哪位大师最早在哪年在美国教授九型人格？

（C）答案解释：克劳迪奥·纳兰霍在 1970 年首次在美国加州的伯克莱市讲授九型人格。

6. 九型人格图起源于：

（B）答案解释：九型人格图起源于希腊的毕达哥拉斯学派和柏拉图哲学。

7. 第一本九型人格书籍的作者是：

（C）答案解释：第一本九型人格书籍的作者是黛安·梅耶修女，书名《九型人格》，1980 年上市，但由于大量盗版的出现而退出了市场。

8. 如果你不能马上发现自己的型号，你可以：

（A）答案解释：确实有一批人，接受九型人格培训后，短时间内找不到自己的型号，特别是核心型号 6、3、9 号。此时，客观地观察自己的习惯性行为和动机一段时间，弄清楚自己疑似型号之间的差异，认真、仔细地阅读九型书籍是最好的选择。不要简单地问导师自己几号，而是请对方做型号研判访谈，帮助自己深入探索。

9. 当你认为有人型号弄错了的时候，你应该：

（D）答案解释：型号是否正确，是他本人的责任，不是导师或者他人的义务。根据对方的开放程度，以及你和他的关系，你可以问他，为什么他认为自己是某个型号，是否可能是其他某个型号？两者的区别是什么？帮助对方做更深入的探索，但是不把自己的结论强加给他。

二、关于 1 号的问题

1. 哪些人格特征通常与 1 号有关？

（C）答案解释：作为腹区的 1 号，做事是有条理、井然有序的。这意味着 1 号通常努力控制他们的本能，渴望在自我控制中，带来对环境的控制和清晰有序。

2. 哪些人格特征通常与 1 号无关？

（C）答案解释：1 号头脑清醒、有决策力、很有主见、严于律己，是完美主义者，但是不会易动感情、多愁善感，除非走到 4 号的压力状态，这是心区的表达方式。当然1 号也有各种各样的感情，但是由于超我的控制，1 号或者没有意识到自己丰富的情感，或者不让自己自由地表达它们。

3. 下面哪一位是 1 号的代表人物？

（A）答案解释：韩红是 8 号，奥巴马是反 6，刘德华是 3 号，只有郎咸平是 1 号的经典代表。

4. 下面哪一位不是 1 号的代表人物？

（D）答案解释：撒切尔夫人、方舟子都是 1 号的经典代表，王菲是 4 号，而杨澜是3 号的代表人物。

5. 1号通常会与哪个动机联系在一起？

（B）答案解释 希望是正确的是1号的经典动机。1号的基本恐惧就是"变坏"——腐败、应该受到谴责或混乱。总之，如果你总是下意识地害怕被谴责，你自然会想一直正确。

6. 1号的性格偏向和激情分别是：

（D）答案解释：根据奥斯卡·依察诺的理论，1号的性格偏向（头脑的失真）和激情（情绪的失真）分别是怨恨和愤怒。

7. 1号在压力状态和安全状态会体现几号的外在行为？

（B）答案解释： 1号在压力状态会体现4号的外在行为， 在安全状态会体现7号的外在行为，虽然1号的内在动机不变。

8. 哪些人格特征与不健康的1号无关？

（D）答案解释：不打扰别人，让他们找到自己解决问题的方式，不是不健康的1号处事之道，因为不健康的1号认为：确定什么是正确的，根据他们认为的真理，教导别人行事是自己道义上的责任。

9. 组织中通常不期待1号的：

（C）答案解释：1号虽然有许多对组织有价值的特性，但灵活性通常不是，1号经历过7号安全状态的整合才能做到。在商务环境，1号遇到的现实问题是，与他人平等交流、灵活性和妥协。

10. 1号在组织中领导力的体现通常为：

（A）答案解释：洞察力强，能发现、预测潜在的问题是6号的领导方式；人道主义的领导方式，将金字塔形的组织形态翻转过来是2号的领导方式；宁愿以命令管理，也不愿依赖现行制度、程序是8号的领导方式，与1号相反。

三、关于2号的问题

1. 哪些人格特征通常与2号有关？

（A）答案解释：关爱和关心他人是心区的表现，也是2号的核心命题。重要的是，2

号总是对他人展示正面积极的情感。

2. 哪些人格特征通常与 2 号无关？

（D）答案解释：神神秘秘、不与他人分享，是与 2 号的总体风格不一致的，2 号要与其他人发生连接。他们喜欢分享私事，包括秘密和他人的个人信息，有兴趣了解他人的个人细节。

3. 下面哪一位是 2 号的代表人物？

（B）答案解释：刘德华是 3 号，王菲是 4 号，曾国藩是反 6，只有德兰修女是 2 号的经典代表。

4. 下面哪一位不是 2 号的代表人物？

（C）答案解释：德兰修女、雷锋、陈光标都是 2 号的经典代表，而郎咸平是 1 号的代表人物。

5. 2 号通常会与哪个动机联系在一起？

（C）答案解释：希望为他人服务是典型的 2 号动机，表达了 2 号的基本渴望——成为爱的源泉。此外，如果你总是下意识地害怕没有足够的爱，你自然会想要通过你的慷慨、不遗余力地帮助别人去创造和表达它。

6. 2 号的性格偏向和激情分别是：

（B）答案解释：根据奥斯卡·依察诺的理论，1 号的性格偏向和激情分别是讨好和骄傲。

7. 2 号在压力状态和安全状态会体现几号的外在行为？

（D）答案解释：2 号在压力状态会体现 8 号的外在行为，在安全状态会体现 4 号的外在行为，虽然 2 号的内在动机不变。

8. 哪些人格特征与不健康的 2 号无关？

（A）答案解释：讨好别人，让别人喜欢自己是一般层级 2 号的行为，讨好是公开、破坏性操纵，走向不健康层级的前兆。

9. 组织中通常不期待 2 号的：

（C）答案解释：在组织内 2 号最能发挥自己特长的职位，往往与需要社交技巧、与关怀别人的福祉相关，而不是默默地孤斗。

10. 2 号心目中的完美团队目标是：

（A）答案解释：非常精确、可测量、重要的目标是 3 号的追求；意义重大、有挑战、范围宽广、有明确标杆的目标是 4 号的理想；反映整体情况，并能推动公司发展的目标是 8 号的方向。这些都与 2 号以人为本的风格不相类似。

四、关于 3 号的问题

1. 哪些人格特征通常与 3 号有关？

（B）答案解释：作为心区的 3 号，表现得恰如其分，自然地做出相应的回应，围绕着对方的期望调整，是轻而易举的。

2. 哪些人格特征通常与 3 号无关？

（A）答案解释：3 号也会有片刻的自我怀疑，但是会很快将这个感觉放在一边，将注意力放在业绩和目标达成上。他们在社交方面有天赋。

3. 下面哪一位是 3 号的代表人物？

（C）答案解释：乔布斯是 4 号，弗洛伊德是 5 号，董明珠是 8 号，只有刘谦是 3 号的经典代表。

4. 下面哪一位不是 3 号的代表人物？

（D）答案解释：乔·吉拉德、刘谦、汤姆·克鲁斯都是 3 号的经典代表，而蔡澜是 7 号的代表人物。

5. 3 号通常会与哪个动机联系在一起？

（D）答案解释：希望充分发挥自己的才干是 3 号的基本动机，这样他们更加正面积极，感觉有价值。

6. 3 号的性格偏向和激情分别是：

（A）答案解释：根据奥斯卡·依察诺的理论，3 号的性格偏向和激情分别是虚荣和欺骗。

7. 3 号在压力状态和安全状态会体现几号的外在行为？

（B）答案解释：3 号在压力状态会体现 9 号的外在行为，在安全状态会体现 6 号的外在行为，虽然 3 号的内在动机不变。

8. 哪些人格特征与不健康的 3 号无关？

（C）答案解释：一般层级的 3 号会夸耀自己的成功和成就，这个虽然令人讨厌，但是不会像其他三个选项那样，对自己和他人造成破坏性的影响。

9. 组织中通常不期待 3 号的：

（C）答案解释：3 号可以扮演很多角色，高效完成各种任务，雄心勃勃，他们是实操的执行者，但不富于远见和创意。

10. 3 号在沟通中的盲区是：

（A）答案解释：经常变化的想法及活跃的身体语言会让别人不安；看起来有些挑剔、不耐烦，或者生气；有时显得谦逊，有时显得很优秀而高傲，分别是 7 号、1 号和 5 号在沟通中的盲区。

五、关于 4 号的问题

1. 哪些人格特征通常与 4 号有关？

（A）答案解释：内省、悲伤、孤寂，是 4 号的主基调，因为总是有缺少、缺失什么的感觉。

2. 哪些人格特征通常与 4 号无关？

（C）答案解释：总体来说，4 号内向、关注内在，对实用、高调的事情不太在意，虽然有的 4 号也关注时事，甚至成为政治家。

3. 下面哪一位是 4 号的代表人物？

（B）答案解释：郎咸平是 1 号，乔·吉拉德是 3 号，陈光标是 2 号，只有乔布斯是 4 号的经典代表。

4. 下面哪一位不是 4 号的代表人物？

（D）答案解释：乔布斯、王菲、梁朝伟都是 4 号的经典代表，而毕加索是 8 号的代表人物。

5. 4 号通常会与哪个动机联系在一起？

（B）答案解释：希望了解自己，探索悬而未决的情感问题，是 4 号的基本动机——了解真实的自我。

6. 4 号的性格偏向和激情分别是：

（D）答案解释：根据奥斯卡·依察诺的理论，4 号的性格偏向和激情分别是忧郁和妒忌。

7. 4 号在压力状态和安全状态会体现几号的外在行为？

（A）答案解释：4 号在压力状态会体现 2 号的外在行为，在安全状态会体现 1 号的外在行为，虽然 4 号的内在动机不变。

8. 哪些人格特征与不健康的 4 号无关？

（C）答案解释：宽容、顺从、接纳，对 4 号来说，是很好的体验，只是在生命中不经常发生。随着 4 号走向不健康状态，情感生活会越来越暴躁、不稳定，就像其他三个选项那样。

9. 组织中通常不期待 4 号的：

（C）答案解释：强烈的团队精神，渴望加入团队共同努力，对 4 号非常有挑战，因为这要求他们不从个人角度看待每一件事，不过于敏感，情绪化。

10. 作为领导，激励 4 号下属的方法是：

（B）答案解释：在公众场合多鼓励、多支持、多认可、多赞美可以激励 3 号；赞赏学识和分析能力可以激励 5 号；以身作则、言行一致、信守承诺、前后一致可以激励 6 号。

六、关于 5 号的问题

1. 哪些人格特征通常与 5 号有关？

（C）答案解释：智力水平、理智聪明，是脑区的 5 号应对恐惧的法门，他们会深入、仔细、全面地思考问题，而这点其他型号是很难企及的。

2. 哪些人格特征通常与 5 号无关？

（D）答案解释：在事实呈现之前，已经有了自己的观点和看法，与 5 号追求客观知识和真理的特征是相反的。5 号通常都是在尽可能多的事实被发现和证明后，才会下结论。

3. 下面哪一位是 5 号的代表人物？

（A）答案解释：德兰修女是 2 号，汤姆·克鲁斯是 3 号，曾国藩是反 6，只有史玉柱是 5 号的经典代表。

4. 下面哪一位不是 5 号的代表人物？

（B）答案解释：爱因斯坦、弗洛伊德、蔡康永都是 5 号的经典代表，而雷锋是 2 号的代表人物。

5. 5 号通常会与哪个动机联系在一起？

（C）答案解释：在不同的领域希望尽可能多地学习和了解是典型的 5 号动机。掌握和精通一两门专业技术，可以让 5 号不那么恐惧，更加自信，对社会有所贡献。

6. 5 号的性格偏向和激情分别是：

（A）答案解释：根据奥斯卡·依察诺的理论，5 号的性格偏向和激情分别是吝啬和贪婪。

7. 5 号在压力状态和安全状态会体现几号的外在行为？

（B）答案解释：5 号在压力状态会体现 7 号的外在行为，在安全状态会体现 8 号的外在行为，虽然 5 号的内在动机不变。

8. 哪些人格特征与不健康的 5 号无关？

（D）答案解释：对不能理解他们或他们观点的人非常傲慢，是一般层级 5 号的过度补偿机制，可以让 5 号不感到自己渺小，可以抵抗别人的拒绝。

9. 组织中通常不期待 5 号的：

（C）答案解释：与人打交道不是 5 号的强项。

10. 面对一群 5 号的学员，比较好的培训方式是：

（D）答案解释：网上学习是 5 号的最优选择，因为它是自学为主的方式，可以自由安排学习时间，非常灵活，旁边没有别人的竞争和干扰，教学内容系统、完善，关注思考，不像角色扮演、拓展训练和舞蹈体验都需要亲身体验，人际互动。

七、关于 6 号的问题

1. 哪些人格特征通常与 6 号有关？

（B）答案解释：脑区的 6 号要么相信，要么怀疑。这来自 6 号对安全感的极度渴望，对诚信、忠诚、承诺的极度重视。

2. 哪些人格特征通常与 6 号无关？

（A）答案解释：除非 6 号经历过 9 号安全状态的整合，才会容易相处，若无其事。一般情况下，6 号总是处于矛盾心理，踌躇不前，不安焦虑。

3. 下面哪一位是 6 号的代表人物？

（A）答案解释：韩红是 8 号，霍金是 5 号，巩俐是 3 号，只有任正飞是 6 号的经典代表。

4. 下面哪一位不是 6 号的代表人物？

（D）答案解释：奥巴马、曾国藩、汤姆·汉克斯都是 6 号的经典代表，而董明珠是 8 号的代表人物。

5. 6 号通常会与哪个动机联系在一起？

（C）答案解释：希望获得支持，知道对方立场的程度，与 6 号的发展层级，是正 6 还是反 6 有关。但无论如何，这个命题都是非常重要的，否则 6 号会被焦虑，甚至恐惧困扰。

6. 6 号的性格偏向和激情分别是：

（B）答案解释：根据奥斯卡·依察诺的理论，6 号的性格偏向和激情分别是猜疑和恐惧。

7. 6 号在压力状态和安全状态会体现几号的外在行为？

（C）答案解释：6 号在压力状态会体现 3 号的外在行为，在安全状态会体现 9 号的外在行为，虽然 6 号的内在动机不变。

8. 哪些人格特征与不健康的 6 号无关？

（D）答案解释：质疑别人，怀疑别人的动机，是一般状态 6 号的处世之道，本题的其他三个选项都是极端的病理性失真，这基于 6 号缺乏自信，向外寻求安全。

9. 组织中通常不期待 6 号的：

（A）答案解释：只有大家达成共识，6 号才会痛下决心。特别当 6 号与传统观点或者团队观点不一致时，由于缺乏自信，6 号很难决策，表达自己个人的观点。

10. 冲突发生后，应该如何接近 6 号？

（C）答案解释：亲切、简单地询问为什么生气，是解决与 9 号冲突的好办法；让对方尽情诉说，是解决与 2 号冲突的好办法；不要表现出软弱或者不确定，是解决与 8 号冲突的好办法。

八、关于 7 号的问题

1. 哪些人格特征通常与 7 号有关？

（D）答案解释：在缺少选择时拒绝做出决策，是脑区 7 号的主旋律，因为 7 号希望看到外部世界的无限可能，尽可能拥有无穷选择。这种开放式的思维方式和未来导向，使 7 号避免不舒服的内在状态和情绪反应。

2. 哪些人格特征通常与 7 号无关？

（A）答案解释：7 号不喜欢可预测的平静状态；相反，他们害怕平静、孤独、缺少刺激，因为它会让未经处理的痛苦经历和记忆浮出水面。

3. 下面哪一位是 7 号的代表人物？

（B）答案解释：王菲是 4 号，巩俐是 3 号，方舟子是 1 号，只有斯皮尔伯格是 7 号的经典代表。

4. 下面哪一位不是 7 号的代表人物？

（C）答案解释：斯皮尔伯格、徐静蕾、蔡澜都是 7 号的经典代表，而刘谦是 3 号的代表人物。

5. 7号通常不会与哪个动机联系在一起?

（D）答案解释：7号收集东西，寻找新的体验是为了自娱自乐，而不是这些活动会对别人产生什么影响。

6. 7号的性格偏向和激情分别是:

（C）答案解释：根据奥斯卡·依察诺的理论，7号的性格偏向和激情分别是计划和贪食。

7. 7号在压力状态和安全状态会体现几号的外在行为?

（B）答案解释：7号在压力状态会体现1号的外在行为，在安全状态会体现5号的外在行为，虽然7号的内在动机不变。

8. 哪些人格特征与不健康的7号无关?

（A）答案解释：一般层级的7号就会打破限制、有意识地非主流。这样可以刺激7号保持兴奋，放松压力，令人吃惊不已。

9. 组织中通常不期待7号的:

（C）答案解释：7号有好奇心，学习速度快，有直觉，但一丝不苟地研发技术不是他们的最爱。通常7号更适合销售、创意、分析市场趋势。

10. 7号在做职业决策时会更多地考虑:

（D）答案解释：工作是否充分授权，让自己能在职权范围内说了算，是8号职业决策时的重要因素；工作是否能让自己接触人并提供服务，特别是重要而有价值的人，是2号职业决策时的重要因素；工作环境是否足够安逸、舒适，是9号职业决策时的重要因素。

九、关于8号的问题

1. 哪些人格特征通常与8号有关?

（C）答案解释：拥有强烈的意志和内驱力获得个人独立，是腹区8号的主基调。它表达了8号想变得强大，万事尽在掌控中，可以保护自己的想法。为此，他们坚定自信，不惜向别人发起攻击。

2. 哪些人格特征通常与 8 号无关?

（A）答案解释：因为害怕犯错，所以犹豫不决、拖延行动，是 6 号的特性。

3. 下面哪一位是 8 号的代表人物?

（B）答案解释：乔布斯是 4 号，乔·吉拉德是 3 号，曾国藩是反 6，只有任志强是 8 号的经典代表。

4. 下面哪一位不是 8 号的代表人物?

（C）答案解释：任志强、袁咏仪、毕加索都是 8 号的经典代表，而杨澜是 3 号的代表人物。

5. 8 号通常会与哪个动机联系在一起?

（D）答案解释：希望保护自己和自己在意的人，对 8 号非常重要。经历过 2 号安全状态的整合后会变为，对他人人道主义的关怀，授权他人，支持那些需要帮助的人，为正义而战等等。

6. 8 号的性格偏向和激情分别是：

（D）答案解释：根据奥斯卡·依察诺的理论，8 号的性格偏向和激情分别是复仇和纵欲。

7. 8 号在压力状态和安全状态会体现几号的外在行为?

（B）答案解释：8 号在压力状态会体现 5 号的外在行为，在安全状态会体现 2 号的外在行为，虽然 8 号的内在动机不变。

8. 哪些人格特征与不健康的 8 号无关?

（A）答案解释：向他人展示自己的实力和能力，是一般层级 8 号做的事。在不健康状态，8 号会不惜一切代价去维护自我的同一性，所以不可避免地，让自己和他人付出巨大的代价。

9. 组织中通常不期待 8 号的：

（C）答案解释：对提供产品和服务品质的在意，因为他们关心他人，只有 8 号经历过安全状态的整合才能做到。一般情况下，8 号更在意自己的成功，更在意达成自己的心愿。

10. 8 号喜欢什么样的另一半？

（A）答案解释：喜欢有专业素养、教养良好的另一半的是 1 号；喜欢欣赏他努力工作，不会抱怨没时间相处，带得出去应酬的另一半的是 3 号；喜欢聪明有趣、有耐心听他谈论自己的另一半的是 7 号。

十、关于 9 号的问题

1. 哪些人格特征通常与 9 号有关？

（B）答案解释：由于 9 号是核心型号，压抑了自己腹区的本能，这样可以不去面对不愉快的过去，所以表现得平静、稳重、情绪稳定。

2. 哪些人格特征通常与 9 号无关？

（D）答案解释：经常对晦涩难懂、稀奇古怪的东西和领域感兴趣，是 5 号的特点。

3. 下面哪一位是 9 号的代表人物？

（A）答案解释：德兰修女是 2 号，蔡康永是 5 号，汤姆·克鲁斯是 3 号，只有俞敏洪是 9 号的经典代表。

4. 下面哪一位不是 9 号的代表人物？

（B）答案解释：伊丽莎白二世、刘欢、俞敏洪都是 9 号的经典代表，而克林顿是 3 号的代表人物。

5. 9 号通常会与哪个动机联系在一起？

（C）答案解释：希望万事万物保持原样，不受重要变革的影响，是典型的 9 号动机。9 号会不惜一切代价保护自己内心的平静，这就意味着被变革推着走，或者对变革视而不见，听而不闻。

6. 9 号的性格偏向和激情分别是：

（C）答案解释：根据奥斯卡·依察诺的理论，9 号的性格偏向和激情分别是忘形和懒惰。

7. 9 号在压力状态和安全状态会体现几号的外在行为？

（D）答案解释：9 号在压力状态会体现 6 号的外在行为，在安全状态会体现 3 号的外在行为。

8. 哪些人格特征与不健康的 9 号无关？

（D）答案解释：不健康的 9 号不会去理解自己神经质的冲动和动机。相反，他们会实行"鸵鸟政策"，拒绝面对事实，沉闷、沮丧，就像自己的内在已经死亡一样。

9. 组织中通常不期待 9 号的：

（C）答案解释：1 号侧翼的 9 号才可能认真细致地对待工作细节，并及时跟进。大多数情况下，9 号不是特别准时，做事拖延，容易走神，分不清轻重缓急。9 号的强项是让别人放松下来，使事态稳定下来，创造和谐的环境。

10. 9 号孩子喜欢的学习方式是：

（A）答案解释：有可信赖的老师和可靠的资讯是 6 号孩子的最爱；7 号孩子希望课程能够激发灵感、有兴奋点；4 号孩子对可以改变内心情感状态的材料会有回应。

参考资料

九型人格

1 | 《九型人格》，（美）海伦·帕尔默著，徐扬译，华夏出版社，2006 年 10 月

2 | 《九型人格 2：发现你的人格类型》，（美）唐·理查德·里索，拉斯·赫德森著，徐晶译，南海出版社，2013 年 1 月

3 | 《九型人格：了解自我、洞悉他人的秘诀》，（美）唐·理查德·里索，拉斯·赫德森著，徐晶译，南海出版社，2013 年 1 月

4 | 《九型人格：自我发现与提升手册》，（美）戴维·丹尼尔斯，弗吉尼亚·普赖斯著，程旻译，中信出版社，2012 年 10 月

5 | *The Wisdom of the Enneagram: The Complete Guide to Psychological and Spiritual Growth for the Nine Personality Types*，by Don Richard Riso, Russ Hudson, Bantam, June 15, 1999

九型领导力

1 | 《九型人格使用手册 II——如何提升自我并玩转职场》，孙越著，鹭江出版社，2011 年 11 月

2 | 《办公室心理学：醒觉的领导与睿智的员工》，（美）高德葆著，汇才译，北京师范大学出版社，2006 年 12 月

3 | 《九型人格教育：妈妈的性格决定孩子的未来》，（韩）李贞和著，李贵顺译，吉林出版集团有限责任公司，2012 年 1 月

4 | 《九型人格与职业生涯规划》，裴宇晶，邹家峰著，北京大学出版社，2013 年 1 月

5 | 《职场和恋爱中的九型人格》，（美）帕尔默著，徐扬译，华夏出版社，2007 年 8 月

6 | *Bringing Out the Best in Yourself at Work: How to Use the Enneagram System for Success*，by Ginger Lapid-Bogda, McGraw-Hill, July 30, 2004

7 | *The Emotionally Healthy Leader*，by Gayle Hardie, Malcolm Lazenby, Monterey Press, August 23, 2013

8 | *What Type of Leader Are You? Using the Enneagram System to Identify and Grow Your Leadership Strengths and Achieve Maximum Success*，by Ginger Lapid-Bogda, McGraw-Hill, April 23, 2007

其他

1 |《变革管理》（第 4 版），（英）伯纳德·伯恩斯著，冉德君，钱春萍，周德昆译，中国市场出版社，2007 年 5 月

2 |《第五项修炼：学习型组织的艺术与实践》，（美）彼得·圣吉著，张成林译，中信出版社，2009 年 10 月

3 |《幸福的方法》，（美）泰勒本·沙哈尔著，汪冰，刘骏杰译，中信出版社，2013 年 1 月

4 |《战略管理：概念与案例》（第 13 版·全球版），（美）弗雷德·R.戴维著，徐飞译，中国人民大学出版社，2012 年 8 月

5 |《组织行为学》（第 14 版），（美）斯蒂芬·P.罗宾斯等著，孙健敏等译，中国人民大学出版社，2012 年 12 月

6 | *Group and Team Coaching* (Meta-Coaching), by Michael Hall， Neuro-Semantic Publications，May 15, 2014

7 | *International Management: Culture, Strategy, and Behavior* (9th Edition)， by Fred Luthans and Jonathan Doh, McGraw-Hill/Irwin, February 28, 2014

8 | *Level Three Leadership: Getting Below the Surface* (5th Edition)，by James G. Clawson， January 14, 2011

9 | *The 5 Love Languages: The Secret to Love That Lasts*，by Gary D Chapman，Northfield Publishing，January 1, 2010

10 | *The Situational Leader* (4th Edition)， by Paul Hersey，Warner Books，March 1, 1985

网络资源

孙越的博客：http://blog.sina.com.cn/u/1734837972，http://tonyyuesun.blog.sohu.com

The Enneagram in Business http://theenneagraminbusiness.com

Enneagram Work http://enneagramwork.com

Enneagram Worldwide http://www.enneagramworldwide.com

Enneagram Institute http://www.enneagraminstitute.com

International Enneagram Association http://www.internationalenneagram.org

◎ 致谢

在九型商业应用的学习和探索过程中，我首先要感谢五位导师和一位引路人。第一位是我的九型人格启蒙导师魏吉汉，他为我打开了一扇前所未有的觉察之门；第二位导师是美国的彼得·奥汉拉恩（Peter O'Hanrahan），在EPTP的学习让我明白了"九型之道"；第三位导师是美国的金杰·拉皮德－伯格达，让我看到了九型商业应用的榜样！还有澳大利亚的盖尔·哈迪和马尔科姆·拉曾比，是你们的鼓励和支持帮助我走出了事业迷茫期。引路人就是SOMA机构的智元先生，通过他我认识了魏吉汉导师。

我还要感谢我的许多同事、朋友和学生，是他们的分享让本书生色不少，与他们的深入互动让我收获颇多。他们是班友宏、程丁、柴青、陈凯艺、陈改霞、陈建、陈莉、陈蕾、陈燕君、陈振华、陈丹、陈华、陈丽苹、陈玲、陈荣、陈晓剑、陈银廷、陈莹、陈玉宇、陈志华、曹爱菊、曹衡、崔晓勇、德力根、董明君、丁凡茜、范俊、范丽洁、冯永军、高菲阳、高赢赢、龚辉、顾滟、顾颖丹、顾瑾、顾小梅、韩伟、郝珮媛、黄健、洪燕萍、胡海航、贾彦君、姜达吉、姜宏谋、姜燕芬、居尧君、焦亚芳、鞠剑华、匡奕球、李春华、李绍娟、李星、李樱花、李志超、李衷、李玉慧、梁斯佳、凌玥玲、刘丽娜、刘丽琼、刘苗苗、刘烨、刘珍、刘毅平、刘智坚、陆风华、鲁华、吕昌福、马文祥、马燕、毛惠萍、毛泓、孟钢、缪琳、潘红、裴治伶、钱星宇、邱珺雯、时丽、沈宏、孙淑芬、汤宝云、汤节清、涂晓苏、万芸美、王诚、王凯、王岚、王茜、王亲、王维栋、魏乐燕、吴滨、吴同文、肖龙、谢玉嫦、徐豪、徐华、徐荣耀、许晶、许丽娜、许莹、闫婷、杨琛、杨洁、杨洪、杨惠杰、姚晓鸿、叶慧、阴明辉、殷乐、于青、余晴菲、袁红红、袁扬、臧强、张瑾、张铃、张琼、张翔、张燕、张扬、张彦、张翼飞、张园、张郁文、赵冲、赵挺、赵旭斌、郑棋元、郑雅文、周磊、周霞、周紫阳、朱苓、朱萍、朱晓筠、朱佳峰、邹蕾。

感谢董玲君女士！她也是我生命中的恩人！继第一本《玩转九型玩转人——不可不知的九型人格职场经》后，大家再度携手合作，她兢兢业业的出版策划，才有了本书的诞生！

最后我要感谢、感恩我的家人，爸爸孙鼎钧、妈妈吴履蓉、姐姐孙帆、妻子李美容、女儿孙浩珈，感谢你们一直以来的理解、包容、默默支持和付出！

孙越

2017 年 3 月于上海